普通高等学校经管类精品教材

企业内部控制与风险管理

主　　编　杨晶晶　吕　铭
副主编　李晓渝　黄季红
编写人员（以姓氏笔画为序）
　　　　　吕　铭　李晓渝　杨晶晶
　　　　　赵剑楠　谈礼彦　黄季红
　　　　　潘锡利　魏　巍

中国科学技术大学出版社

内 容 简 介

本书以我国最新企业内部控制规范指引为依据,理论与实务相结合,尽可能详尽具体地解说企业内部控制机制和管理技能,以内部控制要素为主线,以企业主要业务活动为辅线,力求全面覆盖内部控制的基本理论,系统地介绍了企业内部控制的概念、作用、研究现状。

本书适合作为高校审计及相关专业教材,同时可供审计从业人员参考。

图书在版编目(CIP)数据

企业内部控制与风险管理/杨晶晶,吕铭主编. —合肥:中国科学技术大学出版社,2021.4
ISBN 978-7-312-05084-8

Ⅰ.企⋯ Ⅱ.①杨⋯ ②吕⋯ Ⅲ.①企业内部管理 ②企业管理—风险管理 Ⅳ.F272.3

中国版本图书馆 CIP 数据核字(2021)第 063441 号

企业内部控制与风险管理
QIYE NEIBU KONGZHI YU FENGXIAN GUANLI

出版	中国科学技术大学出版社 安徽省合肥市金寨路 96 号,230026 http://press.ustc.edu.cn https://zgkxjsdxcbs.tmall.com
印刷	合肥市宏基印刷有限公司
发行	中国科学技术大学出版社
经销	全国新华书店
开本	787 mm×1092 mm 1/16
印张	16.75
字数	440 千
版次	2021 年 4 月第 1 版
印次	2021 年 4 月第 1 次印刷
定价	48.00 元

前　言

内部控制一直是一门比较有趣的学科,最早萌发于蒙哥马利审计学的内部控制,其诞生与发展得益于审计领域的广大学者和实务工作者的勤奋耕耘。高级管理者讨论它,审计人员讨论它,但是很多普通工作人员却不理解它是什么。对于许多普通工作人员而言,内部控制既可能是出差前的一张审批单、采购货物时的一张请购单,又可能是提职涨薪前的一次会议、报销费用时上级的签字,也可能是月末的库存盘点活动、重要事项的定期上报制度。当学生踏入社会,成了社会大机器的一颗螺丝钉,这颗螺丝钉也会在某个经济主体的内部结构设计下发挥作用。而这个机器运转机制的设计思路,就是内部控制的全部内容。

本书突出实用性原则,围绕学生需求安排教学内容,紧贴中国注册会计师考试、审计师职称系列考试、注册内部审计师考试等会计、审计类重要资格职称证书的考试内容,注意对接职业标准和岗位要求。根据中国内部控制基本规范的基本要求,本书章节内容分布以内部控制要素为主线,以企业主要业务活动为辅线,力求全面覆盖内部控制的基本理论,并偏重于内部控制的应用及审计评价。考虑到大部分受众是审计专业学生或有意于了解审计相关知识的社会公众,本书将审计相关内容融入企业内部控制的知识体系中并单独列示一章。在每章节后均附有复习训练题(含实训项目或案例分析),以供读者进行知识串联学习和拓展思维训练。

本书的主要内容为以下三个部分:内部控制总论、内部控制要素和内部控制的运用。内部控制总论(第一章)主要内容包括内部控制的相关概念、发展历史、我国内部控制的基本情况等;内部控制要素(第二章、第三章、第四章、第五章)主要内容包括内部控制中比较重要的组成要素;内部控制的运用(第六章、第七章、第八章、第九章、第十章、第十一章)主要内容包括内部控制在企业主要的生产经营领域和审计领域的应用。本书除了介绍企业内部控制以外,还引入了内部控制在财务报表中的作用和内部控制审计,以此更好地适应审计专业人才培养的需要。

本书系"安徽省质量工程大规模在线开放课程(MOOC)示范项目"(2018Mooc091)、"安徽省'双基'示范课程:'企业内部控制''审计基础''审计实务'"研究成果,为省级"黄季红技术技能型大师工作室"(2020dsgzs18)、"审计特色专业教学资源库"(2019zyk43)、"审计专业创新团队"(2019cxtd099)阶段性研究成果。

本书同时为"高水平高职教材《企业内部控制》(2018sjgzjc004)"及"基层教研室示范项目:审计专业基层教研室"(2019sjjys004)研究成果。

本书由安徽审计职业学院杨晶晶、吕铭任主编,安徽审计职业学院李晓渝、黄季红任副主编,湖州职业技术学院谈礼彦、河南城建学院赵剑楠、西藏职业技术学院潘锡利、安徽省浩辉电力股份有限公司魏巍参编,具体编写分工如下:

第一章:杨晶晶、李晓渝。

第二章:杨晶晶、黄季红、赵剑楠。

第三章、第四章、第五章:杨晶晶、谈礼彦、赵剑楠。

第六章:杨晶晶、潘锡利。

第七章:杨晶晶、潘锡利、魏巍。

第八章、第九章、第十一章:吕铭、潘锡利。

第十章:吕铭、潘锡利、魏巍。

本书配套了相应的数字资源,读者可登录"e会学"网站(http://www.ehuixue.cn/index/study/study.html?cid=33334),搜索杨晶晶主讲的"企业内部控制"课程,注册并观看,也可扫码登录观看:

由于我们的水平有限,书中疏漏之处在所难免,还望广大读者批评指正。

目　录

前言 ·· (i)

第一章　内部控制总论 ·· (1)
 第一节　内部控制的基本概念 ··· (3)
 第二节　内部控制的发展 ··· (7)
 第三节　我国的企业内部控制 ··· (19)
 第四节　内部控制的基本认识 ··· (21)
 复习训练题 ··· (27)

第二章　内部环境 ··· (31)
 第一节　内部环境的相关概念 ··· (33)
 第二节　组织架构 ·· (35)
 第三节　发展战略 ·· (44)
 第四节　企业文化与管理理念 ··· (51)
 第五节　责权分配和内部审计 ··· (55)
 复习训练题 ··· (58)

第三章　风险评估 ··· (61)
 第一节　风险评估概述 ·· (63)
 第二节　目标设定 ·· (66)
 第三节　风险识别 ·· (68)
 第四节　风险分析 ·· (70)
 第五节　风险应对 ·· (72)
 复习训练题 ··· (75)

第四章　控制活动 ··· (79)
 第一节　控制活动概述 ·· (81)
 第二节　不相容职责分离 ··· (83)
 第三节　授权审批控制 ·· (86)
 第四节　会计系统控制 ·· (88)
 第五节　财产保护控制 ·· (91)
 第六节　预算管理控制 ·· (93)
 第七节　运营分析控制 ·· (97)

  第八节 绩效考评控制 ………………………………………………………………… (101)
  复习训练题 …………………………………………………………………………… (102)

第五章 信息与沟通 …………………………………………………………………… (105)
  第一节 信息与沟通概述 ………………………………………………………………… (107)
  第二节 信息与沟通要素 ………………………………………………………………… (108)
  复习训练题 …………………………………………………………………………… (111)

第六章 资金活动业务控制 ……………………………………………………………… (113)
  第一节 资金活动业务控制概述 ………………………………………………………… (115)
  第二节 货币资金管理 …………………………………………………………………… (117)
  第三节 筹资活动控制 …………………………………………………………………… (124)
  第四节 投资活动控制 …………………………………………………………………… (130)
  复习训练题 …………………………………………………………………………… (134)

第七章 资产管理业务控制 ……………………………………………………………… (139)
  第一节 资产管理概述 …………………………………………………………………… (141)
  第二节 固定资产管理的内部控制 ……………………………………………………… (142)
  第三节 无形资产管理的内部控制 ……………………………………………………… (153)
  第四节 在建工程管理的内部控制 ……………………………………………………… (162)
  复习训练题 …………………………………………………………………………… (173)

第八章 采购与付款循环的业务控制 ……………………………………………………… (177)
  第一节 采购与付款循环概述 …………………………………………………………… (179)
  第二节 采购与付款循环业务流程 ……………………………………………………… (184)
  第三节 采购与付款的内部控制要点 …………………………………………………… (189)
  复习训练题 …………………………………………………………………………… (194)

第九章 销售与收款循环的业务控制 ……………………………………………………… (197)
  第一节 销售与收款循环业务概述 ……………………………………………………… (199)
  第二节 销售与收款循环业务流程 ……………………………………………………… (202)
  第三节 销售与收款循环的控制目标 …………………………………………………… (205)
  第四节 销售与收款循环的主要风险点 ………………………………………………… (208)
  第五节 销售与收款循环的关键控制点 ………………………………………………… (212)
  复习训练题 …………………………………………………………………………… (219)

第十章 存货与生产循环业务控制 ………………………………………………………… (223)
  第一节 存货与生产循环概述 …………………………………………………………… (225)
  第二节 存货与生产循环的主要控制目标 ……………………………………………… (226)
  第三节 存货与生产循环的主要风险 …………………………………………………… (228)

第四节　存货与生产循环的关键控制要点 ································ (229)
　　复习训练题 ··· (231)

第十一章　内部控制与审计 ··· (235)
　　第一节　内部控制在财务报表审计中的运用 ·························· (237)
　　第二节　内部控制审计 ·· (246)
　　复习训练题 ··· (254)

参考文献 ··· (259)

第一章

内部控制总论

先导案例

国家自然科学基金委员会会计卞某在1995~2003年的8年时间里，利用掌管国家基础科学研究专项资金下拨权的便利，采用谎称支票作废、偷盖印鉴、削减拨款金额、伪造银行进账单和信汇凭证、编造银行对账单等手段贪污、挪用公款人民币2亿余元。卞某承担资金收付的出纳职能，同时所有银行单据和对账单也都由他一手经办，使得他得以作案长达8年都没有引起怀疑。

2003年春节刚过，基金委财务局经费管理处一名刚来的大学生到定点银行拿对账单，以往这一工作都是由会计卞某亲自负责。一笔金额为2 090万元的支出引起了这名大学生的注意，印象里他没有听说过有此项开支。这个初入社会的新人找到卞某刨根问底，这桩涉案金额超过2亿元的大案就此浮出水面。

第一节　内部控制的基本概念

一、基本概念

根据我国内部控制基本规范的相关定义,内部控制是由企业董事会、监事会、经理层和全体员工实施的旨在实现控制目标的过程。内部控制的目标为了达到以下效果:

(1) 保证企业经营管理合法合规、资产安全。
(2) 保证财务报告及相关信息真实、完整。
(3) 提高经营效率,提升经营效果。
(4) 促进企业实现发展战略。

由此可以看出,内部控制是一个单位内部系统化的过程,涉及范围既包括董事、监事、经理等高级管理人员,也包括一般工作人员;实施内容既包括制度构建与执行,也包括对制度的实际执行效果进行考核与评价;控制对象既涵盖经济事项,也包括非经济活动;控制时间既有事后控制,也包括事中控制和事前控制。

企业在发展之初,可能并不会过多关注自身的内部管理。我国有许多家族式中小企业,在成长阶段可能并不存在真正意义上的内部控制,血缘关系与亲属观念代替了制度规范与控制措施。然而,随着企业成长壮大,家族式经营不能满足科学化管理需要,企业需要聘请专业的管理人员加入管理队伍,逐步建立现代企业管理制度,并随之产生委托代理关系。最初的以"情"管理无疑是无法驾驭复杂的业务流程和纷繁的管理层级的。更重要的是,随着企业规模的扩大,企业不可避免地需要面临来自内部经营和外部环境的各种风险。大部分企业在规模扩张的道路上消亡,存活下来并发展壮大的企业必须关注并构建符合自身实际的内部控制体系。

也有不少人认为,内部控制是指为确保实现企业目标而实施的程序和政策。内部控制还应确保识别可能阻碍实现这些目标实现的风险因素并采取预防措施。内部控制和风险管理是出色的公司治理极为重要的组成部分。出色的公司治理意味着董事会必须对企业的所有风险加以识别和管理。就风险管理而言,内部控制系统涉及企业财务、运营、遵守法律法规及其他方面。

内部控制系统包括两个因素,分别是内部环境和控制政策及程序。内部环境是指企业内部对于内部控制的态度及内部控制的意识,代表整个企业对于内部控制的价值观。控制政策及程序是指嵌入企业运营中的具体的内部控制。控制政策及程序的设计目的在于,尽可能确保业务行为是有序且有效的。控制政策及程序必须能够根据企业面临的内外部风险而改变,应以企业面临的主要风险为重点,并对这些风险作出反应。

迄今为止,基于不同的角度和层次,不同组织对内部控制定义有不同的认识和分析。

(一) COSO委员会对内部控制的定义

成立于1985年的COSO(Committee of Sponsoring Organizations)委员会为美国反舞弊报告委员会提供支持。该组织包括美国会计协会(The American Accounting Association)和美国注册会计师协会(American Institute of Certified Public Accountants)。现在，COSO委员会负责制订企业实施内部控制的指南。

1992年9月，COSO委员会提出了《内部控制——整合框架》报告。1994年又进行了增补，简称《内部控制框架》，即COSO内部控制框架。COSO委员会对内部控制的定义："公司的董事会、管理层及其他人士为实现以下目标提供合理保证而实施的程序：运营的效益和效率，财务报告的可靠性和遵守适用的法律法规。"

COSO委员会指出，从风险管理的角度看，内部控制是必要的。但是，在实施内部控制时，有几点需要注意。首先，即使实施了优良的内部控制系统，也不一定能使一个蹩脚的管理者变得出色。其次，由于所有的内部控制系统仍然面临发生错误或出现差错的危险，因而内部控制系统只能就企业目标的实现提供合理保证。即使一个企业实施了内部控制，也可能由于人为故意破坏、管理层逾越监控而失效。最后，企业在建立内部控制系统时，均可能存在资源受限的问题。

(二) 美国上市公司会计监管委员会对内部控制的定义

美国上市公司会计监管委员会(PCAOB)发布的《审计准则第5号》规定，注册会计师对企业财务报告进行审计必须关注财务报告内部控制，同时管理层应对企业内部控制作出评估。所谓财务报告内部控制，是指在企业主要的高级管理人员、主要财务负责人或行使类似职能的人员的监督下设计的一套流程，并由公司的董事会、管理层和其他人员批准生效，该流程可以为财务报告的可靠性及根据公认会计原则编制的对外财务报表提供合理保证，它包括如下政策和程序：① 保管以合理的详尽程度、准确和公允地反映企业的交易和资产处置的有关记录；② 为按照公认会计原则编制财务报表记录交易，以及企业的收入和支出仅按照管理层和企业董事会的授权执行，提供合理的保证；③ 为预防或及时发现对财务报表有重大影响的未经授权的企业资产的购置、使用或处理，提供合理保证。

(三) 特恩布尔委员会对内部控制的定义

1992年，英国《综合守则》(《Combined Code》)颁布之后，设立了特恩布尔委员会(Turnbull Committee)。该委员会的职能是为上市公司执行《综合守则》规定的内部控制原则提供指南。特恩布尔报告的总体要求是，董事会应实行一套完善的内部控制系统，并定期对该系统进行复核。

该报告还谈到了建立一个完善的内部控制系统的必要性。内部控制的主要组成部分包括为企业的有效运营提供辅助条件，使企业有能力对阻碍目标实现的重大风险作出反应。风险可能来自业务经营、合规、运营或财务方面。此外，内部控制还能确保对内和对外报告的质量，确保法规及企业内部有关业务开展的政策得到遵守。

特恩布尔报告还包括对内部控制系统的检查。该报告指出，对内部控制系统的检查是管理层的常规责任。不过，检查可委派给审计委员会，并且董事会必须提供有关内部控制系统的信息，并进行复核。复核应每年至少一次。

为了通过维持完善的内部控制系统来使企业面临的风险降至最低,特恩布尔委员会还建议应持续对内部控制情况进行监察,并建议出具关于财务及合规运营控制的报告。此外,管理层应向董事会保证内部控制已得到监察,确认这些控制提供了"对重大风险及内部控制系统对于管理这些风险的有效性"的平衡性评价。而且,由于董事会应对内部控制系统负责,因此董事会可能需要对该系统进行复核。

(四)中国《企业内部控制基本规范》对内部控制的定义

财政部、证监会、审计署、银监会和保监会于2008年5月联合发布的《企业内部控制基本规范》指出,内部控制是由企业董事会、监事会、经理层和全体员工实施的旨在实现控制目标的过程。内部控制的目标是合理保证企业经营管理合法合规、资产安全、财务报告及相关信息真实完整,提高经营效率,提升经营效果,促进企业实现发展战略。本书中采用的定义选择了该观点对内部控制的定义。

二、内部控制的价值

1. 提高会计信息资料的正确性和可靠性

企业决策层要想在瞬息万变的市场竞争中有效地管理经营企业,就必须及时掌握各种信息,以确保决策的正确性,并可以通过控制手段尽量提高所获信息的准确性和真实性。因此,建立内部控制系统可以提高会计信息的正确性和可靠性。

2. 保证生产和经管活动顺利进行

内部控制系统通过确定职责分工,严格各种手续、制度、工艺流程、审批程序、检查监督手段等,可以有效地控制本单位生产和经营活动,保证其顺利进行,防止出现偏差,纠正失误和弊端,保证实现单位的经营目标。

3. 保护企业财产的安全完整

财产物资是企业从事生产经营活动的物质基础。内部控制可以通过适当的方法对货币资金的收入、支出、结余以及各项财产物资的采购、验收、保管、领用、销售等活动进行控制,防止贪污、盗窃、滥用、毁坏等不法行为,保证财产物资的安全完整。

4. 保证企业既定方针的贯彻执行

企业决策层不但要制定管理经营方针、政策、制度,而且要狠抓贯彻执行。内部控制则可以通过制定办法、审核批准、监督检查等手段促使全体职工贯彻和执行既定的方针、政策和制度,同时,可以促使企业领导和有关人员执行国家的方针、政策,在遵守国家法规纪律的前提下认真贯彻企业的既定方针。

5. 为审计工作提供良好基础

审计监督必须以真实可靠的会计信息为依据,检查错误、揭露弊端、评价经济责任和经济效益。只有具备了完备的内部控制制度,才能保证信息的准确、资料的真实,并为审计工作提供良好的基础。总之,良好的内部控制系统可以有效地防止各项资源的浪费和错弊的发生,提高生产、经营和管理效率,降低企业成本费用,提高企业经济效益。

三、内部控制的原则

根据我国内部控制基本规范,企业建立与实施内部控制,应当遵循下列原则:

1. 全面性原则

内部控制应当贯穿决策、执行和监督全过程,覆盖企业及其所属单位的所有业务和事项。

2. 重要性原则

内部控制应当在全面控制的基础上,关注重要业务事项和高风险领域。

3. 制衡性原则

内部控制应当在治理结构、机构设置及权责分配、业务流程等方面相互制约、相互监督,同时兼顾运营效率。

4. 适应性原则

内部控制应当与企业经营规模、业务范围、竞争状况和风险水平等相适应,并随着情况的变化及时加以调整。

5. 成本效益原则

内部控制应当权衡实施成本与预期效益,以适当的成本实现有效控制。

四、内部控制的局限性

内部控制不能百分之百保证实现控制目标而只能提供合理保证,因此企业管理层及审计人员必须清楚地认识到,内部控制是存在固有局限性的。由于审计人员在执行业务时需要关注被审计单位的内部控制以作为重大错报风险的判断依据之一,故而审计时必须关注内部控制的局限性。

(一)内部控制的固有局限

从审计的角度来说,内部控制无论如何有效,都只能为被审计单位实现财务报告目标提供合理保证。内部控制实现目标的可能性受其固有限制的影响。这些限制包括:

1. 在决策时人为判断可能出现错误和因人为失误而导致内部控制失效

例如,控制的设计和修改可能存在失误。同样的,控制的运行也可能无效。再如,由于负责复核信息的人员不了解复核的目的或没有采取适当的措施,内部控制生成的信息(如例外报告)没有得到有效使用。

2. 控制可能由于两个或更多的人员串通或管理层不当地凌驾于内部控制之上而被规避

例如,管理层可能与客户签订"背后协议",修改标准的销售合同条款和条件,从而导致不适当的收入确认。再如,软件中的编辑控制旨在识别和报告超过赊销信用额度的交易,但这一控制可能被凌驾或不能得到执行。

3. 人员素质不适应岗位要求

如果被审计单位内部行使控制职能的人员素质不适应岗位要求,也会影响内部控制功能的正常发挥。

4. 成本效益考虑

被审计单位实施内部控制的成本效益问题也会影响其效能,当实施某项控制成本大于控制效果而发生损失时,就没有必要设置该控制环节或控制措施。

5. 出现不经常发生或未预计到的业务

内部控制一般都是针对经常而重复发生的业务设置的,如果出现不经常发生或未预计到的业务,原有控制就可能不适用。

(二) 对小型被审计单位的考虑

小型被审计单位拥有的员工通常较少,限制了其职责分离的程度。但是,在业主管理的小型被审计单位,业主兼经理可以实施比大型被审计单位更有效的监督。这种监督可以弥补职责分离有限的局限性。

另外,由于内部控制系统较为简单,业主兼经理更有可能凌驾于控制之上。注册会计师在识别由于舞弊导致的重大错报风险时需要考虑这一问题。

第二节 内部控制的发展

一、内部牵制阶段

在 20 世纪 30 年代以前,人们通常使用内部牵制(Internal Check)的概念,内部牵制是内部控制的最初形式,主要是出于保护财产安全的目的而设计的。内部牵制的思想是以账目的相互核对为主要内容,并实行岗位分离。例如,在古罗马时代,对会计账簿实施的"双人记账制"即是典型的内部牵制措施。

在 1912 年出版的《审计——理论与实践》中充分展示了美国会计学家蒙哥马利的审计思想,这本书将"内部牵制制度"解释为:一个人不能完全支配账户,另一个人也不能独立地加以控制的制度。也就是一名员工与另一名员工必须是相互控制、相互稽核的。蒙哥马利认为,如果存在良好的内部牵制组织,审计人员就无须进行详细审计。而且,"审计人员如果认为内部牵制组织是适当的,就不需要其他人重复操作会计业务"。

早期内部牵制制度的建立主要是基于两个设想:

(1) 两个人或两个以上的人或部门无意识地犯同样错误的可能性是很小的。例如,登记会计凭证后需要进行复核,防止登记凭证的人员出现人为的登记金额或内容错误。

(2) 两个或两个以上的人或部门有意识地合伙舞弊的可能性大大低于一个人或单独部门舞弊的可能性。例如,出纳与会计应当由不同的人分别担任,可以实现办理收支的业务与应收应付、成本费用类记账职责分离,或者保管支票与保管印章职务分离,如果由一人承担以上任务,就可能有机会通过伪造成本费用等方法侵占单位资产。

按照这样的设想,通过内部牵制机制,实现上下牵制,左右制约,相互监督,因而具有查错防弊这个主要功能。

早期内部牵制包括三大要素:

(1) 职责岗位分工。职责分工控制、岗位分工控制,是指企业要尽可能详细地将经济业务的处理过程划分为若干相对独立的职务,把不同的职务特别是不相容职务分配给不同的人或部门来执行,并通过组织机构设立或岗位设置相对稳定地固定下来,以便形成相互关联、相互制约的机制。职务分工控制是现代内部控制的核心内容和其他控制形式存在的主要基础。

（2）会计系统。会计系统控制是指通过会计的核算和监督系统所进行的控制，主要包括会计凭证控制、复式记账控制、会计账簿控制、会计报表控制及其财务成果控制。

（3）人员轮换。工作轮换是一种短期的工作调动，是指在组织的几种不同职能领域中为员工作出一系列的工作任务安排，或者在某个单一的职能领域或部门中为员工提供在各种不同工作岗位之间流动的机会。适时的工作轮换，可以健全内部控制制度，防止腐败。通过工作轮换，可以避免一些要害部门的人员因长期在一个部门任职而滋生腐败。

在执行程序方面，内部牵制的重点包括：

（1）实物牵制。例如，把重要的保险柜钥匙交给两个以上的工作人员持有，如果不同时使用钥匙，保险柜就无法打开。

（2）机械牵制。例如，不按照正确的程序操作就无法打开保险柜门。

（3）体制牵制。例如，把每项业务都交给不同的人或部门去处理，以预防错误和舞弊发生。

（4）簿记牵制。例如，采用复式记账法，有借必有贷，借贷必相等，进行平行记账，并且定期核对明细账和总账。

但是，早期的内部控制概念产生自经济监控的需求，偏重于对会计方面的制约，强调的是内部牵制的作用和运用方法。内部牵制仅限于业务分管、明确分工，把一笔经济业务分割成几个部分，交给几个人去做，各司其职，互相监督，以防舞弊。这一阶段的目的，主要是保证财产物资的安全完整和会计记录的真实可靠，减少错误和舞弊行为，但是仅仅停留在"查错防弊"的内部牵制显然无法满足现代企业的管理需求。

二、内部控制制度

20世纪40年代以后，科学管理思想深入审计。随着经济的不断发展和企业规模的不断扩大，内部控制相关理论与方法的研究逐步受到重视。内部控制被认为不应仅仅局限于内部牵制，还应当包括企业的管理结构，以及为保护财产安全，检查其会计资料的准确性和可靠性，提高经营管理效率等方面采取的方法措施。1934年，美国证券交易法首先使用"内部会计控制"作为根除经济危机中虚假会计信息泛滥的根本措施之一。内部会计控制作为企业内部控制的核心内容，首先引起管理当局的高度关注。

1949年，美国会计师协会出版的《内部控制——调整组织的各种要素及其对管理当局和独立职业会计师的重要性》对内部控制作出了如下定义：内部控制包括单位内部采用的机构计划及所有有关的调整方法和调整措施，旨在保护单位资产，检查会计数据的准确性和可靠性，提高经营效率，贯彻管理部门既定决策所制定的政策、程序、方法和措施。

1958年，美国注册会计师协会审计委员会发布的《审计程序公告第29号》将内部控制划分为会计控制和管理控制。

（1）会计控制。包括组织规划的所有方法和程序。这些方法和程序与财产安全和财务记录的可靠性有直接的联系。这些控制包括授权与审批制度、从事财务记录和审核与从事经营或财产保管职务相分离的控制、财务的实物控制和内部审计等。内部会计控制主要针对会计记录系统和资产保护所实施的控制。

(2) 管理控制。包括组织规划的所有方法和程序。这些方法和程序主要与经营效率效果和贯彻管理方针有关,通常只与财务记录有间接关系。这些控制一般包括统计分析、时动研究、业绩报告、员工培训计划和质量控制等。内部管理控制主要是针对经济决策、交易授权、组织规划等所实施的控制。

会计控制与管理控制并不是相互排斥、互不相容的,有些控制措施既可以用于会计控制,也可以用于管理控制。

这一变革与注册会计师审计方法的演进密切相关。19 世纪以后,会计和审计都进入了一个高速发展的时期。企业经济事项日益复杂,经济交易内容不断丰富,注册会计师审计工作量迅速增大。同时,注册会计师发现,传统地围绕账表进行详细审计既耗费时间又难以很好地完成审计工作。为了保证审计质量,必须另辟蹊径,寻找更为可靠的审计方法。注册会计师逐步意识到内部控制对审计工作有非常重要的意义。当内部控制设计合理且执行有效时,通常表明财务报表具有较高的可靠性;当内部控制设计不合理,或虽然设计合理但没有得到有效的执行时,通常表明财务报表不具备可靠性。因此,注册会计师将视角转向企业的内部控制,特别是财务信息赖以生成的内部控制,从而将内部控制与审计抽样结合起来。

以内部控制为基础的审计方法,改变了传统的审计方法,强调对内部控制的测试和评价。如果测试结果表明内部控制运行有效,那么内部控制就值得信赖,注册会计师对财务报表相关项目的审计只需要抽取少量的样本便可以得出审计结论;如果测试结果表明内部控制运行无效,那么内部控制就不值得信赖,注册会计师对财务报表相关项目的审计需要视情况扩大审计范围,检查足够数量的样本,才能得出审计结论。

从 20 世纪 50 年代起,以控制测试为基础的抽样审计在西方国家得到了广泛应用,这也是审计方法走向成熟的重要标志。内部控制测试和评价构成审计方法的重要组成部分,从方法论的角度,这种方法被称为制度基础审计方法(System-based Audit Approach)。

审计方法的变革说明内部控制体系越来越完善和系统化,内部控制的发展直接影响并促使了审计方法的这一变革。

三、内部控制结构

20 世纪 80 年代至 90 年代,内部控制由偏重于研究具体的控制程序和方法发展为对内部控制系统的全方位研究,其突出的变化和重要成果是日益重视对控制环境的研究。会计与审计理论对内部控制的研究也逐步深化,以"内部控制结构"替代内部控制制度。

1986 年,第 12 届国际审计会议《总声明》将内部控制解读为"作为完整的财务和其他控制体系,包括组织结构、方法程序和内部审计。它是由管理者根据总体目标建立的,目的在于帮助企业的经营活动合理化,具有经济性、效率性和效果性,保证管理决策的贯彻,维护资产和资源的安全,保证会计记录的准确和完整,并提供及时、可靠的财务和管理信息"。

1988 年美国注册会计师协会发布的《审计准则公告第 55 号》提出了内部控制结构的概念:为合理保证公司实现具体目标而设立的一系列政策和程序。结构上由控制环境、会计制度和控制程序三个部分组成。

内部控制结构包括:

1. 控制环境

控制环境反映董事会、监事会、管理层和其他人员对控制的态度和行为。具体包括管理哲学和经营作风、组织结构、董事会及审计委员会的职能、人事政策和程序、确定职权和责任的方法、管理者管理控制方法,比如经营计划、预算、利润计划、责任会计和内部审计等。

2. 会计制度

会计制度规定各项经济业务的确认、归集、分类、分析、登记和编报方法。一个有效的会计制度包括以下内容:鉴定和登记一切合法的经济业务;对各项经济业务适当进行分类,作为编制报表的依据;计量经济业务的价值,以使其货币价值能在财务报告中予以记录;确定经济业务发生的时间,以确保它被记录在适当的会计期间;在财务报告中恰当地表述经济业务及有关的内容进行揭示。

3. 控制程序

控制程序指企业为保证目标的实现而建立的政策和程序。具体包括经济活动的授权,明确各员工的职责分工,充分的凭证、账单设置和记录,资产和记录的接触控制,业务的独立审核等。

内部控制结构将控制环境纳入了内部控制范畴,是一个极大的变革。这充分说明,人们不再将控制环境作为内部控制的外在因素,而是作为内部控制的一个组成部分,内部控制不再是详细的控制手段或控制制度,而是一个有机组成。控制环境是由企业全体员工,尤其是高级管理层所建立的,是有效的内部控制体系得以建立和运行的基础。

四、内部控制框架

1992年9月,美国注册会计师协会、国际内部审计师协会、财务经理协会、美国会计协会和管理会计协会共同组成的专门委员会(COSO委员会,即美国反对虚假财务报告委员会的赞助组织委员会)发布了《内部控制——整体框架》的研究报告,提出了"内部控制框架"的概念。这份文件堪称是内部控制发展史上的里程碑。COSO委员会的内部控制定义构成了《萨班斯——奥克斯利法案》(Sarbanes-Oxley Act)第404条关于内部控制评估内容的基础。这些内容实质上对全球的所有机构都非常重要,因此,管理者、审计师等人士应当对COSO委员会的内部控制非常熟悉。

COSO委员会提出,内部控制是一个过程,受企业董事会、管理当局和其他员工影响,旨在保证财务报告的可靠性、经营的效果和效率以及现行法规的遵循。它认为内部控制整体架构主要由控制环境、风险评估、控制活动、信息与沟通、监督五项要素构成。

(1)控制环境。国际内部审计委员会(IIA)为控制环境所下的定义是"董事会与管理层对待公司内部控制的重要性的态度及采取的行动"。控制环境是其他内部控制要素的根基,是企业实施内部控制的基础,控制环境因素包括人员的道德观和胜任能力,董事会提供的指示和管理效率。控制环境能说明企业的道德观和文化,为内部控制的其他方面运作提供框架。控制环境是由管理层所定的基调、管理哲学和管理风格、授权方式、组织和培养员工的方式以及董事会对执行内部控制的决心所决定的。

(2)风险评估。风险评估是指识别和分析影响目标实现的风险,以此来确定降低和管理此类风险的依据。企业的目标与所面临的风险之间有一定关联。为了对风险进行评估,必须确立企业目标。目标一经确立,必须识别和评估为实现这些目标而面临的风险,并且该评估应构成决定如何管理该风险的基础。

企业应及时识别、系统分析经营活动中与实现内部控制目标相关的风险,合理确定风险应对策略。

（3）控制活动。控制活动有助于确保管理层的指令得以执行，以及任何可能需要用以处理风险以实现企业目标的行动得以实施。控制活动是指能确保管理层的决策与指示得以执行的政策和程序。企业内部各层面均存在控制活动，控制活动包括组织控制、职责划分、调节和复核、实物控制、授权和批准、计算和会计、人员控制、监督及管理控制。

（4）信息与沟通。信息与沟通是指在人员能够履行责任的方式及时间范围内，识别、取得和报告经营、财务与法律遵守的相关信息的有效程序和系统。企业必须收集信息并向适当人士传达。管理者制定恰当的决策时既需要内部信息，也需要外部信息。为了运作内部控制，管理者也需要信息，因此必须建立完善的信息系统。必须为管理者提供与所采取的行动相关的及时、准确、可以理解的信息。多数企业运用计算机系统来提高为管理者提供的信息质量。

（5）监督。监督是指持续评估内部控制系统的充分性及表现情况的程序。内部控制系统必须接受监察。作为内部控制系统的因素，它与内部审计及一般监督有关。识别并向高级管理层及董事会或董事报告内部控制系统的缺陷是非常重要的。企业可能已经建立了非常完善的内部控制系统，但是仍需要对该系统进行监督。如果内部控制系统未经监督，就很难评估它是否未受控制或需要改进。随着业务的发展，内部控制系统也在发展，因此内部控制系统不是静止不变的。内部审计部门通常是内部控制系统的主要监督人。内部审计师会对内部控制及控制系统进行检查，他们还应识别控制是否失效或是可以纠正的问题，并且向管理层提出有关新系统或系统改进方面的建议。

企业应对内部控制建立与实施情况进行监督检查，评价内部控制的有效性，发现内部控制缺陷，应当及时加以改进。

COSO委员会的上述定义对内部控制的基本概念提供了一些深入的见解，特别是：

（1）内部控制是一个实现目标的程序及方法，而其本身并非目标。

（2）内部控制只提供合理保证，而非绝对保证。

（3）内部控制要由企业中各级人员实施与配合。

COSO委员会内部控制框架的要点包括：

（1）强调"软控制"的功能。相对于以往的内部控制，框架更加强调那些属于管理文化层面的软性管理因素。

（2）强调内部控制应当与企业的经营管理过程相结合。框架认为，经营过程是指通过规划、执行及监督等基本的管理过程对企业加以管理。内部控制是企业经营管理过程的一个部分，与经营活动结合在一起，而不是凌驾于企业的基本活动之上，它使经营达到预期效果，并监督企业经营过程的持续进行。不过，内部控制只是一个管理工具，并不能代替管理。

（3）突出强调信息系统的作用。框架认为，完备的信息处理系统是实现内部控制目标的重要保障，信息系统不仅处理企业内部产生的经营信息，也处理来自企业外部的各类经济、法律或行政信息。

（4）明确内部控制的责任。框架第一次明确阐述了内部控制的制订与实施的责任问题，并指出，不仅仅是董事会、管理人员、内部审计人员，组织中每一个人都对内部控制环节负有责任。

（5）强调内部控制的分类和目标。目标的设定虽然不是内部控制的组成要素，但却是内部控制的先决条件，也是促成内部控制的要件。框架将内部控制目标分为三类，与营运有关的目标,与财务报告有关的目标,与法律的遵循有关的目标等。这些目标的分类高度概括了企业控制目标,有利于不同的人从不同视角关注内部控制的不同方面。

(6) 内部控制只能做到合理保证。框架认为,不论设计和执行有多么完善,内部控制只能为管理层及股东达成企业经营目标提供合理保证。目标最终是否达成,还受到内部控制本身的限制性条件制约。

COSO委员会利用一个三维模型来描述一个机构内的内部控制系统,如图1.1所示。该模型在水平方向上分为五层,垂直方向有三个组成部分和跨越第三维的多个椎体。这种模型的结构是5×3×2。但是,它们并不是完全独立的,彼此之间是相互连接的。

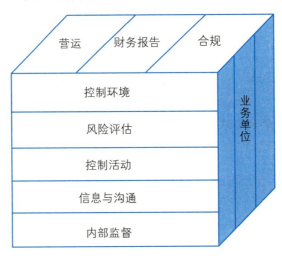

图1.1 COSO的内部控制系统

企业的内部控制系统会反映其控制环境,而控制环境包括组织结构。内部控制系统应嵌入企业运营之中,并成为公司文化的一部分。此外,内部控制系统应能够对由企业内在因素和商业环境的改变所产生的不断变化的业务风险作出反应。而且,内部控制系统亦应包括向管理层及时汇报经确认的任何重大控制失误或不足,及所采取的纠正行动的详细程序。

内部控制程序应保持简单直接,同时需要确保成本没有超过效益。而且,应使各级职员能够了解维持足够内部控制的重要性,从而不会在实施控制时,因遇到不必要的复杂情况而对此产生不满。

企业应当给予董事会及管理层适当的培训,使他们能够认识到内部控制及职能范围。这样做一方面有助于企业高层遵守内部控制的监管规定,另一方面也为企业实现目标提供更多的保证。

五、企业风险管理框架

(一) 社会背景

市场经济越发展,防范风险越重要。1995年,有两百多年历史的巴林银行毁于期货交易投资失败和内部人员利用错误账号舞弊;2001年,美国安然公司因虚假经营、虚构资产、隐瞒亏损而导致破产,引发作为世界五大会计师事务所之一的安达信会计师事务所解散;

2002年,世通公司被揭露出虚假记账以掩盖不断恶化的财务状况,虚构盈利操纵股价;2008年,法国兴业银行交易员违规操作,给银行带来近50亿欧元的损失。层出不穷的经营失败和内控失效的案例逐步引起了人们的重视,越来越多的学者和实务界人士意识到,强化企业的内部控制系统将有助于防范和管理风险、提高经营效率效果、确保财务信息的真实可靠。

2002年,美国国会通过《萨班斯法案》(SOX法案,也称上市公司会计改革与投资者保护法案),对美国上市公司进一步要求合规性,强调上市公司必须考虑与内部控制有关的各种风险。《萨班斯法案》要求外部审计师就管理层对财务报告相关内部控制的声明提供鉴证服务。另外,美国审计准则委员会于2003年颁布《审计准则——在财务报告审计过程中对与财务报告相关的企业内部控制的审计》和《鉴证业务准则公告——对与财务报告相关的企业内部控制的报告》,为该业务提供理论指导。

《萨班斯法案》和相关规则的出台,迫使COSO委员会重新审视1994年发布的内部控制框架所存在的问题。在内部控制框架所存在的诸多问题中,一个最主要的问题就是缺乏对企业风险管理的足够重视,没有将内部控制与风险管理结合起来。在原有的内部控制整体框架的基础上,在结合《萨班斯法案》和SEC规则等多方面要求的基础上,COSO委员会于2003年7月发布了《企业风险管理整合框架》(《Enterprise Risk Management》)的讨论稿,并于2004年9月正式发布。

《企业风险管理整合框架》的出台,使得原来的内部控制框架被涵盖在企业风险管理整合框架之内,内部控制框架构成了企业风险管理整合框架不可分割的一部分。企业风险管理比内部控制更广阔,风险管理的引入,拓展和细化了内部控制,形成了一个更全面、更强有力的有关风险的概念。

该报告将内部控制上升到全面风险管理的高度来认识,描述了适用于各类规模组织的企业风险管理的重要构成要素、原则和概念。该概念集中关注风险管理,为董事会与管理层识别风险、规避陷阱、把握机遇、增加股东价值提供清晰的指南。基于这一认识,COSO委员会提出企业风险管理框架下的内部控制,即控制环境、目标设定、事项识别、风险评估、风险应对、控制活动、信息与沟通和监控。企业风险管理框架如图1.2所示。

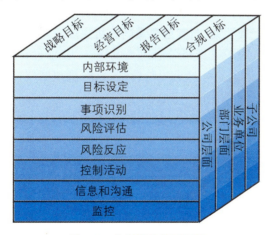

图1.2 企业风险管理框架

总的来看,企业风险管理整合框架在内部控制整体框架的基础上增加了"一个新观念,一个战略目标,两个概念和三个要素",即风险组合观,战略目标,风险偏好、风险可接受程度

的概念以及目标设定、事项识别、风险应对要素等内容,具体表现为:

1. 提出一个新的观念:风险组合观(An Entity-level Portfolio View of Risk)

企业风险管理要求企业管理者以风险组合的观点看待风险,对相关的风险进行识别并采取措施使企业所承担的风险在风险偏好的范围内。对企业内每个单位而言,其风险可能落在该单位的风险容忍度范围内,但从企业总体来看,总风险可能超过企业总体的风险偏好范围。因此,应从企业总体的风险组合的观点看待风险。

2. 增加一类目标:战略目标,并扩大了报告目标的范畴

内部控制框架将企业的目标分为经营、财务报告和合法性目标。企业风险管理框架也包含三个类似的目标,但是其中只有两个目标与内部控制框架中的定义相同,财务报告目标的界定则有所区别。内部控制框架中的财务报告目标只与公开披露的财务报表的可靠性相关,而企业风险管理框架中报告目标的范围有很大的扩展,该目标覆盖了企业编制的所有报告。

此外,企业风险管理框架比内部控制框架增加了一个目标——战略目标。该目标的层次比其他三个目标更高。企业的风险管理在应用于实现企业其他三类目标的过程中,也应用于企业的战略制定阶段。

3. 针对风险度量提出两个新概念:风险偏好(Risk Appetite)和风险容忍度(Risk Tolerances)

针对企业目标实现过程中所面临的风险,风险管理框架对企业风险管理提出风险偏好和风险容忍度两个概念。从广义上看,风险偏好是指企业在实现其目标的过程中所愿意接受的风险的数量。企业的风险偏好与企业的战略直接相关,企业在制定战略时,应考虑将该战略的既定收益与企业的风险偏好结合起来,帮助企业的管理者在不同战略间选择与企业的风险偏好相一致的战略。

风险偏好的概念是建立在风险容忍度概念基础上的。风险容忍度是指在企业目标实现过程中对差异的可接受程度,是企业在风险偏好的基础上设定的对相关目标实现过程中所出现差异的可容忍限度。在确定各目标的风险容忍度时,企业应考虑相关目标的重要性,并将其与企业风险偏好联系起来。

4. 增加了三个风险管理要素,对其他要素的分析更加深入,范围上也有所扩大

企业风险管理框架新增了三个风险管理要素——"目标设定""事项识别"和"风险应对"。此外,针对企业将管理的重心移至风险管理,风险管理框架更加深入地阐述了其他要素的内涵,并扩大了相关要素的范围。

(1)目标设定。在风险管理框架中,由于要针对不同的目标分析其相应的风险,因此目标的设定自然就成为风险管理流程的首要步骤,并将其确认为风险管理框架的一部分。

(2)事项识别。企业风险管理和内部控制框架都承认风险来自企业内、外部各种因素,而且可能在企业的各个层面上出现,并且应根据对实现企业目标的潜在影响来确认风险。但是,企业风险管理框架深入探讨了潜在事项的概念,认为潜在事项是指来自企业内部和外部资源的,可能影响企业战略的执行和目标实现的一件或者一系列偶发事项。存在潜在的积极影响的事项代表机遇,而存在潜在负面影响的事项则称为风险。企业风险管理框架采用一系列技术来识别有关事项并考虑有关事项的起因,对企业过去和未来的潜在事项以及事项的发生趋势进行计量。

(3)风险评估。内部控制框架和风险管理框架都强调对风险的评估,但风险管理框架建议能够更加透彻地对待风险管理,即从固有风险和残存风险的角度来对待风险,对风险影响的分析则采用简单算术平均数、最差的情形下的估计值或者事项的分布等技术来分析。最好能够找到与风险相关的目标一致的计量单位进行计量,将风险与相关的目标联系起来。风险评估的时间基准应与企业的战略和目标相一致,如果可能,也应与可观测到的数据相一致。企业风险管理框架还要求注意相互关联的风险,确定单一的事项如何为企业带来多重的风险。

(4) 风险应对。企业风险管理框架提出对风险的四种反应方案:规避、减少、共担和接受风险。作为风险管理的一部分,管理者应比较不同方案的潜在影响,并且应在企业风险容忍度范围内的假设下,考虑风险反应方案的选择。在个别和分组考虑风险的各反应方案后,企业管理者应从总体的角度考虑企业选择的所有风险反应方案组合后对企业的总体影响。

(5) 信息和沟通。企业风险管理框架扩大了企业信息和沟通的构成内容,认为企业的信息应包括来自过去、现在和未来潜在事项的数据。企业的信息系统的基本职能应以时间序列的形式收集、捕捉数据,其收集数据的详细程度则视企业风险识别、评估和反应的需要而定,并保证将风险维持在风险偏好的范围内。

总的来讲,新的框架强调在整个企业范围内识别和管理风险的重要性,强调企业的风险管理应针对企业目标的实现在企业战略制定阶段就予以考虑,而企业在对其下属部门进行风险管理时,应对风险进行加总,从组织的顶端、以全局的风险组合观来看待风险。此外,根据风险管理的需要,对企业目标进行重新分类,明确战略目标在风险管理中的地位。

(二) 企业风险管理框架的主要内容

COSO 委员会发布企业风险管理框架的目的与当初发布内部控制框架的目的相似,是由于实务界存在对统一的概念性指南的需要。COSO 委员会希望新框架能够成为企业董事会和管理者的一个有用工具,用来衡量企业的管理团队处理风险的能力,并希望该框架能够成为衡量企业风险管理是否有效的一个标准。

对风险的持续确认,与确定抓住什么机遇一样,对保护和提高企业利益相关者的价值是至关重要的。不确定性既代表风险,也代表机遇,既存在使企业增值的可能,也存在使企业减值的风险。在实现企业目标的过程中,企业风险管理框架是一个帮助企业管理者有效处理不确定性和减少风险进而提高企业创造价值的能力的框架。

1. 企业风险管理的定义

COSO 委员会将企业风险管理定义为一个过程。这个过程受董事会、管理层和其他人员的影响。这个过程从企业战略制定一直贯穿到企业的各项活动中,用以识别那些可能影响企业的潜在事件并管理风险,使之在企业的风险偏好之内,从而合理地确保企业取得既定的目标。然而,决定一个企业的风险管理是否有效是基于对风险管理要素设计和执行是否正确的评估基础上的一个主观判断。企业的风险管理想要有效,其设计必须包括所有的要素并得到执行。

这是一个广义的风险管理定义,适用于各种类型的组织、行业和部门。该定义直接关注企业目标的实现,并且为衡量企业风险管理的有效性提供了基础。该定义强调:

(1) 企业的风险管理是一个过程,其本身并不是一个结果,而是实现结果的一种方式。企业的风险管理是渗透于企业各项活动中的一系列行动。这些行动普遍存在于管理者对企业的日常管理中,是企业日常管理所固有的。

（2）企业风险管理是一个由人参与的过程，涉及一个企业各个层次的员工。

（3）该过程可用于企业的战略制定。企业的战略目标是企业最高层次的目标，它与企业的预期和任务相联系并支持预期和任务的实现。一个企业为实现其战略目标而制定战略，并将战略分解成相应的子目标，再将子目标层层分解到业务部门、行政部门和各生产过程。在制定战略时，管理者应考虑与不同的战略相关联的风险。

（4）该风险管理过程应当应用于企业内部每个层次和部门，企业管理者对企业所面临的风险应有一个总体层面上的风险组合观。一个企业必须从全局、从总体层面上考虑企业的各项活动。企业的风险管理应考虑组织内所有层面的活动，从企业总体的活动（如战略计划和资源分配）到业务部门的活动（如市场部、人力资源部），再到业务流程（如生产过程和新客户信用复核）。

（5）该过程是用来识别可能对企业造成潜在影响的事项并在企业风险偏好的范围内管理风险。

（6）设计合理、运行有效的风险管理能够向企业的管理者和董事会在企业各目标的实现上提供合理的保证。

（7）企业风险管理框架针对一类或几类相互独立但又存在重叠的目标，目的在于企业目标的实现。

总之，企业风险管理是一个过程，企业风险管理的有效性是某一时点的一个状态或条件。决定一个企业的风险管理是否有效是基于对风险管理要素设计和执行是否正确的评估基础上的一个主观判断。企业的风险管理要有效，则其设计必须包括所有的要素并得到执行。企业风险管理可以从一个企业的总体来认识，也可以从一个单独的部门或多个部门的角度来认识。即使是站在某一特定的业务部门的角度来看待风险管理，所有的要素也都应作为基准包含在内。

2. 企业风险管理的目标

在主体既定的使命范围内，管理当局制订战略目标、选择战略，并在企业内自上而下设定相应的目标，可以分为以下四个类型：

（1）战略目标：高层次的目标，与使命相关联并支撑其使命；

（2）经营目标：有效和高效率地利用其资源；

（3）报告目标：报告的可靠性；

（4）合规目标：符合使用的法律和法规。

（三）企业风险管理八要素

企业风险管理分为内部环境、目标设定、事项识别、风险评估、风险反应、控制活动、信息和沟通、监控等八个相互关联的要素，各要素贯穿在企业的管理过程之中。

1. 内部环境

企业的内部环境是其他所有风险管理要素的基础，为其他要素提供规则和结构。企业的内部环境不仅影响企业战略和目标的制订，业务活动的组织和对风险的识别、评估和反应，还影响企业控制活动、信息和沟通系统以及监控活动的设计和执行。董事会是内部环境的重要组成部分，对其他内部环境要素有重要的影响。企业的管理者也是内部环境的一部分，其职责是建立企业风险管理理念，确定企业的风险偏好，营造企业的风险文化，并将企业的风险管理和相关的初步行动结合起来。

2. 目标设定

根据企业确定的任务或预期，管理者制订企业的战略目标，选择战略并确定其他与之相关的目标并在企业内层层分解和落实。其中，其他相关目标是指除战略目标之外的其他三个目标，其制订应与企业的战略相联系。管理者必须首先确定企业的目标，才能够确定对目标的实现有潜在影响的事项。而企业风险管理就是提供给企业管理者一个恰当的过程，既能够帮助制订企业的目标，又能够将目标与企业的任务或预期联系在一起，并且保证制订的目标与企业的风险偏好相一致。

3. 事项识别

不确定性的存在，使得企业的管理者需要对这些事项进行识别。而潜在事项对企业可能有正面的影响、负面的影响或者两者同时存在。有负面影响的事项是企业的风险，要求企业的管理者对其进行评估和反应。因此，风险是指某一对企业目标的实现可能造成负面影响的事项发生的可能性。对企业有正面影响的事项，或者是企业的机遇，或者是可以抵消风险对企业的负面影响的事项。机遇可以在企业战略或目标制订过程中加以考虑，以确定有关行动抓住机遇。可能潜在地抵消风险的负面影响的事项则应在风险的评估和反应阶段予以考量。

4. 风险评估

风险评估可以使管理者了解潜在事项如何影响企业目标的实现。管理者应从两个方面对风险进行评估——风险发生的可能性和影响。风险发生的可能性是指某一特定事项发生的可能性，影响则是指事项的发生将会带来的影响。对于风险的评估应从企业战略和目标的角度进行。首先，应对企业的固有风险进行评估。确定对固有风险的风险反应模式就能够确定对固有风险的管理措施。其次，管理者应在对固有风险采取有关管理措施的基础上，对企业的残存风险进行评估。

5. 风险反应

风险反应可以分为规避风险、减少风险、共担风险和接受风险四类。规避风险是指采取措施退出会给企业带来风险的活动。减少风险是指减少风险发生的可能性、减少风险的影响或两者同时减少。共担风险是指通过转嫁风险或与他人共担风险，降低风险发生的可能性或降低风险对企业的影响。接受风险则是不采取任何行动而接受可能发生的风险及其影响。对于每一个重要的风险，企业都应考虑所有的风险反应方案。有效的风险管理要求管理者选择可以使企业风险发生的可能性和影响都落在风险容忍度之内的风险反应方案。

选定某一风险反应方案后，管理者应在残存风险的基础上重新评估风险，即从企业总体的角度或者组合风险的角度重新计量风险。各行政部门、职能部门或者业务部门的管理者应采取一定的措施对该部门的风险进行复合式评估并选择相应的风险反应方案。

6. 控制活动

控制活动是帮助保证风险反应方案得到正确执行的相关政策和程序。控制活动存在于企业的各部分、各个层面和各个部门，通常包括两个要素：确定应该做什么的政策和影响该政策的一系列程序。

7. 信息和沟通

来自企业内部和外部的相关信息必须以一定的格式和时间间隔进行确认、捕捉和传递，以保证企业的员工能够执行各自的职责。有效的沟通也是广义上的沟通，包括企业内自上而下、自下而上以及横向的沟通。有效的沟通还包括将相关的信息与企业外部相关方进行的有效沟通和交换,如客户、供应商、行政管理部门和股东等。

8. 监控

对企业风险管理的监控是指评估风险管理要素的内容和运行以及一段时期的执行质量的一个过程。企业可以通过两种方式对风险管理进行监控——持续监控和个别评估。持续监控和个别评估都是用来保证企业的风险管理在企业内各管理层面和各部门持续稳定地得到执行。

监控还包括对企业风险管理的记录。对企业风险管理进行记录的程度根据企业的规模、经营的复杂性和其他因素的影响而有所不同。适当的记录通常会使风险管理的监控更为有效果和有效率。当企业管理者打算向外部相关方提供关于企业风险管理效率的报告时,他们应考虑为企业风险管理设计一套记录模式并保持有关的记录。

(四)企业风险管理的意义和利益相关者在企业风险管理中的作用

1. 企业风险管理的价值

(1)从风险管理的重要高度重新定位内部控制。该框架认为内部控制是企业风险管理的重要组成部分,并将原有的内部控制整体框架全部纳入企业风险管理整合框架之中。这不仅使内部控制在内容上与企业风险管理融为一体,而且在形式上也因构成企业风险管理整合框架的一部分而不再单独存在。这不仅说明了内部控制从产生之日起就是作为风险管理的手段存在,并随着风险管理的需要而不断发展,而且当其发展到较高水平时,就会出现内部控制与风险管理这两个学科的融合。

(2)战略目标的提出。战略目标的提出既是实践检验的结果,也是顺应企业生产经营发展的必然。企业管理者首先应制订战略目标,其他三个目标的制订都是以企业战略目标确定的任务或预期为前提的,应与企业的战略相联系。四个目标通过有机的联动并在企业内层层分解和落实,最终实现对企业的经营过程的管理与控制。离开了战略目标,内部控制设置就成为无的放矢,就会迷失方向。

(3)风险管理的细化。相对于原有的内部控制整体框架,企业风险管理整合框架新增了三个风险管理要素——"目标设定""事项识别""风险应对",还提出了两个概念——"风险偏好"和"风险容忍度"。这些要素和概念不仅丰富和发展了风险管理的内涵和外延,而且还大大提高了风险管理的可操作性。

(4)报告目标的扩展。原有的内部控制框架目标之一就是财务报告的可靠性,而企业风险管理整合框架中将其改为报告的可靠性。这种改变使得企业风险管理整合框架中报告的范围有了很大的扩展,覆盖了企业编制的所有报告。

(5)对重大风险的关注程度。该框架强调企业的管理资源有限,控制也需要成本,如果企业将主要精力放在细节上,往往会舍本逐末,不但浪费了许多管理资源,而且还有可能忽视企业的重大风险。所以企业风险管理框架要求董事会与管理层将主要精力放在可能产生重大风险的环节上。

2. 各管理层在企业风险管理中的地位和职责

(1)董事会。董事会对企业的风险管理负有监督职责,主要通过以下方式实现其职责:
① 了解管理者在企业内部建立有效的风险管理的程度;
② 获知并认可企业的风险偏好;
③ 复核企业的风险组合观并与企业的风险偏好相比较;

④ 评估企业最重要的风险并评估管理者的风险反应是否适当。

(2) 管理者。企业的首席执行官对企业的风险管理最终负责,在企业的高层确定风险管理的基调,从而影响企业内部环境中的员工操守和价值观及其他因素。

(3) 风险管理员。风险管理员是指某一组织内的首席风险管理员或首席风险管理经理,他与企业内其他管理者一起,在各自的职责范围内建立并维护有效的风险管理框架。首席风险管理员也可以担当监督风险管理进度和帮助其他管理人员在企业内向上、向下和横向报告有关风险信息的职责,并可以成为企业风险管理委员会的一员。

(4) 内部审计人员。内部审计人员在企业风险管理的监控中占有重要的地位,这一职责作为其日常职责的一部分。他们可能通过对管理者风险管理过程的充分性和有效性进行监控、检查、评估、报告和提出改进建议来帮助管理者和董事会或审计委员会履行其职责。

(5) 其他员工。从某种程度上讲,企业风险管理是企业内每一个员工的责任,因此,风险管理应是企业内每一个员工的工作手册的一部分内容。企业所有的员工都应提供风险管理所需的信息或者采取必要的措施管理风险,同样,企业所有的员工都有责任向上报告风险。

企业的许多外部相关方也有助于企业目标的实现。如外部审计人员,他们从一个独立、客观的角度对企业的财务报表进行审计并对企业的内部控制进行复核,直接有助于企业目标的实现。同时,外部审计人员还可以向管理者和董事会提供履行其职责有用的额外信息,间接地为企业目标的实现做出贡献。其他向企业提供风险管理有用信息的相关方还包括行政管理部门、客户、其他与企业进行交易的各方、财务分析师、债券承销商和新闻媒介等等。但是,外部的各相关方并不对企业的风险管理负责。

第三节　我国的企业内部控制

一、我国内部控制理论与实务的发展

新中国成立之初,我国实行的是苏联模式的计划经济体制,所有的经济规划和控制都由国家进行,企业的内部控制也近似于无。十一届三中全会以后,我国开始实行改革开放,内部控制的研究也开始被重视,这个阶段的内部控制主要以管理控制和会计控制为主。我国内部控制制度的发展源于20世纪90年代,主要由政府、证券监督管理机构和行业监管机构等制定的有关法律、法规、指引等所推动。这些法律、法规、指引可分为三个层次:

(1) 1996年颁布的《独立审计具体准则第9号——内部控制与审计风险》,2000年修订的《会计法》和财政部在2001年以后陆续发布的有关规范文件如《内部会计控制规范——基本规范》《内部会计控制规范——货币资金(试行)》《内部会计控制规范——采购与付款(试行)》《内部会计控制规范——销售与收款(试行)》等,以及2007年发布的《内部控制基本规范》和17项具体规范的征求意见稿。

(2) 上市公司监管机构中国证监会的有关规则。如《公开发行证券公司信息披露编报规则》第一条至第八条和第十八条要求公开发行证券的商业银行、保险公司和证券公司，建立健全内部控制制度，并在招股说明书正文或年报中专设一部分，对其内部控制制度的完整性、合理性和有效性作出说明。同时规定，还应委托所聘请的会计师事务所对其内部控制制度及风险管理系统的完整性、合理性和有效性进行评估，提出改进建议，并作出内部控制评价报告。作为证券公司、投资基金管理公司的监管机构，中国证监会亦于2001年和2002年分别颁布了《证券公司内部控制指引》《证券投资基金管理公司内部控制指导意见》，2003年又对《证券公司内部控制指引》进行了修订。

(3) 各行业监管机构对本行业颁布的内部控制文件，如中国人民银行2002年颁布的《商业银行内部控制指引》。根据1996年《独立审计具体准则第9号——内部控制与审计风险》，内部控制定义为："企业为了保证业务活动的有效进行，保护资产的安全和完整，防止、发现纠正错误与舞弊，保证会计资料的真实、合法、完整而制定和实施的政策与程序。"根据2001~2003年由中国证监会和中国人民银行发布的《证券公司内部控制指引》和《商业银行内部控制指引》，内部控制的要素包括控制环境、风险识别与评估、控制活动与措施、信息沟通与反馈、监督与评价。其目标包括保证经营的合法合规及内部规章制度的贯彻执行，防范经营风险和道德风险，保障公司资产的安全完整，保证公司业务记录、财务信息和其他信息的可靠、完整、及时，提高公司经营效率和效果。

二、《企业内部控制基本规范》及配套指引的颁布与实施

2008年6月28日，我国财政部、证监会、审计署、银监会、保监会联合发布了《企业内部控制基本规范》，自2009年7月1日起在上市公司范围内正式施行。在基本规范中，内部控制定义为："由企业董事会、监事会、经理层和全体员工实施的、旨在实现控制目标的过程。"内部控制的目标确定为合理保证企业经营管理合法合规、资产安全、财务报告及相关信息真实完整、提高经营效率和效果，促进企业实现发展战略。《企业内部控制基本规范》共七章五十条，包括总则、内部环境、风险评估、控制活动、信息与沟通、内部监督和附则。《企业内部控制基本规范》坚持立足我国国情，借鉴国际惯例，确立了我国企业建立和实施内部控制的基础框架，并取得了以下重大突破：

(1) 科学界定内部控制的内涵，强调内部控制是由企业董事会、监事会、经理层和全体员工实施的、旨在实现控制目标的过程，有利于树立全面、全员、全过程控制的理念。

(2) 准确定位内部控制的目标，要求企业在保证经营管理合法合规、资产安全、财务报告及相关信息真实完整、提高经营效率和效果的基础上，着力促进企业实现发展战略。

(3) 合理确定内部控制的原则，要求企业在建立和实施内部控制全过程中贯彻全面性原则、重要性原则、制衡性原则、适应性原则和成本效益原则。

(4) 统筹构建内部控制的要素，有机融合世界主要经济体加强内部控制的做法经验，构建以内部环境为重要基础、以风险评估为重要环节、以控制活动为重要手段、以信息与沟通为重要条件、以内部监督为重要保证，相互联系、相互促进的五要素内部控制框架。

(5) 开创性地建立以企业为主体、以政府监管为促进、以中介机构审计为重要组成部分的内部控制实施机制，要求企业实行内部控制自我评价制度，并将各责任单位和全体员工实施内部控制的情况纳入绩效考评体系；国务院有关监管部门有权对企业建立并实施内部控

制的情况进行监督检查;明确企业可以依法委托会计师事务所对本企业内部控制的有效性进行审计,出具审计报告。《企业内部控制基本规范》的印发,标志着我国企业内部控制规范体系建设取得重大突破。

2010年4月26日,财政部、证监会、审计署、银监会、保监会联合发布了《企业内部控制配套指引》,该配套指引连同《企业内部控制基本规范》,标志着适应我国企业实际情况、融合国际先进经验的中国企业内部控制规范体系基本建成。该配套指引包括《企业内部控制应用指引》《企业内部控制评价指引》《企业内部控制审计指引》,自2011年1月1日起在境内外同时上市的公司执行,2012年1月1日起在上交所和深交所主板上市的公司执行。在此基础上,择机在中小板和创业板上市公司施行;同时,鼓励非上市大中型企业提前执行。

第四节 内部控制的基本认识

虽然我国近年来在内部控制规范建设方面做了许多扎实有效的工作,并取得了较大的成绩,但与国际先进、成熟的内部控制规范体系相比较,仍然存在着一些差距和一些亟待解决的问题,尤其是在对内部控制的一些基本认识更是如此。从表面上看,内部控制的概念似乎很容易理解。实践中,有不少人片面地认为内部控制就是由管理层实施的、旨在加强对员工控制的过程。

一、制定内部控制制度不等于内部控制

目前,一些企业对内部控制的内涵认识不清,普遍认为内部控制就是内部控制制度,是企业用以防止发生错误和舞弊,或者是用以应付有关部门及主管单位检查而制定的各项规章制度。在内部控制实际运行过程中,企业往往认为有关的职责分工、审批授权制度就是内部控制制度,完成有关部门或主管单位所要求的内部控制制度的制定工作就是实施了企业内部控制。对内部控制只注重制度建设而不重视制度执行,缺乏对内部控制实际执行效果的考核与评价。而按照COSO委员会对于内部控制的定义:企业内部控制是受企业董事会、管理者和其他员工的影响,目的在于实现经营效果和效率、财务报告的可靠性、遵循适当的法规等目标而提供合理保证的一种过程,应由内部环境、风险评估、控制活动、信息与沟通和监控五个方面的内容构成。COSO委员会强调内部控制是为了保证企业目标的实现而实施的控制过程,要围绕五要素来构建内部控制框架,是一项比较复杂的系统工程。

我国新颁布的企业内部控制体系的作用绝不限于一套规章制度,它至少具有以下6个方面的重要创新与显著特点:

(1)构建了一个标准框架。新的企业内部控制体系科学地构建了一套内部环境优化、控制措施得当、信息沟通迅捷、监督制约有力的内部控制框架,可以有效地解决原来政出多门、要求不一、企业无所适从的问题,有利于提高内部控制的监管效益、降低监管成本,有利于优化企业管理和增强企业竞争实力,有利于保障资本安全、维护资本市场稳定。

(2) 强化了一种内部控制理念。新的企业内部控制体系进一步强化了企业的社会责任感和风险防范意识，实现了由内部牵制、单一会计控制向全面、全员、全程风险控制的观念转变，必将在全社会营造一种立信守诚、和谐进取、健康向上的内部控制文化，对深化企业改革、推进金融改革、健全现代市场体系和构建和谐社会具有重要的推动作用。

(3) 建立了一套内部控制措施。新的企业内部控制体系进一步强化了对财务报告信息和其他管理信息的约束，提高了企业资源管理与利用的安全性和有效性，为维护投资者和社会公众利益提供了有力支持。

(4) 夯实了一个制度基础。新的企业内部控制体系的制定实施，既是促进企业会计准则体系和其他有关法规制度有效执行的配套制度安排，同时也是推动企业内部各项规章制度令行禁止的重要机制保障。

(5) 确立了一个实施模式。新的企业内部控制体系有效地化解了标准制度与实施过程中不同利益主体之间可能存在的矛盾和冲突，提高了内部控制标准的严肃性、权威性和公认性，增强了标准的执行力。

(6) 构筑了一个联动平台。在环环相扣、相互关联的大会计系统之中，完备的企业内部控制体系将为会计改革与发展创造良好的法制环境。

因此有专家认为，实施新的企业内部控制体系，旨在巩固企业防范风险舞弊的"防火墙"，铸牢促进资本市场健康稳定发展的"安全网"，培育企业健康安全发展的"守护神"，而不仅仅是套制度这么简单。企业要像保护眼睛一样维护好这个平台，让新的企业内部控制体系这棵幼苗成长为替企业遮阴避雨的"参天大树"，成为金融安全和经济安全保驾护航的"忠诚卫士"。

二、对下属进行控制不等于内部控制

我国有相当多的企业将内部控制传统地理解为管理者与其下属之间的管理控制关系，是面向次级管理人员和员工的控制，其主要控制程序限定在总经理之下，控制点主要集中于会计核算系统和业务执行系统。总经理（经营层）控制下的内部控制也许能按经营层意志进行有效的运行——防止和及时发现底层员工和特殊岗位员工的舞弊行为等，但对企业的决策系统（董事会—总经理）的影响力很有限。例如，成立于1993年的中国航油（新加坡）股份有限公司，在总裁陈久霖的带领下扭亏为盈，成为中国首家利用海外自有资产在国外上市的中资企业。然而2004年开始，该公司因擅自从事石油衍生产品的期权交易，总计亏损5.5亿美元，最终不得不申请破产。通过分析这一惨痛事实发现，陈久霖在位期间，"股东会、董事会、监事会、经理层"四种身份竟然由他"一肩挑"，公司缺乏相应的制衡与监管，其个人意志可以"一统天下"。正由于公司法人治理结构方面严重缺失、内部控制环境恶劣，致使内部控制制度实施无效，最终导致该企业出现巨额亏损。

许多案例表明，公司高层的舞弊活动大大限制了原有内部控制作用的发挥。这说明内部控制的控制域目前存在着盲控区或弱控区，即无法从源头上杜绝虚假会计信息和经济舞弊行为的发生。要实现内部控制基本目标，仅靠内部控制制度还不够，必须完善公司治理结构，营造和优化内部控制环境。只有将内部控制制度的构建与公司法人治理机构进行有效对接及健全内部控制评审监督机制，才能保证设计良好的内部控制制度得以有效实施，才能为企业提供真实可靠的信息，及时防范、规避财务与经营风险，实现企业目标，保证企业稳定发展。

出于传统和体制上的原因,我国多数企业,甚至上市公司在治理结构的完善与内部控制作用效果的发挥方面一直未给予充分重视,直到诸如"郑百文""陈久霖"等一系列触目惊心的案件发生,才严重地暴露了公司治理结构的不完善与治理机制的严重缺失,公司治理结构作为经营者所面临的最重要的外部约束,其约束的强度和效果,在很大程度上决定着内部控制环境的优良与否,从而制约着内部控制的效果和效率。如果企业出现"内部人控制",即出现对于经营者约束的高度弱化,经营者必然没有较强的动机来设计并实施良好的内部控制制度,即使有一个好的成文的内部控制制度的存在,也会被"架空"而成为一纸空文。

要真正发挥内部控制作用,首先应当从完善公司治理结构着手,一方面,董事会、监事会层是企业经营理念、管理哲学、价值观的创造者和行为表率者,也是经营目标、组织架构制度规范的制定与执行者,是企业所有责任的最终承担者;另一方面,在内部控制环境诸要素中,公司治理实际上发挥着最主要、最关键的作用,有效公司治理的中心目标是既要保证经营者有充分的自主权,在市场上展示出经营管理能力,以实现股东财富最大化,又要保证经营者以股东利益为准绳,合理运用受托于股东的自主权,并在权力可能被滥用的时候,得到及时的监督、约束与控制,这是一种在委托与受托之间形成的不偏不倚的权力、责任与利益的制衡机制,它在客观上要求所有者既不能对经营者做过多的直接干预,也不能完全放任,必须对经营者的行为进行行之有效的激励与约束。只有在企业中明确而合理地配置公司股东、董事会经理人员和其他利益相关者之间的权力、责任和利益,形成有效的制衡关系,建立起科学、高效的组织结构,才能在最大程度上保持公司股东、董事会、经理层的价值取向一致;才能充分展现公司管理者的操守及价值观、管理哲学和经营风格,进而影响到企业员工,以此在企业中形成积极、优秀的企业文化;才能保证科学的人力资源政策的制定和实施,从而充分开发和利用企业中"人"这一最为重要的因素,进而为企业内部控制的建立和实施打下坚实的基础。

三、会计控制(或管理控制)不等于内部控制

会计控制、管理控制与内部控制三者之间既有联系又有区别。

(一) 会计控制

受20世纪40年代以来内部控制论的影响,人们按照控制对象将内部控制分为会计控制和管理控制。最初认为的内部控制方法和程序与财产安全和财物记录的可靠性有直接的联系,包括授权与批准制度、从事财务记录和审核与从事经营或财产保管职务分离的控制、财产的实物控制和内部审计等。

现在,根据我国《内部会计控制规范——基本规范(试行)》的规定,内部会计控制是指单位为了提高会计信息质量,保护资产的安全、完整,确保有关法律、法规和规章制度的贯彻执行等而制定和实施的一系列控制方法、措施和程序。也就是说,会计控制是指为了保护财产物资的安全性、会计信息的真实性和完整性以及财务活动的合法性所实施的有关控制活动。内部会计控制在内部控制体系中占有十分重要的核心地位。

按照《内部会计控制规范——基本规范(试行)》的规定,企业内部会计控制主要包括货币资金控制、实物资产控制、对外投资控制、工程项目控制、采购与付款控制、筹资控制、销售

与收款控制、成本费用控制和担保控制九个方面的内容。

(二) 管理控制

20世纪80年代以前认为的内部管理控制方法和程序主要与经营效率和贯彻管理方针有关,通常只与财务记录有间接关系。当时认为的管理控制是与会计控制并驾齐驱的控制行为。或者说,除了会计控制行为之外的其他控制行为都可以称为管理控制。

(三) 内部控制

我国《企业内部控制基本规范》第三条规定,内部控制是由企业董事会、证监会、经理全体员工实施的,旨在实现控制目标的过程。也就是说,内部控制的目标是合理保证企业经营管理合法合规、资产安全、财务报告及相关信息真实完整,提高经营效率和效果,促进企业实现发展战略。我国目前对内部控制的概念偏重于内部管理控制,从其范围来看,应当包含会计控制。

从内部控制的概念分析,内部控制要求董事会、证监会、经理者和全体员工全面、全员、全过程地参与。其中:

(1) 董事会对股东(大)会负责,依法行使企业的经营决策权,属于出资者控制的范畴,旨在为了实现其资本保全和资本增值目标而对经营者的财务收支活动进行控制,如对全面预算、投资活动的控制等。

(2) 监事会对股东(大)会负责,监督企业董事、经理和其他高级管理人员依法履行职责。

(3) 经理层负责组织实施股东(大)会、董事会决议事项,主持企业的生产经营管理工作。经理层控制属于经营者控制范畴,是为了实现财务预算目标而对企业及各责任中心的财务收支活动进行的控制,是通过经营者制订财务决策目标,并促使这些目标被贯彻执行而实现的。如控制财务收入活动,旨在达到高收入的目标;控制财务支出活动,旨在降低成本,减少支出,从而实现利润最大化。

会计控制是在经理层领导下的职能部门控制。财务会计部门为了有效地组织现金流动,通过编制现金预算,执行现金预算,对企业日常财务活动和各责任中心的现金流入和现金流出活动进行控制,如对各项货币资金用途的审查等。由于企业财务会计采取权责发生制,从而出现利润不等于现金净流入的现象,所以,对现金有必要单独控制,并且日常财务活动主要是组织现金流动的过程,现金控制就显得十分重要。应通过对现金的会计控制,力求实现现金流入流出的基本平衡,既要防止因现金短缺而造成的支付危机,也要减少因现金沉淀而增加的机会成本等。

由于管理是一种有目的的控制活动,凡是围绕控制目标与控制要求所实施的管理行为都可以称之为控制,因而有关企业内部控制如何进行分类有很多方法。例如,按照控制的对象,可分为会计控制和管理控制;按照控制的时序,可分为事前控制、事中控制和事后控制;按照控制的主体,可分为出资者控制、经营者控制和财务会计部门控制;按照控制的依据,可分为预算控制和制度控制;按照控制的手段,可分为定额控制(绝对控制)和定率控制(相对控制);按照控制的内容,可分为一般控制和应用控制;按照控制的意图或功能,可分为预防性控制、侦查性控制、纠正性控制、指导性控制和补偿性控制。在实施具体控制活动的过程中,各种控制方法又是综合运用或交叉使用的。

四、事后监督不等于内部控制

内部控制按控制的时序可以分为事前控制、事中控制与事后控制,三者之间既有联系又有区别,作用不同,可以互为补充。

(一) 事前控制

事前控制也称原因控制,是指企业为防止财务资源在质和量上发生偏差,而在行为发生之前所实施的控制,例如财务收支活动发生之前的内部牵制制度、授权审批制度、费用报销规定等。

(二) 事中控制

事中控制也称过程控制,是指财务收支活动发生过程中所进行的控制,如按财务预算要求监督预算的执行过程,对各项收入的去向和支出的用途进行监督,对产品生产过程中发生的成本进行限额约束等。

(三) 事后控制

事后控制也称结果控制,是指对财务收支活动的结果所进行的考核及相应的奖罚,如按财务预算的要求对各责任中心的财务收支结果进行评价并依此实施奖罚,在产品成本形成之后进行综合分析与考核以确定各责任中心和企业的成本责任等。

历史上扁鹊医术的故事很有启迪。魏文王问名医扁鹊:"你们家兄弟三人都精于医术,哪一位最好呢?"扁鹊答:"长兄最好,中兄次之,我最差。"文王再问:"为什么你最出名呢?"扁鹊答:"我长兄治病,是治病于病情发作之前。由于一般人不知道他事先能铲除病因,所以他的名气无法传出去,只有我们家的人才知道。我中兄治病,是治病于病情初起之时。一般人以为他只能治轻微的小病,所以他的名气只及于本乡里。而我扁鹊治病,是治病于病情严重之时。一般人都看到我实施了在经脉上穿针管来放血、在皮肤上敷药等大手术,所以以为我的医术高明,名气因此响遍全国。"

这个故事令人感悟。事后控制可能不如事中控制,事中控制可能不如事前控制,可惜很多人未能体会到这一点,等到错误的决策造成了重大的损失才寻求弥补,有时已是于事无补。所以,为了充分发挥企业内部控制的作用,应当强调事前、事中、事后控制的多方配合,协调运作。事前控制应当是一种积极的防护性控制,具有防范风险的作用。作为控制者应深入实际,调查研究,预测出发生差错的问题与概率,并设想出预防措施、关键控制点与保护性措施。事中控制应当是一种有效的过程性控制,具有防错纠偏的作用。在采取行动执行有关控制目标或标准的过程中跟踪获取有效信息,帮助控制者及时发现问题,采取措施,解决问题。事后控制应当是一种有效的信息反馈控制,具有一定的补救作用。在实际行为发生以后,总结、分析与比较实际业绩与控制目标或标准之间的差异,然后采取相应的措施防错纠偏,并给予造成差错者以适当的处罚或给予优秀者以适当的奖励。

总体而言,内部控制应当是一种通过制订和实施一系列制度、程序和方法,对风险进行事前防范、事中控制、事后监督和纠正的动态过程和机制。

理想的内部控制应更注重事前和事中的控制,在采取行动之前或当时,就能起到引导匡正、防错纠偏的作用。因此,内部控制作用的大小与企业的预算、目标、制度的制订和落实,与事先设想、规划、控制点的分布和安排有着密切的关系。然而现实中,由于日常核算工作大多是事后进行的,所以事后控制更应起到事后有效监督和纠正差错的作用。

五、制度控制不等于内部控制

内部控制按控制依据又可以分为制度控制与预算控制,两者作用各自不同,应当互补才能达到最佳效果。

(一)制度控制

制度控制是指通过制定企业内部控制制度和有关规章,并以此为依据约束企业和各责任中财务收支活动的一种控制形式。

内部控制制度包括组织机构的设计和企业内部采取的所有相互协调的方法和措施,这些方法和措施用于保护企业的财产,检查企业会计信息的准确性和可靠性,提高经营效率,促使有关人员遵循既定的管理方针。

(二)预算控制

以往一提到企业管理或内部控制,人们可能首先想到的就是如何制定规章制度及如何实施制度控制,制度控制确实可以规定只能做什么,不能做什么。与预算控制相比较,制度控制更具有规范性、自律性和防护性的特征,带有更多的强制性;而预算控制则主要具有目标性、约束性和激励性的特征,可以涉及企业管理的方方面面,更具有综合性。制度控制和预算控制各有所长,相得益彰。执行全面预算的过程也是实现控制目标的过程。

内部控制应以完善的全面预算为依据。全面预算是在企业战略目标的指导下,为合理利用企业资源,提高企业经济效益,而对企业的生产、销售和财务等各个环节进行的统筹安排。全面预算一般具有以下5个重要功能:

1. 规划功能

规划是预算的首要功能,是整个管理过程展开的基础,是其他功能发挥作用的基础。预算的规划功能主要体现在制订企业目标及政策、预测未来的机会与威胁、促进资源有效运用三个方面。

2. 控制功能

规划与控制是相对应的两方面。如果只有规划而没有控制,则规划易流于形式;如果只有控制而没有规划,则控制将没有依据。因此,规划与控制前后对应,密不可分。预算在控制方面的功能主要有确保依既定目标执行,通过信息的反馈了解执行的难点,避免产生浪费与无效率,并可将预算作为未来规划的依据。

3. 沟通功能

预算的规划、控制、协调和激励功能的作用,有赖于沟通功能的发挥。沟通功能包括减少预算执行的障碍和便于目标的达成两个方面。

4. 协调功能

协调企业的资源利用,调整经营活动,使其与预算环境相适应。

5. 业绩评价功能

企业可以通过预算评价每个部门和员工的业绩,并据此实施奖惩。

复习训练题

一、单选题

1. 内部控制的目标是： （   ）
   A. 绝对保证财务报表是公允的、合法的
   B. 合理保证财务报表是公允的、合法的
   C. 绝对保证经营合规、资产安全、财务报告及相关信息的真实完整、经营有效,促进企业实现发展战略
   D. 合理保证经营合规、资产安全、财务报告及相关信息的真实完整、经营有效,促进企业实现发展战略

2. 内部控制存在固有局限对审计的影响是： （   ）
   A. 审计不能依赖被审计单位的内部控制
   B. 控制风险可能为零
   C. 审计必须实施或多或少的控制测试
   D. 审计必须实施或多或少的实质性测试

3. 内部控制发展的最初阶段是： （   ）
   A. 内部控制制度   B. 内部控制结构
   C. 内部牵制   D. 内部控制框架

4. 内部控制框架中,属于内部控制基础的是： （   ）
   A. 控制环境   B. 控制活动
   C. 信息与沟通   D. 监督

5. 企业对内部控制的建立与实施情况进行检查,评价内部控制的有效性,描述的是内部控制框架中的哪一项要素： （   ）
   A. 风险评估   B. 控制活动
   C. 监督   D. 控制环境

6. 以下承担企业风险管理责任的是： （   ）
   A. 董事会及首席执行官   B. 外聘审计师
   C. 业务部门领导   D. 企业内每一名成员

7. 2004年发布的《企业风险管理——整合框架》中,以（   ）代替了"控制环境"。
   A. 内部控制   B. 内部环境
   C. 风险容量   D. 风险偏好

8. 会计师事务所接受委托,对截至特定日期企业内部控制的有效性进行审计所依据的内部控制方面的规范是： （   ）

A. 内部控制应用指引　　　　　　B. 内部控制审计指引
C. 内部控制基本规范　　　　　　D. 内部控制评价指引

二、多选题

1. 内部牵制包括以下哪些要素：　　　　　　　　　　　　　　　　　　（　　）
   A. 职责分工　　　　　　　　　　B. 授权审批
   C. 会计记账　　　　　　　　　　D. 人员轮换
2. 内部控制目标包括：　　　　　　　　　　　　　　　　　　　　　　（　　）
   A. 合理保证企业经营合法合规、资产安全
   B. 财务报告及相关信息真实完整
   C. 提高经营效率效果
   D. 促进企业实现发展战略
3. 内部控制制度包括：　　　　　　　　　　　　　　　　　　　　　　（　　）
   A. 会计控制　　　　　　　　　　B. 管理控制
   C. 控制环境　　　　　　　　　　D. 控制程序
4. 相比COSO委员会的内部控制要素论，企业风险管理框架新增了以下哪些概念：
   　　　　　　　　　　　　　　　　　　　　　　　　　　　　　　　（　　）
   A. 目标制定　　　　　　　　　　B. 事项识别
   C. 风险评估　　　　　　　　　　D. 风险应对
5. 我国企业内部控制配套指引包括：　　　　　　　　　　　　　　　　（　　）
   A. 企业内部控制基本规范　　　　B. 企业内部控制应用指引
   C. 企业内部控制评价指引　　　　D. 企业内部控制审计指引
6. 内部控制按控制的时序可以分为：　　　　　　　　　　　　　　　　（　　）
   A. 事前控制　　　　　　　　　　B. 事中控制
   C. 事后控制　　　　　　　　　　D. 制度控制
7. 全面预算一般具有以下重要功能：　　　　　　　　　　　　　　　　（　　）
   A. 规划功能　　　　　　　　　　B. 控制功能
   C. 沟通功能　　　　　　　　　　D. 协调功能

三、判断题

1. 建立内部控制系统可以提高会计信息的正确性和可靠性。　　　　　　（　　）
2. 内部控制的缺陷包括在决策时人为判断可能出现错误和因人为失误而导致内部控制失效。　　　　　　　　　　　　　　　　　　　　　　　　　　　　　　　（　　）
3. 在小型单位里，因为职责分离的程度有限，所以内部控制是无效的。　（　　）
4. 早期的内部控制概念产生自经济监控的需求，强调的是内部牵制的作用和运用方法。　　　　　　　　　　　　　　　　　　　　　　　　　　　　　　　　　（　　）
5. 相对于以往的内部控制，内部控制框架更加强调那些属于管理文化层面的软性管理因素。　　　　　　　　　　　　　　　　　　　　　　　　　　　　　　　（　　）
6. 内部控制就是内部控制制度。　　　　　　　　　　　　　　　　　　（　　）
7. 内部控制主要是事后控制。　　　　　　　　　　　　　　　　　　　（　　）

四、简答题

1. 20××年初，某总经理在公司全体员工面前表示本年度将是内部控制建设年，因此

他表明了以下观点：

（1）内部控制将是一个长远目标。

（2）只要有了完善的内部控制，该公司所有的经营目标都能实现。

（3）企业的内部控制建设将完全依赖于公司的高层管理者。

以上说法是否正确，请逐条进行分析。

2. 在某企业破产过程中，发现如下问题，请指出每一项与哪些方面的内部控制要素有关。

（1）在公司快速发展中，长期以来不少公司高层"把公司的钱装进自己的口袋"，一些中层更是把用于奖励基层员工的奖金截留，业务人员则签署大量虚假合同来骗取提成。

（2）公司管理层听不进任何不同意见。该公司的信息系统已经不再是管理工具，而是高层管理者的话筒，信息随其意愿而变。

（3）公司早就有审计部门，然而其运行非常不理想，很少对内部控制运行情况进行监督，也未对公司以上问题等重大风险进行报告。从某种程度上看，内审就是做给政府和银行看的，是获取政府和银行"青睐"的道具。

第二章

内部环境

先导案例

世通公司是美国第二大电信公司,曾经在美国《财富》500强中排名前100位。然而,2002年,世通公司被发现使用了将营运性开支作为资本性开支等弄虚作假的手段,在1998年至2002年期间,虚报利润110亿美元。事发之后,世通的股价从最高的96美元暴跌至90美分。世通公司于2002年末申请破产保护,成为美国历史上规模最大的破产个案。世通公司的4名高管(包括公司的首席执行官和财务总监)都承认串通舞弊。美国证监会在调查中发现,世通公司董事会赋予首席执行官绝对权力,致使其一人独揽大权。世通公司并非缺制衡机制,而是制衡机制完全没有起到应有的作用。世通公司的审计委员会每年召开会议仅花3~5小时就草草了事,每年只审阅内审部门的审计报告或摘要,多年来未对内部审计工作的工作计划提出任何修改建议。

第一节 内部环境的相关概念

一、COSO委员会《内部控制框架》关于控制环境要素的要求与原则

COSO委员会发布的《内部控制框架》关于控制环境要素的表述是:"控制环境决定了企业的基调,直接影响企业员工的控制意识。控制环境提供了内部控制的基本规则和构架,是其他四要素的基础。控制环境包括员工的诚信度、职业道德和才能,管理哲学和经营风格,权责分配方法、人事政策,董事会的经营重点和目标等。"

根据COSO委员会发布的《内部控制框架》,控制环境要素应当坚持以下原则:

(1) 企业对诚信和道德价值观作出承诺。
(2) 董事会独立于管理层,对内部控制制度的制订及其绩效予以监控。
(3) 管理层在董事会的监控下,建立目标实现过程中所涉及的组织架构、报告路径以及适当的权利和责任。
(4) 企业致力于吸引、发展和留任优秀人才,以配合企业目标达成。
(5) 企业根据其目标,使员工各自担负起内部控制的相关责任。

二、我国《企业内部控制基本规范》关于内部环境要素的要求

内部环境是指对建立、加强或削弱内部控制系统产生影响的各种因素的总称,它是企业实施内部控制的基础,是有效实施内部控制的保障,直接影响着公司内部控制的贯彻执行、公司经营目标及整体战略目标的实现。内部环境决定了企业的基调,直接影响企业员工的控制意识,提供了内部控制的基本规则和构架,是其他要素的基础。在此环境下,企业管理层评估实现特定目标的风险,并实施控制活动,以确保管理层有关应对风险的指令得以贯彻执行。

企业的内部环境是其他所有风险管理要素的基础,为其他要素提供规则和结构。企业的内部环境不仅影响企业战略目标的制定、业务活动的组织运行及对风险的识别、评估和反应,还影响企业控制活动、信息和沟通系统以及监控活动的设计和执行。

内部环境包括组织架构、企业文化、发展战略、管理理念与风格、责权分配、内部审计等,如图2.1所示。

(1) 企业应当根据国家有关法律法规和企业章程,建立规范的公司治理结构和议事规则,明确决策、执行、监督等方面的职责权限,形成科学有效的职责分工和制衡机制。
(2) 董事会负责内部控制的建立健全和有效实施。监事会对董事会建立与实施内部控制进行监督。经理层负责组织领导企业内部控制的日常运行。企业应当成立专门机构或者

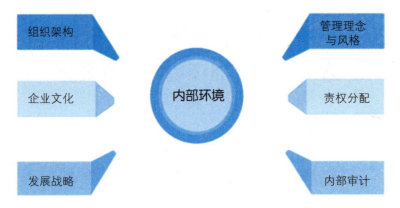

图 2.1　内部环境的内容

指定适当的机构具体负责组织协调内部控制的建立实施及日常工作。

（3）企业应当在董事会下设立审计委员会。审计委员会负责审查企业内部控制,监督内部控制的有效实施和内部控制自我评价情况,协调内部控制审计及其他相关事宜等。审计委员会负责人应当具备相应的独立性、良好的职业操守和专业胜任能力。

（4）企业应当结合业务特点和内部控制要求设置内部机构,明确职责权限,将权利与责任落实到各责任单位。企业应当通过编制内部管理手册,使全体员工掌握内部机构设置、岗位职责、业务流程等情况,明确权责分配,正确行使职权。

（5）企业应当加强内部审计工作,保证内部审计机构设置、人员配备和工作的独立性。内部审计机构应当结合内部审计监督,对内部控制的有效性进行监督检查。内部审计机构对监督检查中发现的内部控制缺陷,应当按照企业内部审计工作程序逐级报告;对监督检查中发现的内部控制重大缺陷,有权直接向董事会及其审计委员会、监事会报告。

（6）企业应当制定和实施有利于企业可持续发展的人力资源政策。人力资源政策应当包括下列内容:① 员工的聘用、培训、辞退与辞职;② 员工的薪酬、考核、晋升与奖惩;③ 关键岗位员工的强制休假制度和定期岗位轮换制度;④ 掌握国家秘密或重要商业秘密的员工离岗的限制性规定;⑤ 有关人力资源管理的其他政策。

（7）企业应当将职业道德修养和专业胜任能力作为选拔和聘用员工的重要标准,切实加强员工培训和继续教育,不断提升员工素质。

（8）企业应当加强文化建设,培育积极向上的价值观和社会责任感,倡导诚实守信、爱岗敬业、开拓创新和团队协作精神,树立现代管理理念,强化风险意识。董事、监事、经理及其他高级管理人员应当在企业文化建设中发挥主导作用。企业员工应当遵守员工行为守则,认真履行岗位职责。

（9）企业应当加强法制教育,增强董事、监事、经理及其他高级管理人员和员工的法制观念,严格依法决策、依法办事、依法监督,建立健全法律顾问制度和重大法律纠纷案件备案制度。

三、内部环境存在的主要风险

内部环境存在的主要风险包括以下 9 点:

（1）管理层无法通过其态度和行动显示公司品质、诚信和道德观念。

（2）管理层的管理理念和风格无法倡导强有力的内部环境。

(3) 公司的组织机构设置无法保证建立健全的内部环境。

(4) 管理层无法保证组织具有承担责任的能力，没有通过适当的权责分配建立可追究责任的管理控制体系。

(5) 公司的人力资源政策和程序无法对员工的正直和道德行为以及工作能力进行规范和管理。

(6) 管理层无法确保员工能否胜任本职工作。

(7) 董事会(治理层)或审计委员会没有积极参与公司对财务报告的内部控制并且不能对其产生重大影响。

(8) 内部审计的范围、职责和审计计划对于公司而言是不恰当的，没有遵循专业准则。

(9) 公司的生产经营情况未能得到持续的监控。

第二节 组 织 架 构

一、组织架构概述

《企业内部控制应用指引第1号——组织架构》中所称组织架构，是指企业按照国家有关法律法规、股东(大)会议和企业章程，结合本企业实际，明确股东(大)会、董事会、监事会、经理层和企业内部各层级机构设置、职责权限、人员编制、工作程序和相关要求的制度安排。组织架构一般包括治理结构和内部结构。例如，贵州茅台酒股份有限公司组织架构如图2.2所示。

治理结构又称为公司治理(Corporate Governance)，是现代企业制度中最重要的组织架构。狭义的公司治理主要是指公司内部股东、董事、监事及经理层之间的关系，广义的公司治理还包括与利益相关者(如员工、客户和社会公众等)之间的关系。

内部结构，是指为了实现组织的目标，在组织理论指导下，经过组织设计形成的组织内部各个部门、各个层次之间固定的排列方式，即组织内部的构成方式。

二、治理结构

(一) 治理结构概述

1. 治理结构的定义

治理结构是一种对公司进行管理和控制的体系。它不仅规定了公司的各个参与者，例如，董事会、经理层、股东和其他利益相关者的责任和权利分布，而且明确了决策公司事务时所应遵循的规则和程序。公司治理的核心是在所有权和经营权分离的条件下，由于所有者和经营者的利益不一致而产生的委托-代理关系。公司治理的目标是降低代理成本使所有者不干预公司的日常经营，同时又保证经理层能以股东的利益最大化为目标。

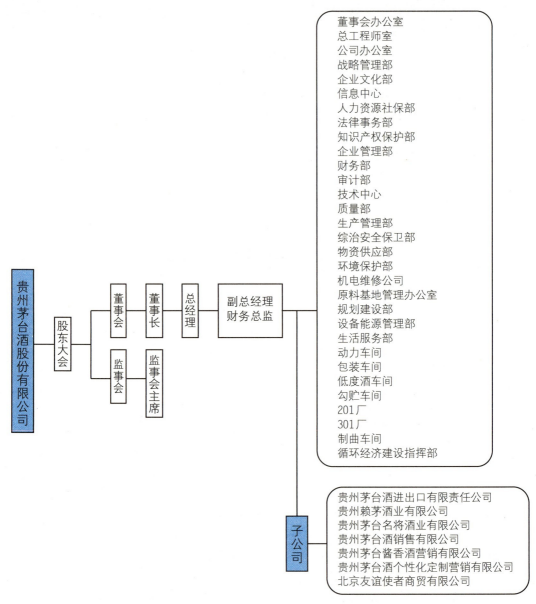

图 2.2 贵州茅台酒股份有限公司组织架构

2. 治理结构的作用

治理结构要解决涉及公司成败的两个基本问题：

（1）如何保证投资者（股东）的投资回报，即协调股东与企业的利益关系。在所有权与经营权分离的情况下，由于股权分散，股东有可能失去控制权，企业被内部人（即管理者）所控制。这时控制了企业的内部人有可能作出违背股东利益的决策，侵犯股东的利益。这种情况引起投资者不愿投资或股东"用脚表决"的后果，会有损于企业的长期发展。公司治理结构正是要从制度上保证所有者（股东）的控制权与利益。

（2）企业内各利益集团的关系协调。这包括对经理层与其他员工的激励，以及对高层管理者的制约。这个问题的解决有助于处理企业内部各集团的利益关系，又可以避免因高管决策失误给企业造成的不利影响。

3. 治理结构的选择

西方公司的治理结构通常有英美模式、日本和欧洲大陆模式等。

英美重视个人主义的不同思想,在企业中的组织是以平等的个人契约为基础的。股份有限公司制度制定了这样一套合乎逻辑的形态,即依据契约向作为剩余利益的要求权者并承担经营风险的股东赋予一定的企业支配权,使企业在股东的治理下运营,这种模式可称为"股东治理"模式。它的特点是公司的目标仅为股东利益服务,其财务目标是"单一"的,即股东利益最大化。在"股东治理"结构模式下,股东作为物质资本的投入者,享受着至高无上的权利。它可以通过建立对经营者行为进行激励和约束的机制,使其为实现股东利益最大化而努力工作。但是,由于经营者有着不同于所有者的利益主体,在所有权与控制权分离的情况下,经营者有控制企业的权利,在这种情况下,若信息非对称,经营者会通过增加消费性支出来损害所有者利益,至于债权人、企业职工及其他利益相关者会因不直接参与或控制企业经营和管理,其权益受到一定的侵害,这就为经营者谋求个人利益最大化创造了条件。

日本和欧洲大陆模式尊重人和,在企业的经营中,提倡集体主义,注重劳资的协调,与英美模式形成鲜明的对比。在现代市场经济条件下,企业的目标并非仅是追求股东利益的最大化。企业的本质是系列契约关系的总和,是由企业所有者经营者、债权人、职工、消费者、供应商组成的契约网。契约本身所内含的各利益主体的平等化和独立化,要求公司治理结构的主体之间应该是平等、独立的关系,契约网触及的各方称为利益相关者,企业的效率就是建立在这些利益相关者基础之上的。为了实现企业整体效率,企业不仅要重视股东利益,而且要考虑其他利益主体的利益,建立一个采取不同方式对经营者的监控体系。具体来讲就是,在董事会、监事会当中,要有股东以外的利益相关者代表,旨在发挥利益相关者的作用。这种模式可称为共同治理模式。

4. 治理结构的一般原则

1999年5月,由29个发达国家组成的经济合作与发展组织(OECD)理事会正式通过了其制定的《公司治理结构原则》,它是第一个政府间为公司治理结构开发出的国际标准,并得到国际社会的积极响应。该原则旨在为各国政府部门制定有关公司治理结构的法律和监管制度框架提供参考,也为证券交易所、投资者、公司和参与者提供指导,它代表了OECD成员国对于建立良好公司治理结构共同基础的考虑,其主要内容包括:

(1) 公司治理结构框架应当维护股东的权利。

(2) 公司治理结构框架应当确保包括小股东和外国股东在内的全体股东受到平等的待遇;如果股东的权利受到损害,他们应有机会得到补偿。

(3) 公司治理结构框架应当确认利益相关者的合法权利,并且鼓励公司和利益相关者为创造财富和工作机会以及为保持企业财务健全积极地进行合作。

(4) 公司治理结构框架应当保证及时准确地披露与公司有关的任何重大问题,包括财务状况、经营状况、所有权状况和公司治理状况的信息。

(5) 公司治理结构框架应确保董事会对公司的战略性指导和对管理人员的有效监督,并确保董事会对公司和股东负责。

(二) 治理结构的控制目标

治理结构的控制目标为董事会及其下属委员会对公司治理与监控发挥积极作用。

（三）治理结构的关键控制点

1. 董事会及其下属委员会的规模,人员的组成、资历等与公司性质相符

（1）公司董事要求皆为具有高等学历且具有丰富行业管理经验的专家。

（2）公司董事会成员的构成保证了董事会独立于管理层,并对公司经营行为进行有效监督。

（3）确定候选高级管理人员或非执行董事时实施正式的选择程序包括实施必要的背景调查。

（4）公司组织董事会成员接受培训以便可以持续接受知识的更新。

2. 董事会及下属委员会对公司管理实施有效监控

（1）董事会参与所有重大决策,包括章程中规定的重大事项、投资决策、高层人员变动等,并对决议执行情况进行监督。

① 设立公司发展方向和目标,审批公司中长期战略及年度计划。

② 召集股东大会并向股东汇报公司业绩,并负责实施在股东大会上通过的决议。

③ 审批公司财务报告和年报。

④ 审批公司财务预算及投资计划。

⑤ 监督和改善公司的治理架构。

⑥ 制订高级管理人员的继任计划,并负责总裁、财务总监的遴选和任命工作。

⑦ 制订高级管理人员薪酬体系,评估高级管理人员业绩。

⑧ 监控公司现在或将来可能面临的风险。

（2）董事及下属委员会成员能够充分而适时地获知信息,以监控管理层的目标和战略、公司的财务状况和经营成果以及重要协议的条款。

（3）董事及下属委员会成员能够充分而适时地获知敏感信息、调查报告和违规行为。

（4）董事会审计委员会同首席财务官、财务总监、内部审计负责人及外部审计师定期交流对内部控制体系和财务报告流程的监控情况。

三、内部结构

形成一个能有效支持公司战略的内部结构是相当困难的,特别是在当前全球经济快速发展和动态竞争所带来的巨大不确定性的市场环境中。当一种内部结构能与其他要素紧密结合时,这种内部结构就能推动公司的业务目标和战略目标的实现。因此,内部结构是有效实现公司战略目标的重要因素。

（一）内部结构的分类

1. 简单结构

在简单结构中,所有者兼经营者直接作出所有主要决定,并监控企业的所有活动,而员工只是为经理监控权力的延伸服务。这种结构的主要特征包括非正式的关系、很少的规划、有限的工作专业化和并不复杂的信息系统。经理与员工频繁的非正式沟通与协调使得工作相对更容易完成。

这种结构的主要问题是,组织只在一定规模以内才能有效运转。一旦超过一定规模,一个人就难当重任。

2. 职能型内部结构

职能型内部结构是由首席执行官及有限的公司员工组成的,在重点的职能领域,如生产、财务、销售、研发、工程和人力资源等配备职能层次的经理。职能性内部结构允许职能分工,从而方便各个职能部门内部的知识分享,知识分享有助于职业前景的推进,也有利于专业人员的业务发展。职能型内部结构适合多元化水平较低的业务层战略和一些公司战略(如单一或主导业务)。图2.3勾画了一个典型的职能型内部结构。

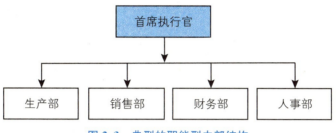

图 2.3 典型的职能型内部结构

职能型内部结构的优点包括:① 首席执行官掌握各运营部门;② 简化控制机制;③ 明确的职责划分;④ 在中高层管理者中有某种职能的专家。

职能型内部结构的缺点包括:① 高层管理者会为事务性工作所困扰;② 高层管理者容易忽视战略性问题;③ 较难应对组织内的多样性;④ 协调各职能部门之间的工作比较困难;⑤ 适应能力差。

3. 多分部结构

多分部结构是由基于产品、服务或地理区域而划分的各分支机构构成的组合(如图2.4所示)。设立多分部结构的主要目的是弥补职能型内部结构在处理差异性方面的不足。在实践中,使分部的设立与战略业务单元完全吻合是十分困难的,原因在于如果部门机构与战略业务单元完全吻合,将产生太多的分部。因此,一个分部结构在现实中通常会包含多个战略业务单元。

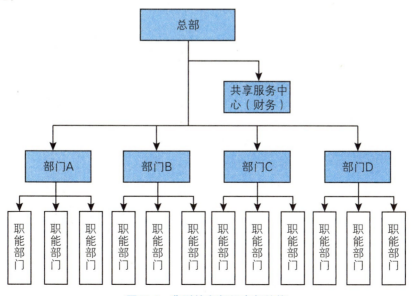

图 2.4 典型的多部门内部结构

在划分分部时通常有两个基本问题。首先是划分的标准问题，即是按产品、市场还是按技术划分的问题，如果处理不好，就会产生非常复杂的结构。其次是哪些业务活动应当列入分部之中，哪些职能部门应包含在每一层分支机构中，哪些职能应当放在公司总部而不是放在分支机构中。

多分部结构的优点包括：① 集中精力于业务领域（如产品、市场）；② 有利于对各部门业绩的考核；③ 增减业务单位十分便利；④ 有利于高级管理者将注意力放在战略问题上；⑤ 鼓励综合管理层的发展。

多分部结构的缺点包括：① 职责不清（集权与分权的界限不清）；② 各分部之间易发生冲突；③ 管理成本较高；④ 部门之间的交易使管理变得复杂；⑤ 分部成长得过于庞大；⑥ 分部过多会使协调变得更为复杂化。

4. 控股公司结构

控股公司实际上是一个投资公司，它拥有若干个独立企业，而这些企业是母公司的一部分，但它们通常独立经营并保留其原有公司名称。控股公司结构的建立基于以下理论：在动荡不安的商业环境下，各成员企业在不受干预的情况下，会尽其所能地生产最好的产品和采取最佳的市场战略；各成员企业在不负担母公司间接费用的同时，可以充分享受其成员资格所带来的利益；控股公司本身也可以获益。比如，可以通过所拥有的成员企业分散市场风险，通过剥离个别成员企业而获利。控股公司最大的缺点在于集团内部缺少战略凝聚力，各成员企业的业务可能会有重叠。

5. 矩阵结构

矩阵结构是一个组合性结构，它可以是既按产品划分同时又按地理区域划分的结构，或是既有职能结构同时又有部门结构的结构，图 2.5 列示了这种结构。在对各种专业知识进行整合的同时，内部结构设计过程需要基于多个因素来制订划分标准，因此，大公司通常采用矩阵结构。例如，跨国公司可能倾向于以地理区域来划分业务单位（因为这种业务单位具有当地客户与市场的专业知识），同时，它们也想拥有全球性产品管理部，以统筹协调所有地区的产品开发、制造和分销。

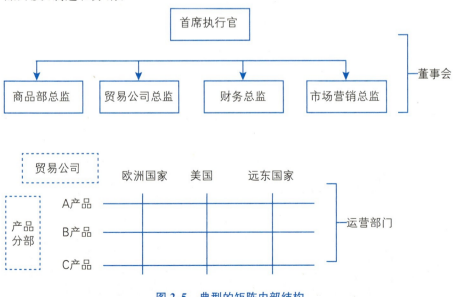

图 2.5 典型的矩阵内部结构

矩阵结构的优点包括：① 当有利益冲突时可以作出明智的选择；② 直接的交流取代了官僚主义；③ 管理层有更大的主动性；④ 参与决策使管理者有更好的发展空间。

矩阵结构的缺点包括：① 决策时间延长；② 工作和任务职责不清晰；③ 成本与利润责任不明确；④ 冲突的可能性增大；⑤ 容易忽略主要矛盾。

（二）内部结构与公司战略

内部结构与公司战略存在交互作用的关系。一般来说，内部结构随着公司战略的变化而改变。当企业改变战略时，企业应同时考虑建立起支持新战略所需的内部结构，战略与内部结构的有效匹配能为企业带来竞争优势。例如，如果实施成本领先战略的企业采用职能型内部结构，则其内部结构的基本特征是简单的报告关系机制、较少的决策层及权力结构、集中化的公司员工，以及强调生产过程优化而不是新产品研发。这种类型的职能结构鼓励所有企业员工力图降低成本完成工作的企业文化。如果实施差异化战略的企业采用职能型内部结构，则其内部结构的基本特征是相对复杂而灵活的报告关系、经常性使用交叉职能的产品开发团队、更加关注产品研发和营销职能而非制造和研发流程。这种类型的职能结构鼓励所有企业员工力图使当前产品更具有差异化和开发新的高度差异化产品的企业文化。在某些情况下，内部结构不仅影响当前的战略行为，还影响未来战略的选择。

（三）内部结构的控制目标

机构设置的控制目标为公司建立合适的组织架构，保证机构设置必须既能够满足对企业经营进行适当监控，又能够保障信息流转畅通。具体来说包括：

（1）机构设置与公司运行环境及公司战略目标保持一致，并为管理公司运作提供必要信息。

（2）建立有效的汇报机制，能够保证管理人员获得与其责任和权限有关的信息。

（3）保持对机构设置变化的适应性。

（四）内部结构的关键控制点

（1）机构设置与公司运行环境及公司战略目标保持一致，并为管理公司运作提供必要信息。公司关注机构设置的适当性，以及其提供管理活动必要信息的能力。具体包括：

① 考虑公司经营业务的性质，公司机构设置按照适当集中或分散的管理方式。

② 机构设置是否与公司运行环境及公司战略目标保持一致，包括对分支机构的监管及部门职责是否划分清晰。

③ 机构设置有利于信息的上传、下达和各业务活动间的传递。

（2）建立有效的汇报机制，能够保证管理人员获得与其责任和权限相匹配的信息。

公司应建立有效的汇报机制，能够保证管理人员获得与其责任和权限相匹配的信息。经营活动的管理人员有与相关的高级管理人员进行沟通和交流的通畅渠道。公司的汇报关系强调地域化管理和各级高层管理人员的责任，即：

① 各级公司内部各部门向本级高层管理人员汇报。

② 各级高层管理人员向上一级高层管理人员汇报。

③ 对于重要信息，各级公司内部信息正式上报要经过本级高层管理人员审批签字。

④ 对于非重要信息，建立非正式渠道（如电话、网络）向上级公司内部部门进行汇报。

(3) 保持对机构设置变化的适应性。

公司能够掌握影响公司的各方面情况变化,并分析其对现有机构设置适当性的影响,从而及时提出机构设置变化的方案,包括管理人员应定期根据变化的业务或行业环境来评价公司的机构设置。

四、组织架构设计与运行中需关注的主要风险

(一) 治理机构可能面临的主要风险

治理机构形同虚设,缺乏科学决策、良性运行机制和执行力,可能导致企业经营失败,难以实现发展战略。可能包括以下方面:

(1) 股东大会是否定期有序召开,股东是否可以通过股东大会行使自己的权利。

(2) 企业与控股股东是否在资产、财务、人员方面实现相互独立,企业与控股股东交易是否平等、公开、自愿。

(3) 企业是否保护中小股东利益,使得中小股东和大股东享有同等的权利。

(4) 董事会是否独立于经理层和大股东,董事会及审计委员会是否有适当数量的独立董事存在并能有效发挥作用。

(5) 董事对自身的权利和责任是否有明确的认知,并且具备足够的知识、经验和时间来勤勉、诚信、尽责地履行职责。

(6) 董事会能否保证企业建立并实施了有效的内部控制,审批企业发展战略和重大决策,并进行定期检查,评价其执行情况。

(7) 监事会的构成是否能够保证其独立性,监事能力是否与相关领域相匹配。

(8) 监事会能否规范有效地运行,监督董事会、经理层正确履职并纠正损害企业利益的行为。

(9) 对经理层的权力是否存在必要的监督和约束机制。

公司治理风险不同于管理风险,公司治理风险更多地与制度设计有关,管理风险通常是由于管理人员的决策失误、管理制度设计不合理或者其他客观及非人力因素而造成企业遭受损失的可能性。经营状况暂时较好、短期财务绩效不错的公司不一定不存在公司治理风险。国内外已有诸多这样的案例,短期内公司的财务绩效比较好,但因为存在治理风险而最终使公司走向破产或者失败。

(二) 内部结构可能面临的主要风险

内部机构设计不科学,权责分配不合理,可能导致机构重叠、职能交叉或缺失、推诿扯皮,运行效率低下。具体表现为企业内部结构是否考虑经营业务的性质;关键岗位员工是否对自身权责有明确认识,是否有足够胜任能力去履行权责等。

五、内部控制要求与措施

（一）组织架构的设计

（1）企业应当根据国家有关法律法规的规定，明确董事会、监事会和经理层的职责权限、任职条件、议事规则和工作程序，确保决策、执行和监督相互分离，以形成相互制衡。

董事会对股东（大）会负责，依法行使企业的经营决策权。可按照股东（大）会的有关决议，设立战略、审计、提名、薪酬与考核等专门委员会，明确各专门委员会的职责权限、任职资格、议事规则和工作程序，为董事会科学决策提供支持。

监事会对股东（大）会负责，监督企业董事、经理和其他高级管理人员依法履行职责。

经理层对董事会负责，主持企业的生产经营管理工作。经理和其他高级管理人员的职责分工应当明确。

董事会、监事会和经理层的产生程序应当合法合规，其人员构成、知识结构、能力素质应当满足履行职责的要求。

（2）企业的重大决策、重大事项、重要人事任免及大额资金支付业务等，应当按照规定的权限和程序实行集体决策审批或者联签制度。任何个人不得单独进行决策或者擅自改变集体决策意见。重大决策、重大事项、重要人事任免及大额资金支付业务的具体标准由企业自行确定。

（3）企业应当按照科学、精简、高效、透明、制衡的原则，综合考虑企业性质、发展战略、文化理念和管理要求等因素，合理设置内部职能机构，明确各机构的职责权限。避免职能交叉、缺失或权责过于集中，形成各司其职、各负其责、相互制约、相互协调的工作机制。

（4）企业应当对各机构的职能进行科学合理的分解，确定具体岗位的名称、职责和工作要求等，明确各个岗位的权限和相互关系。企业在确定职权和岗位分工过程中，应当体现不相容职务相互分离的要求。不相容职务通常包括：可行性研究与决策审批；决策审批与执行；执行与监督检查等。

（5）企业应当制定内部结构图、业务流程图、岗（职）位说明书和权限指引等内部管理制度或相关文件，使员工了解和掌握组织架构设计及权责分配情况，正确履行职责。

（二）组织架构的运行

（1）企业应当根据组织架构的设计规范，对现有治理结构和内部机构设置进行全面梳理，确保本企业治理结构、内部机构设置和运行机制等符合现代企业制度要求。

企业梳理治理结构，应当重点关注董事、监事、经理及其他高级管理人员的任职资格和履职情况，以及董事会、监事会和经理层的运行效果。治理结构本身存在问题的，应当采取有效措施加以改进。

企业梳理内部机构设置，应当重点关注内部机构设置的合理性和运行的高效性等。内部机构设置和运行中存在职能交叉、缺失或运行效率低下的，应当及时解决。

（2）企业拥有子公司的，应当建立科学的投资管控制度，通过合法有效的形式履行出资人职责，维护出资人权益，重点关注子公司特别是异地、境外子公司的发展战略、年度财务预决算、重大投融资、重大担保、大额资金使用、主要资产处置、重要人事任免、内部控制体系建设等重要事项。

(3) 企业应当定期对组织架构设计与运行的效率和效果进行全面评估,发现组织架构设计与运行中存在缺陷的,应当立刻优化调整。企业组织架构调整应当充分听取董事、监事、高级管理人员和其他员工的意见,按照规定的权限和程序进行决策审批。其中,组织架构中比较重要的角色还包括:

① 审计委员会

企业应当在董事会下设立审计委员会。其职责包括:监督及评估外部审计机构工作,指导内部审计工作,审阅上市公司的财务报告并对其发表意见,评估内部控制的有效性,协调管理层、内部审计部门及相关部门与外部审计机构的沟通。

我国相关法律要求审计委员会成员由三名以上(含三名)成员组成。审计委员会中独立董事应当占审计委员会成员总数的1/2以上并担任召集人。审计委员会中至少有一名独立董事是会计专业人士。企业应当加强内部审计工作,保证内部审计机构设置、人员配备和工作的独立性。

内部审计机构应当结合内部审计监督,对内部控制的有效性进行全过程监督检查。内部审计机构对监督检查中发现的内部控制缺陷,应当按照企业内部审计工作程序进行报告;对监督检查中发现的内部控制重大缺陷,有权直接向董事会及其审计委员会、监事会报告。

② 独立董事

独立董事是指独立于公司股东且不在公司内部任职,与公司或公司经营管理者没有重要的业务联系或专业联系,并对公司事务作出独立判断的董事。独立董事最根本的特征是独立性和专业性。独立董事对上市公司及全体股东负有诚信和勤勉义务,尤其要关注中小股东的合法权益不受损害。

第三节 发 展 战 略

一、公司战略的定义

"战略"一词主要源于军事,指军事家们对战争全局的规划和指挥,或指导重大军事活动的方针、政策与方法。随着生产力水平的不断提高和社会实践内涵的不断丰富,"战略"一词逐渐被人们广泛地运用于军事以外的其他领域,从而给"战略"一词增添了许多新的含义。1962年,美国学者钱德勒(Chandler A. D.)在其《战略与结构》一书中,将战略定义为"确定企业基本长期目标、选择行动途径和为实现这些目标进行资源分配"。这标志着"战略"一词被正式引入企业经营管理领域,由此形成了企业战略的概念。此后至今,许多学者和企业高层管理者曾经分别赋予企业战略不同的定义。对企业战略含义的多种理解和表述可分为传统概念和现代概念两大类。

1. 公司战略的传统概念

美国哈佛大学教授波特(Porter M.)教授对战略的定义堪称为公司战略传统定义的典型代表。他认为:"战略是公司为之奋斗的一些终点以及公司为达到它们而寻求的途径的结合物。"波特的定义概括了20世纪60~70年代对公司战略的普遍认识,它强调公司战略计划性、全局性和长期性方面的属性。

2. 公司战略的现代概念

20世纪80年代以来,由于企业外部环境变化速度加快,使以计划为基点的传统概念受到不少批评,于是战略的现代概念受到广泛的重视。

加拿大学者明茨伯格(Mintzberg H.)在1989年提出,以计划为基点将企业战略视为理性计划的产物是不正确的,企业中许多成功战略是在事先无计划的情况下产生的。他将战略定义为"一系列或整套的决策或行动方式",这套方式包括刻意安排的(或计划性)战略和任何临时出现的(或非计划性)战略。许多学者也开始研究组织的有限理性,并将重点放在组织在不可预测的或未知的内外部因素约束下的适应性上。

从字面上看,现代概念与传统概念的主要区别在于,现代概念认为战略只包括为达到企业的终点而寻求的途径,而不包括企业终点本身;而从本质区别看,现代概念更强调战略应变性、竞争性和风险性方面的属性。

事实上,公司大部分战略是事先的计划和突发应变的组合。美国学者汤姆森(Tomson S.)1998年指出:"战略既是预先性的(预谋战略),又是反应性的(适应性战略)。"换言之,战略制订的任务包括制订一个策略计划,即预谋战略,然后随着事情的进展不断对它进行调整。一个实际的战略是管理者在公司内外各种情况不断暴露的过程中不断规划和再规划的结果。

在当今瞬息万变的环境里,公司战略意味着企业要采取主动态势预测未来而影响变化,而非被动地对变化作出反应。企业只有在变化中不断调整战略,保持健康的发展活力,并将这种活力变成惯性,通过有效的战略不断表达出来,才能获得并持续强化竞争优势,构筑企业的成功。

二、公司的使命与目标

对于波特关于公司战略定义所提出的公司"终点"的概念,有的公司愿意使用"使命"或者"目的",也有的公司用"使命"与"目标"加以层次上的区别。在这里,我们将企业生存、发展、获利等根本性目的作为公司使命的一部分,而将公司目标作为使命的具体化。

(一) 公司的使命

公司的使命首先是要阐明企业组织的根本性质与存在理由,一般包括三个方面:

1. 公司目的

公司目的是企业组织的根本性质和存在理由的直接体现。组织按其存在理由可以分为两大类:营利组织和非营利组织。以营利为目的而成立的组织,其首要目的是为其所有者带来经济价值。例如,通过满足客户需求、建立市场份额、降低成本等来增加企业价值。其次的目的是履行社会责任,以保障企业主要经济目标的实现。相反,以非营利目的成立的组织,其首要目的是提高社会福利、促进政治和社会变革,而不是营利。一般而言,企业是营利组织,如红十字会则是非营利组织。

2. 公司宗旨

公司宗旨旨在阐述公司长期的战略意向,其具体内容主要说明公司目前和未来所要从事的经营业务范围。美国学者德鲁克(Drucker F.)认为,提出"公司的业务是什么",也就等于提出了"公司的宗旨是什么"。公司的业务范围应包括企业的产品(或服务)、顾客对象、市场和技术等几个方面。

公司宗旨反映出企业的定位。定位是指企业采取措施适应所处的环境。定位包括相对于其他企业的市场定位,如生产或销售什么类型的产品或服务给特定的部门,或以什么样的方式满足客户和市场的需求,如何分配内部资源以保持企业的竞争优势,等等。

3. 经营哲学

经营哲学是公司为其经营活动方式所确立的价值观、基本信念和行为准则,是企业文化的高度概括。经营哲学主要通过公司对利益相关者的态度、公司提倡的共同价值观、政策和目标以及管理风格等方面体现出来。经营哲学同样影响着公司的经营范围和经营效果。

〔案例2.1〕

公司使命定位对经营范围和经营业绩的影响

案例一:S公司是美国一家复印机生产企业。公司的宗旨从"我们生产复印机"向"我们提高办公效率"转变。十几年来,S公司大力进行业务改组,成功地将自己从一个以黑白模拟复印机为主要产品的公司转型成为一个数字化、彩色和文件解决方案的供应商。S公司及其业务伙伴提供了全行业最齐全的文件处理产品和服务:复印机、打印机、传真机、扫描仪、桌面软件、数码打印和出版系统、消耗材料以及从现场文件生产到系统集成的一系列文件管理服务。

案例二:进入21世纪,医药生产企业的经营理念从"生产足够多的好药满足人民需要"向"关爱生命,呵护健康"转变,国际制药大企业以"让人们少吃药"的新理念构筑医药企业文化的崭新形象,走大健康产业的思路。医疗模式也由单纯病后治疗转向"保健、预防、治疗、康复"相结合,医药产业的发展开始实施"预防前移战略",将研发、生产、营销和服务重点迁移到预防领域。

值得注意的是,尽管公司使命涉及很多内容,但是许多公司关于使命的表述往往不详尽、不全面,只是展示公司主要的战略方向。这在很大程度上是由于在复杂多变的环境下,详尽、全面的使命表述可能会使企业在战略实施过程中比较被动。这是公司战略定义的现代概念在应变性、竞争性和风险性等方面的具体体现。

(二) 公司的目标

公司目标是公司使命的具体化。德鲁克对公司目标作了恰如其分的概括:"各项目标必须从'我们的企业是什么,它将会是什么,它应该是什么'引导出来。它们不是一种抽象,而是行动的承诺,借以实现企业的使命;它们也是一种用以衡量工作成绩的标准。换句话说,目标是企业的基本战略。"

公司目标是一个体系。建立目标体系的目的是将公司的业务使命转换成明确的、具体的业绩目标,从而使得公司的进展有一个可以测度的标准。

从整个公司的角度来看,需要建立两种类型的业绩标准:与财务业绩有关的业绩标准,与战略业绩有关的标准。获取良好的财务业绩和良好的战略业绩要求公司的管理层既要建立财务目标体系又要建立战略目标体系。

财务目标体系表明公司必须致力于达到下列结果：市场占有率、收益增长率、满意的投资回报率、股利增长率、股票价格评价、良好的现金流以及公司的信任度等。

战略目标体系则不同，它的建立目的在于为公司赢得下列结果：获取足够的市场份额，在产品质量、客户服务或产品革新等方面压倒竞争对手，使整体成本低于竞争对手的成本，提高公司在客户中的声誉，在国际市场上建立更强大的立足点，建立技术上的领导地位，获得持久的竞争优势，抓住诱人的成长机会等。战略目标体系的作用是让人密切注意，公司的管理层不但要提高公司的财务业绩，还要提高公司的竞争力，改善公司长远的业务前景。

财务目标体系和战略目标体系都应该从短期和长期目标两个角度体现出来。短期目标体系主要是集中精力提高公司的短期经营业绩和经营结果；长期目标体系则主要是促使公司的管理者考虑现在应该采取什么行动，才能使公司能够进入一种可以在相当长的一段时间内较好经营的状态。

目标体系的建立需要所有管理者的参与。公司中的每一个单元都必须有一个具体的、可测度的业绩目标，其中，各个单元的目标必须与整个公司的目标相匹配。如果整个公司的目标体系分解成了各个组织单元和低层管理者的明确具体的分目标，那么，在整个公司中就会形成一种以结果为导向的气氛。如果公司内部对所作所为混沌无知，那么，公司将一事无成。最理想的情形是，建立团队工作精神，组织中的每一个单元都奋力完成其职责范围内的任务，从而为公司业绩目标的完成和公司使命的实现作出应有的贡献。

〔案例2.2〕

吉利汽车集团的使命与战略目标

吉利汽车集团自从1997年进入汽车领域以来，大致经历了三个主要发展阶段。在每个阶段中吉利汽车集团的使命与战略目标都有所不同。

第一阶段（1998～2002年）：简单造车，价格取胜阶段。

使命：造老百姓买得起的轿车。

战略目标：用最低价位实现中国轿车进家庭。

第二阶段（2003～2007年）：全面创新，技术提升阶段。

使命：造老百姓买得起的好车。

战略目标：汽车以质取胜；企业要拥有自主研发能力，拥有自有技术和自主品牌。

第三阶段（2008～2015年）：全面转型，全球战略阶段。

使命：造全世界最环保、最节能、最安全的好车。让吉利汽车跑遍全世界。

战略目标：争取用3～5年时间完成从单纯的低成本战略向高技术、高质量、高效率、国际化的战略转型。到2015年，在海外建成15个生产基地，实现三分之二外销的目标，使吉利汽车集团成为国际上有竞争力的品牌。

专家曾对吉利汽车集团的使命与战略目标作过如下分析：

从整体上看,吉利汽车集团前两个阶段的使命较为相似,第三个阶段有较大的跨越。第一阶段,1998~2002年,国内汽车市场呈高价垄断格局,家庭轿车拥有量非常低,吉利汽车集团只能凭借价格优势打入市场,"造老百姓买得起的轿车"这个使命首先明确地阐释了吉利汽车集团将以经济型家庭轿车为经营主线,以国内老百姓为首要顾客群,以低价为经营战略进入国内汽车市场;同时,使命还透露出一种信念,就是要让客户得到实惠,体现了非常强烈的市场观念,而目标中"最低价位"也很好地诠释了企业的努力方向。但第一阶段的使命和目的主要着眼于市场,企业自身发展的要求并没有很好地体现出来。第二阶段,2003~2007年,在吉利汽车质量备受质疑的情况下,吉利汽车集团重新调整了使命,将"轿车"改为"好车",仅仅一个"好"字就让企业使命多出许多内涵。首先,企业在保证相对低价的同时,质量成为其取胜的关键要素;其次,"好车"在于顾客的评价,始终坚持以市场需求为导向的价值观;再者,企业如何做到"好",是靠买国外现成的技术,还是从理念到技术都进行自主研发,企业在目标中进行了清楚的说明。第二阶段的使命和目标虽然较第一阶段有了新的含义,并且也对企业自身发展提出了更高的要求,但企业经营的视野还有所局限,对"好车"的定义还处于宽泛模糊状态。第三阶段,2008~2015年,吉利汽车集团开始全面转型,对企业使命进行了重新定义,首先,使命体现出企业的经营范围开始由国内转向全世界,市场范围被进一步拓宽;其次,将"环保、节能、安全"作为"好车"的关键性指标,将侧重在这三个方面发展,其中,"环保、节能"体现了企业的社会责任感,重视环境保护,做到可持续发展,而"安全"作为汽车最为关键的一个品质要素,在使命中强调出来也充分体现了企业"重视生命"的经营理念;再者,原先使命中"买得起"这三个字已经删去,意味着企业开始着手走品质路线、高端路线,随着生活水平的提升,这也是符合顾客需求的。另外,从第三阶段的使命和目标上看,吉利汽车集团开始由单一的市场扩张向不断加强培育品牌、提高国际竞争力方向发展,并且海外市场将是集团未来主要的销售市场。

三、企业的战略层次

一般将战略分为三个层次:总体战略、业务单位战略(或"竞争战略")和职能战略。

1. 总体战略

总体战略又称公司层战略。在大中型企业里,特别是多种经营的企业里,总体战略是企业最高层次的战略。它需要根据企业的目标,选择企业可以竞争的经营领域,合理配置企业经营所必需的资源,使各项经营业务相互支持、相互协调。公司战略常常涉及整个企业的财务结构和内部结构方面的问题。

2. 业务单位战略

公司的二级战略常常被称作业务单位战略或竞争战略。业务单位战略涉及各业务单位的主管以及辅助人员。这些经理人员的主要任务是将公司战略所包括的企业目标、发展方向和措施具体化,形成本业务单位具体的竞争与经营战略。业务单位战略要针对不断变化的外部环境,在各自的经营领域中有效竞争。为了保证企业的竞争优势,各经营单位要有效地控制资源的分配和使用。

对于一家单一业务公司来说,总体战略和业务单位战略只有一个,即合二为一;只有对业务多元化的公司来说,总体战略和业务单位战略的区分才有意义。

3. 职能战略

职能战略,又称职能层战略,主要涉及企业内各职能部门,如营销、财务、生产、研发(R&D)、人力资源、信息技术等,更好地配置企业内部资源,可以为各级战略服务,提高组织效率。

各职能部门的主要任务不同,关键变量也不同,即使在同一职能部门里,关键变量的重要性也因经营条件不同而有所变化,因而难以归纳出一般性的职能战略。

在职能战略中,协同作用具有非常重要的意义。这种协同作用首先体现在单个的职能中各种活动的协调性与一致性,其次体现在各个不同职能战略和业务流程或活动之间的协调性与一致性。

四、战略管理过程

(一)战略管理的内涵

战略管理一词是由安索夫(Ansoff H. I.)在其1976年出版的《从战略规划到战略管理》一书中首先提出来的。1979年,安索夫又出版了《战略管理论》一书。他认为,战略管理是指将企业的日常业务决策同长期计划决策相结合而形成的一系列经营管理业务。美国学者斯坦纳(Steiner G. A.)在1982年出版的《企业政策与战略》一书中则认为,战略管理是根据企业外部环境和内部条件确定企业目标,保证目标的正确落实并使企业使命最终得以实现的一个动态过程。此外,一些学者和企业家也对战略管理提出了种种见解。有人认为,战略管理是企业处理自身和环境关系过程中实现其使命的管理过程。还有人提出,战略管理是决定企业长期表现的一系列重大管理决策和行动,包括企业战略的制订、实施、评价和控制。

从上述关于战略管理含义的种种表述和见解可以看出,战略管理是一种区别于传统职能管理的管理方式。这种管理方式的基本内容是企业战略指导着企业一切活动,企业战略管理的重点是制订和实施企业战略,制订和实施企业战略的关键是对企业的外部环境和内部条件进行分析,并在此基础上确定企业的使命和战略目标,使它们之间形成并保持动态平衡。因此,企业战略管理的含义可以界定为:企业战略管理是为实现企业的使命和战略目标,科学地分析企业的内外部环境与条件,制订战略决策,评估、选择并实施战略方案,控制战略绩效的动态管理过程。

(二)战略管理的特征

由传统职能管理走向现代战略管理是企业管理的一次重大飞跃。与传统的职能管理相比,战略管理具有如下特征:

1. 战略管理是企业的综合性管理

战略管理为企业的发展指明基本方向和前进道路,是各项管理活动的精髓。战略管理的对象不仅包括研究开发、生产、人力资源、财务市场营销等具体职能,还包括统领各项职能战略的竞争战略和公司战略。战略管理是一项涉及企业所有管理部门、业务单位及所有相关因素的管理活动。

2. 战略管理是企业的高层次管理

战略管理的核心是对企业现在及未来的整体经营活动进行规划和管理，它是一种关系企业长远生存发展的管理。战略管理追求的不仅是眼前财富的积累，更是企业长期健康稳定的发展和长久的竞争力。与企业的日常管理和职能管理不同，战略管理必须由企业的高层领导来推动和实施。

3. 战略管理是企业的一种动态性管理

战略管理的目的是依据企业内部条件和外部因素制订并实施战略决策和战略方案，以实现战略目标。而企业的内外部条件和因素总是不断变化的，战略管理必须及时了解、研究和应对变化了的情况，对战略进行必要的修正，确保战略目标的实现。因此，企业战略管理活动应具有动态性，即适应企业内外部各种条件和因素的变化进行适当调整或变更。

4. 战略管理是企业的一项效能性管理

企业的一般职能管理重在提高效率，即提高企业实际产出与实际投入之比率。而战略管理重在改进管理的职能，即提高企业实际产出达到期望产出的程度。企业职能部门考虑的主要是如何把事情做正确以提高效率，而战略管理部门考虑的主要是企业发展的方向、目标和途径，做正确的事以改进效能。

（三）战略管理过程

一般来说，战略管理包含三个关键要素：战略分析——了解组织所处的环境和相对竞争地位；战略选择——战略制订、评价和选择；战略实施——采取措施使战略发挥作用。

1. 战略分析

战略分析的主要目的是评价影响企业目前和今后发展的关键因素，并确定在战略选择步骤中的具体影响因素。战略分析需要考虑许多方面的问题，主要是外部环境分析和内部环境分析。

（1）外部环境分析。外部环境分析可以从企业所面对的宏观环境、产业环境、竞争环境和国家竞争优势分析几个方面展开。外部环境分析要了解企业所处的环境正在发生哪些变化，这些变化将给企业带来更多的机会还是更多的威胁。

（2）内部环境分析。内部环境分析可以从企业的资源与能力分析、价值链分析和业务组合分析等几个方面展开。内部环境分析要了解企业自身所处的相对地位，企业具有哪些资源以及战略能力。波士顿矩阵、通用矩阵、SWOT分析都是目前常用的战略分析工具。

2. 战略选择

战略分析阶段明确了"企业目前处于什么位置"，战略选择阶段所要回答的问题是"企业向何处发展"。企业在战略选择阶段要考虑可选择的战略类型和战略选择过程两个方面的问题。

（1）总体战略选择。总体战略选择包括成长型战略、稳定型战略、收缩型战略三种基本类型。

（2）业务单位战略选择。业务单位层面的战略包括基本竞争战略、中小企业的竞争战略、蓝海战略三种战略。主要的竞争战略包括成本领先战略、差异化战略、集中化战略。

（3）职能战略选择。职能战略包括市场营销战略、生产运营战略、研究与开发战略、人力资源战略、财务战略等多个职能部门的战略。

3. 战略实施

战略实施就是将战略转化为行动。战略实施要解决以下几个主要问题：

（1）确定和建立一个有效的组织结构。确定和建立组织结构涉及如何分配企业内的工作职责范围和决策权力，如：① 企业的管理结构是高长型还是扁平型；② 决策权力集中还是分散；③ 企业的组织结构类型能否适应公司战略的定位等。

（2）保证人员和制度的有效管理。人力资源的管理是否有效和管理体制是否科学关系战略实施的成功与失败。

（3）正确处理和协调公司内部关系。企业内部各种团体有其各自的利益要求和目标，而许多要求是互相冲突的，这些冲突可能会导致各种争斗和结盟。在企业战略实施过程中必须正确把握和对待各种内部关系和内部活动。

（4）选择适当的组织协调和控制系统。战略实施离不开企业内各单位的集体行动和协调，企业必须确定采用什么标准来评价各下属单位的效益，控制它们的行动。

（5）协调好企业战略、结构、文化和控制等诸方面的关系。

战略管理是一个循环过程，而不是一次性的工作。要不断监控和评价战略的实施过程，修正原来的分析、选择与实施工作，这是一个循环往复的过程。

第四节　企业文化与管理理念

一、企业文化概述

（一）企业文化在促进企业发展战略实现中的重要作用

当今激烈的市场经济竞争条件下，企业要实现发展战略，做大做强，应当重视和加强企业文化建设。

1. 企业文化建设可以为企业提供精神支柱

企业要在市场上取胜，保持可持续健康发展，必须具备顽强拼搏、不懈奋斗的精神。有了这种现代企业精神，才能将企业董事、监事、高级管理人员和全体员工凝聚在一起，充分发挥主观能动性，为企业创造最大的价值。有了这种企业精神，企业在遭遇国际金融危机或其他重大困难的情况时不至于被击倒，才能让企业抓住发展机遇，实现跨越式发展。这种现代企业精神集中体现为企业文化。从这个意义上来说，企业文化建设，可以为企业提供精神支柱。

2. 企业文化建设可以提升企业的核心竞争力

企业核心竞争力是企业所具有的不可交易和不可模仿的独特的优势因素，是企业竞争中具有长远和决定性影响的内在因素。通常认为，拥有核心竞争力的企业具有以下特征：具有良好市场前景的关键技术、真实稳健的财务状况、内外一致的企业形象、真实诚信的服务态度、团结协作的团队精神、以客户为中心的经营理念,能公平公正善待员工,有鼓励员工开拓创新的激励机制等。所有这些特征,几乎都与企业文化有关。为此,企业应当重视和加强企业文化建设,不断提升核心竞争力。

3. 企业文化建设可以为内部控制有效性提供有力保证

企业文化是企业建立和完善内部控制的重要基础,内部控制作为企业管理的重要抓手,表现形式往往是系列规章制度及其落实。这些规章制度连同其他管理规范,甚至包括企业的发展目标和战略规划,要真正落实到位,就必须努力建设优秀的企业文化。

(二) 打造优秀的企业文化

打造优秀的企业文化,是一个长期而复杂的系统工程,不可能一蹴而就。

1. 注重塑造企业核心价值观

核心价值观是企业在经营过程中坚持不懈、努力使全体员工都必须信奉的信条,体现了企业核心团队的精神,往往也是企业家身体力行并坚守的理念,它明确提倡什么、反对什么;哪种行为是企业所崇尚的、鼓励大家去做的,哪一种行为是企业反对的、大家不应该去做的。正像一个人的所有行为都是由个人的价值观所决定的那样,一个企业的行为取向也是由企业的价值观所决定的。这种价值观和理念是一个企业的文化核心,凝聚着董事、监事、高级管理人员和全体员工的思想观念,从而使大家的行为朝着一个方向去努力,反映出一个企业的行为和价值取向。例如,迪士尼公司的核心价值观就是"健康而富有创造力",简短而内涵丰富。企业文化建设始于核心价值观的精心培育,终于核心价值观的维护、延续和创新。为此,应当注重以下方面:

(1) 着力挖掘自身文化,要注意从企业特定的外部环境和内部条件出发,把共性和个性、一般和个别有机地结合起来,总结出本企业的优良传统和经营风格,挖掘整理出本企业长期形成的宝贵的文化资源,在企业精神提炼、理念概括、实践方式上体现出鲜明的特色,形成既有时代特征又独具魅力的企业文化。

(2) 着力博采众长,要紧紧把握先进文化的前进方向,坚持开放、学习、兼容、整合的态度,坚持以我为主、博采众长、融合创新、自成一家的方针,广泛借鉴国外先进企业的优秀成果,大胆吸取世界新文化、新思想、新观念中的先进内容,取其精华,去其糟粕,扬长避短,为我所用。

(3) 根据塑造形成的核心价值观指导企业的实际行动。

2. 重点打造以主业为核心的品牌

品牌通常是指能够给企业带来溢价、产生增值的一种无形的资产,其载体是用以和其他竞争者的产品或劳务相区分的名称、术语、象征、记号或者设计及其组合,企业产品或劳务品牌与企业的整体形象联系在一起,是企业的"脸面"或"标志"。品牌之所以能够增值,主要来自于消费者心中所形成的关于其载体的印象。打造以主业为核心的品牌,是企业文化建设的重要内容,企业应当将核心价值观贯穿于自主创新、产品质量、生产安全、市场营销、售后服务等方面的文化建设中,着力打造源于主业且能够让消费者长久认可、在国内外市场上彰显大竞争优势的品牌。

3. 充分体现以人为本的理念

"以人为本"是企业文化建设应当信守的重要原则。企业要在企业文化建设过程中牢固树立以人为本的思想,坚持全心全意依靠全体员工办企业的方针,尊重劳动、尊重知识、尊重人才、尊重创造,用美好的愿景鼓舞人,用宏伟的事业凝聚人,用科学的机制激励人,用优美的环境熏陶人。努力为全体员工搭建发展平台,提供发展机会,挖掘创造潜能,增强其主人翁意识和社会责任感,激发其积极性、创造性和团队精神。同时,要尊重全体员工的首创精神,有步骤地发动全体员工广泛参与,从基层文化抓起,集思广益,群策群力,全员共建。努力使全体员工在主动参与中了解企业文化建设的内容,认同企业的核心理念,形成同心协力、共谋发展的良好氛围。

4. 强化企业文化建设中的领导责任

在建设优秀的企业文化过程中,领导是关键。俗话说,一头狮子带领一群绵羊,久而久之这群绵羊就会变成"狮子"。要建设好企业文化,领导必须高度重视,认真规划,狠抓落实,这样才能取得实效。企业主要负责人应当站在促进企业长远发展的战略高度重视企业文化建设,切实履行第一责任人的职责,对企业文化建设进行系统思考,出思想、谋思路、定对策,确定本企业文化建设的目标和内容,提出正确的经营管理理念。

企业文化建设的领导体制要与现代企业制度和法人治理结构相适应,要明确企业文化建设的主管部门,安排专(兼)职人员负责此项工作,形成企业文化主管部门负责组织、各职能部门分工落实、员工广泛参与的工作体系。与此同时,企业要深入调研、制订规划,认真梳理整合各项工作任务,分清轻重缓急,扎实推进。要着力将核心价值观转化为企业文化规范,通过梳理完善相关管理制度,对员工日常行为和工作行为进行细化,逐步形成企业文化规范,以理念引导员工的思维,以制度规范员工的行为,使企业全体员工增强主人翁意识,做到与企业同呼吸、共命运,真正实现"人企合一",充分发挥核心价值观对企业发展的强大推动作用。

二、诚信、道德价值观

在现代所有权和经营权相分离的产权格局之下,企业目标、管理者目标和生产者的目标不尽相同,同时由于信息不对称的限制,企业高层管理者和员工都会存在"不道德"和逆向选择的风险。另外,在企业运营过程中,由于经常受到某种压力或诱惑导致舞弊和贪污等,轻者使企业效率降低、声誉受损,重者给企业埋下隐患,带来重大损失。

内部控制的有效性不可能不受到人的诚信和道德价值观的影响,原因在于内部控制是由人建立、执行和监督的。因此,诚信和道德价值是控制环境的首要因素,影响其他内部控制构成要素的设计、执行和监督。

由于要考虑诸多因素,企业确立道德价值观通常是十分困难的。道德价值观需要平衡企业、员工、供应商、客户、竞争者和社会公众的利益。平衡这些利益是非常复杂的活动,因为他们的利益通常是相互冲突的。比如向市场提供一种新产品,可能会对环境产生不利影响。

企业的诚信和道德价值观一般通过员工行为准则来体现,准则告诉企业员工什么行为可接受、什么行为不可接受以及遇到不正当行为应该采取的行动,主要包括以下内容:

1. 保证公司利益放在首位
每一个员工都有责任将公司利益放在第一位,避免私人利益与公司利益的冲突。

2. 合法性
公司要承诺在开展业务时抱着诚实和守信原则,并遵循所有适用的法律和规章制度。

3. 及时向指定人员报告或检举揭发违规事项

员工有义务对所发现的关于会计、内部控制或审计等违反法律、规章制度或行为准则的问题向道德规范委员会报告，或向披露委员会、审计委员会汇报。发现任何高级管理人员违反法律、规章制度或行为准则，应迅速向道德规范委员会等相关机构报告。对检举人应当建立保密制度，包括匿名保护。

4. 遵守道德准则的责任

明确员工必须遵守道德准则。对违反准则的人员实施惩罚机制，甚至免职或解雇。

5. 禁止以职谋私的行为

禁止员工通过利用公司财产、信息或职位为自己或其他人谋取商业机遇。

6. 保密

机密信息是公司最重要的资产之一。公司的机密信息应建立相应政策保护，包括以下信息：① 属于公司商业性机密信息；② 属于非披露协议下的信息。每个员工在入职后应执行保密协议，保护公司知识产权。员工即使在终止雇佣关系之后，仍然有义务保护公司的机密信息。

7. 公平交易

每一个员工都应该努力做到公平对待顾客、供应商、竞争者、公众，并遵循商业道德规范。为了获得或维持业务而进行贿赂、收受回扣或其他不正当行为都是不被允许的。在未得到道德委员会事先批准的情况下，赠送礼物或公款接待的行为是不被允许的。员工代表公司购买商品应遵循公司的采购政策。

8. 公司资产的保护及恰当使用

每一个员工必须保护公司资产，包括实物资源、资产、所有权、机密信息，排除损失、失窃或误用。任何怀疑的损失、误用或失窃都应该报告给经理或法律部门。公司资产必须用于公司业务，符合公司政策。

9. 全面、公正、正确、及时地理解财务报告及其披露事项

因为公司必须提供完整、公正、及时和可理解的披露报告及文件并存档或呈交给证监会以及公共传媒，所以每位员工都有责任保证会计记录的准确性。管理层必须建立和保持适当的内控，遵循公司已有的会计准则和流程，保证交易记录的完整和准确。禁止干扰或不正当地影响公司财务报表审计。要求证实会计记录和报表受控，能够保证准确性。

三、管理理念和管理风格

管理风格是企业在管理过程中所一贯坚持的原则、目标及方式等方面的总称。管理理念是企业发展一贯坚持的一种核心思想，是公司员工坚守的基本信条，也是企业制订战略目标及实施战术的前提条件和基本依据。

一个企业不必追求"宏伟"的理念，而应建立一个切合自身实际的，并能贯彻渗透下去的理念体系。管理理念往往是管理风格形成的前提。一般而言，公司的管理风格和管理理念有稳健型和创新型两种。

稳健型公司的特点是在管理风格和管理理念上以稳健原则为核心，一般不会轻易地改变业已形成的管理和经营模式。因为成熟模式是企业经过各方面反复探索、学习、调整和适应才形成的，意味着企业的发展达到了较理想的状态。奉行稳健型原则的公司的发展一般

较为平稳,很少有大起大落的情况,但是由于不太愿意从事风险较高的经营活动,公司较难获得超额利润,跳跃式增长的可能性较小。而且有时由于过于稳健,会丧失快速发展的良机。值得关注的是稳健并不排斥创新,由于企业面临的生存发展环境在不断变化之中,企业也需要在坚持稳健原则的前提下,不断调整自己的管理方式和经营策略以适应外部环境的变化。如果排斥创新的话,稳健型公司也可能会遭到失败。

创新型公司的特点是管理风格和管理理念上以创新为核心,公司在经营活动中的开拓能力较强。创新型的管理风格是此类公司获得持续竞争力的关键。管理创新是指管理人员借助于系统的观点,利用新思维、新技术、新方法,创造一种新的、更有效的资源整合方式,以促进企业管理系统综合效益的不断提高,达到以尽可能少的投入获得尽可能多的综合效益、具有动态反馈机制的全过程管理目的。管理创新应贯穿于企业管理系统的各个环节,包括管理理念、战略决策、组织结构、业务流程、管理技术和人力资源开发等各方面,这些也是管理创新的主要内容。创新型企业依靠自己的开拓创造,有可能在行业中率先崛起,获得超常规的发展。但创新并不意味着企业的发展一定能够获得成功,有时实行的一些冒进式的发展战略也有可能会导致企业的失败。分析公司的管理风格可以跳过现有的财务指标来预测公司是否具有可持续发展的能力,而分析公司的管理理念则可据以判断公司管理层制订何种公司发展战略。

第五节　责权分配和内部审计

一、责权分配

(一) 职责分工

职责的分工可以分为纵向分工和横向分工。纵向分工(也称层级或等级制度)是指权力上的分工,即谁作出决定和向谁负责的安排;而横向分工则是工作范围的划分,一般可通过功能、地区、客户等类别进行划分。

纵向分工的优点是较有经验和见识的人员专注于决策,而经验较浅的员工则专注于执行,这样可以提高决策的速度和质量。横向分工的主要优点在于收窄工作范围,让员工较容易掌握工作,达到熟能生巧的效果,从而提高效率。

纵向分工影响组织阶层的数量,一般来说,阶层的数量越多,高层与前线的距离越远,沟通的关卡就越多。因此,决策和执行的速度相对缓慢。由于管理人员相对于直接参与生产运营的员工比例增加,因此,固定成本较高。由于较低层级员工拥有的决策权较少,理论上可以减少出现重大决策失误的概率。一般来说,纵向分工受管理幅度和员工人数的影响,也与工作的复杂程度紧密相关。至于横向分工方面,理论上分工越细,熟能生巧的效果则越大,但同时又需要更多的协调,因此,横向分工的方式和程度主要是平衡这两个方面的结果。

至于采用哪一种分工方式,与企业的权力分配有关。在一些企业,决策权集中在少数人的手中,这种企业称为集权式(Centralized)组织;在另一些企业,决策权分散在不同人的手中,这种企业称为分权式(Decentralized)组织。

(二) 集权的弊端

在组织管理中,集权和分权是相对的,绝对的集权或绝对的分权都是不可能的。过分集权带来了种种弊端,具体如下:

(1) 降低决策的质量。在高度集权的组织中,随着组织规模的扩大,组织的最高管理者远离基层,基层发生的问题经过层层请示汇报后再作决策,不仅影响了决策的正确性,而且影响了决策的及时性。

(2) 降低组织的适应能力。处在动态环境中的组织必须根据环境中各种因素的变化不断进行调整。过度集权的组织,可能使各个部门失去自我适应和自我调整的能力,从而削弱组织整体的应变能力。

(3) 不利于调动下属的积极性。由于实行高度集权,几乎所有的决策权都集中在最高管理层,中下层管理者变成了纯粹的执行者,没有任何的决策权、发言权和自主权。长此以往,他们的积极性、创造性和主动性会被磨灭,工作热情消失,对组织关心的程度减弱。

(4) 阻碍信息交流。在高度集权的组织里,由于决策层即最高管理层与中下层的执行单位之间存在多级管理层次,信息传输路线长,经过环节多,因而信息的交流比较困难,使下情难以上达。

(三) 确定集权程度需考虑的因素

影响集权与分权的程度,是随条件变化而变化的。对一个组织来说,其集权或分权的程度,应综合考虑各种因素:

(1) 决策的代价。一般来说,失误代价越高的决策,越不适宜交给下级人员处理。

(2) 政策的一致性。如果高层管理者希望保持政策的一致性,则趋向于集权化;如果高层管理者希望政策不一致,即允许各部门根据情况制订各自的政策,则会放松对职权的控制程度。

(3) 组织的规模。组织规模较小时,一般倾向于集权,当组织规模扩大后,组织的层次和部门会因管理幅度的限制而不断增加,从而造成信息延误和失真。因此,为了加快决策速度、减少失误,最高管理者就要考虑适当地分权。

(4) 组织的成长。组织成立初期绝大多数都采取和维持高度集权的管理方式。随着组织逐渐成长,规模日益扩大,集权的管理方式逐渐转向分权的管理方式。

(5) 管理哲学。有些组织采用高度集权制,有些组织推行高度分权制,原因往往是高层管理者的个性和管理哲学不同。

(6) 管理人员的数量与素质。管理人员的不足或素质不高可能会限制组织实行分权。即使高层管理者有意分权,但没有下属可以胜任,也不能成事。相反,如果管理人员数量充足、经验丰富、训练有素、管理能力强,则可有较多的分权。

(7) 控制的可能性。分权不可失去有效的控制。高层管理者在将决策权下授时,必须同时保持对下属的工作和绩效的控制。一般来说,控制技术与手段比较完善,管理者对下属的工作和绩效控制能力强的,可较多地分权。

（8）职能领域。组织的分权程度也因职能领域而异，有些职能领域需要更大的分权程度，有些则相反。

（9）组织的动态特性。如果一个组织正处于迅速的成长中，并面临着复杂的扩充问题，组织的高层管理者可能不得不作出较多的决策。高层管理者在无法应付的情况下会被迫向下分权。

二、内部审计

（一）内部审计概述

内部审计师协会对内部审计的定义如下："内部审计是一项独立、客观的咨询活动，用于改善机构的运作并增加其价值。通过引入一种系统的、有条理的方法去评价和改善风险管理、控制和公司治理流程的有效性，内部审计可以帮助一个机构实现其目标。"

在我国，内部审计是指由被审计单位内部机构或人员，对其内部控制的有效性、财务信息的真实性和完整性以及经营活动的效率和效果等开展的一种评价活动。内部审计是和政府审计、注册会计师审计并列的三种审计类型之一。

（二）内部审计与注册会计师审计的区别

（1）独立性不同。内部审计强调内部审计机构和审计人员与被审计部门之间的独立性，不强调审计机构和审计人员与企业管理层之间的独立性。因此，内部审计本质上是单向独立的。

（2）两者的审计目标不同。注册会计师审计目标是对财务报表的合法性、公允性作出评价，而内部审计的目标是评价和改善风险管理、控制和公司治理流程的有效性，帮助企业实现其目标。

（3）两者关注的重点领域不同。注册会计师审计主要侧重点是会计信息的质量和合规性，也就是对财务报表的合法性、公允性作出评价，而内部审计主要侧重点是有效性、经济性和合规性。

（4）审计标准不同。内部审计的标准是公认的方针和程序，注册会计师审计的标准是会计准则和相关法律和法规。

（5）专业胜任能力要求不同。内部审计要求具备一定的管理知识水平，由于内部审计的目标是帮助企业实现其目的，改善机构运作并增加价值，故要求内部审计人员具备一定的管理知识与水平。

（三）以风险为导向的内部审计

对于内部审计来说，所谓风险导向审计是指内部审计人员在对风险及其内部控制系统进行充分了解和评价的基础上，分析、判断风险发生的可能性及其影响程度，建立审计风险模型和风险评级标准，制订与之相适应的内部审计策略、审计计划和审计程序，将审计资源重点配置在高风险领域，将内部风险降低至可接受的水平的一种审计模式。风险导向审计关注公司高风险领域对审计目标的影响，将对风险的辨识、分析和评价贯穿于审计工作始终；风险导向审计既可以应用于审计项目实践，又可以应用于审计业务规划，建立与企业全面风险管理体系相匹配的审计策略体系。因此,风险导向审计不仅仅是一种审计技术,也是因审计理念的转变而产生的审计模式、审计方法的革新。

与传统的审计方法相比较,风险导向审计带来的是审计理念和审计方法的重大转变。风险导向审计不仅仅依赖于对企业内部控制制度设计和执行情况的测试评价,更将审计范围扩展到对企业内外部环境、公司管治、战略管理等层面的全面风险评估,内部审计人员在审计时始终秉持合理的职业审慎,并将风险评估技术和分析性复核程序适用于审计项目全过程。

(1) 强化了审计风险意识,扩展了审计范围,将审计重心从内部控制测试前移至公司层面的风险评估,将连续、动态的风险评估贯穿于整个审计过程。风险导向审计不再简单地直接实施内部控制测评,而是通过对企业经营环境、发展战略、公司治理、风险策略等方面的评估,发现潜在的经营管理风险,并将其逐级分解细化到具体的业务流程及其内部控制活动中,由此确定审计范围和重点。

(2) 更加注重分析性程序的运用。在风险评估过程中,多层级、多线条、多维度的分析性复核程序将应用得更为频繁,对于任何审计对象,都将首先采用分析性复核措施发现风险环节。分析范围更加广泛,从对账务报表等事后数据的分析,延伸至对公司战略、风险管理体系、经营业绩、全面预算等风险管理起点的数据分析;分析工具更加科学,通过引入计算机审计技术,加强对文本、数据的加工分析能力,也使审计抽样结果更加合理,分析对象更加多样,对所有财务和非财务数据都能运用分析性程序。通过分析性程序,可以多角度发现同一风险事件在不同经营领域、不同流程环节的各种表象,使风险评估结果更为可靠。

(3) 增强了审计程序的针对性,提高了审计资源的使用效益。风险评估过程使内部审计人员对重要经营风险具有了更加直观和全面的认识,对风险的量化标准以及应予采取的控制措施在风险评估过程中也逐渐清晰,便于针对不同类别的风险制订、实施个性化的审计程序。将风险评估手段与审计程序进行有机结合,使审计资源有的放矢地集中到重要风险领域,促进其有效分配和利用,提高审计效率。

复习训练题

一、单选题

1. 下列选项中,(　　)决定企业基调,直接影响企业员工的控制意识,提供了内部控制的基本规则和构架。
   A. 内部环境　　　　　　　　　B. 风险评估
   C. 控制活动　　　　　　　　　D. 信息与沟通

2. 以下属于董事会职权的是: (　　)
   A. 依法行使企业经营方针、筹资、投资、利润分配等重大事项的表决权
   B. 依法行使企业的经营决策权
   C. 监督企业董事、经理和其他高级管理人员依法履行职责

D. 主持企业的生产经营管理工作

3. 某公司董事会由下述人员组成：董事长张跃，总经理林君，技术总监王能，财务总监欧阳，独立董事刘科（某会计师事务所合伙人），独立董事翟飞（某律师事务所合伙人），独立董事肖锋（另一家公司独立董事）。最符合公司治理要求的审计委员会人员构成为：（　　）

　　A. 刘科，翟飞，肖锋　　　　　　　B. 林君，欧阳，刘科
　　C. 张跃，刘科，肖锋　　　　　　　D. 张跃，林君，欧阳

4. 在内部环境中，（　　）是内部环境的首要因素，影响其他内部控制构成要素的设计、执行和监督。

　　A. 诚信和道德价值　　　　　　　　B. 发展战略
　　C. 责权分配　　　　　　　　　　　D. 内部审计

5. 过分集权会带来种种弊端，但不包括：（　　）

　　A. 维持政策的一致性　　　　　　　B. 降低组织的适应能力
　　C. 调动下属的积极性　　　　　　　D. 阻碍信息交流

6. 中小企业力量薄弱，在经营中往往把有限的资源投向确定的目标和市场上，这被称为：（　　）

　　A. 集中化战略　　　　　　　　　　B. 差异化战略
　　C. 成本领先　　　　　　　　　　　D. 稳定化战略

7. 下列具有审计委员会成员任职资格的是：（　　）

　　A. 公司的执行董事　　　　　　　　B. 公司的财务总监
　　C. 公司的总会计师　　　　　　　　D. 公司的独立董事

8. 内部审计的目标主要是：（　　）

　　A. 对财务报表的合法性、公允性作出评价
　　B. 评价和改善风险管理、控制和公司治理流程的有效性，帮助组织实现目标
　　C. 建立健全内部控制，编制财务报表
　　D. 监督各级政府的财政收支、财政金融机构和企事业单位组织的财务收支的真实性、合法性和效益性

二、多选题

1. 内部环境主要包括以下哪些内容：（　　）

　　A. 组织架构　　　　　　　　　　　B. 发展战略
　　C. 企业文化与管理理念　　　　　　D. 责权分配和内部审计

2. 内部结构分类可以包括：（　　）

　　A. 简单结构　　　　　　　　　　　B. 职能型组织结构
　　C. 多分部结构　　　　　　　　　　D. 控股公司结构

3. 矩阵结构的缺点包括：（　　）

　　A. 直接的交流取代了官僚主义　　　B. 决策时间延长
　　C. 工作和任务职责不清晰　　　　　D. 成本与利润责任不明确

4. 以下关于审计委员会的说法中正确的是（　　）

　　A. 在董事会下设审计委员会
　　B. 审计委员会的主要活动之一是核查财务报告
　　C. 确保充分有效的内部控制是审计委员会的责任之一

D. 监督内部审计部门的工作
5. 董事会中独立董事的重要性体现在： （   ）
   A. 确保董事会保持足够的客观性　　B. 收集和整理公司的财务信息
   C. 考核公司会计人员的工作绩效　　D. 监督公司的内部审计制度及实施
6. 企业战略管理包括以下哪几个层次： （   ）
   A. 总体战略　　　　　　　　　　　B. 业务单位战略
   C. 职能战略　　　　　　　　　　　D. 财务战略
7. 内部审计与注册会计师审计在以下哪些方面不同： （   ）
   A. 独立性　　　　　　　　　　　　B. 审计目标
   C. 标准　　　　　　　　　　　　　D. 关注的重点领域

三、判断题

1. 企业的内部环境是其他所有风险管理要素的基础，为其他要素提供规则和结构。 （   ）
2. 审计委员会中独立董事应当占审计委员会成员总数的1/2以上并担任召集人。审计委员会中至少有一名独立董事是会计专业人士。 （   ）
3. 业务单位战略包括市场营销战略、生产运营战略、研究与开发战略、人力资源战略、财务战略等。 （   ）
4. 企业文化建设可以提升企业的核心竞争力。 （   ）
5. 稳健型公司的特点是管理风格和管理理念上以创新为核心。 （   ）
6. 决策失误的代价越高，越不适宜交给下级人员处理。 （   ）
7. 注册会计师审计的主要侧重点是有效性、经济性和合规性。 （   ）

四、案例分析

1. 甲公司为上市公司，设有内部审计机构。根据机构设置，内部审计机构负责人直接由公司总经理任命，并向管理层直接报告。另外，随着甲公司对内部控制重视程度的加大和业务需要，内部审计部门计划招聘更多内部审计人员。

（1）判断上述有关内部审计设置是否恰当，并说明理由。

（2）假设你是甲公司内部审计机构负责人，你在招聘内部审计人员时将从哪些方面考察候选人？

2. 甲公司的董事会由董事会主席（兼任首席执行官）以及7名执行董事组成，公司还另外设置审计委员会。内审部门每月向会计部门主管作口头汇报。

根据以上事实，分析公司治理方面存在的问题。

第三章

风险评估

先导案例

2004年12月1日,中国航油(新加坡)股份有限公司(以下简称中航油)通过新交所发布公告:公司正在寻求法院保护,以免受债权人起诉。此前公司出现了5.5亿美元(约合45亿元人民币)的衍生工具交易亏损。数日来,中航油巨亏以及总裁陈久霖停职接受审查的消息成为全球金融界的焦点话题。业界称之为中国版的"巴林事件"。陈久霖在给法院的陈述中称,刚开始进入石油期货市场时,中航油获得了巨大的利润——相当于200万桶石油,正是在这种暴利的驱动下,才会越陷越深。"希望损失一个中航油可以唤醒国内对于石油期货风险的认识,目前国内对此的认识太片面了。"一位在石油系统内从事金融风险监控工作的人士对此事连连感叹。[1]

---

[1] 何清,段晓燕.中国版"巴林事件":中航油巨亏幕后调查[N].21世纪经济报道,2004-12-06.

第一节　风险评估概述

每个企业都面临来自内外部的不同风险,这些风险需加以评估。风险评估是企业及时识别、系统分析经营活动与实现内部控制目标相关的风险,合理确定风险应对策略。风险评估是确定如何管理和控制风险的基础。

风险评估流程包括目标设定、风险识别、风险分析和风险应对四个环节。

一、风险的定义

一般来说,风险的定义主要可分为以下两种:

1. 事件发生的不确定性

这是一种主观的看法,着重于个人及心理状况。由于未来事情的发生难以预测,在企业的经营活动中常会遭遇到许多的不确定性,令企业经营者产生恐惧、忧虑心理,使得企业经营的绩效降低。相反地,不确定性并非全是风险,亦有充满相遇的一面,为企业经营者带来希望、光明,使其获得盈利,迈向成功。因此,从主观上而言,风险是指在一定情况下的不确定性,此不确定性意指:① 发生与否不确定;② 发生的时间不确定;③ 发生的状况不确定;④ 发生的后果严重性程度不确定。

2. 事件遭受损失的机会

这是一种客观的看法,着重于整体及数量的状况。该观点认为风险是指在企业经营的各种活动中发生损失的可能性,亦即企业在某一特定期间内的经营活动,例如某企业一年中遭受损失的概率介于0与1之间。若概率为0,即表示该企业的经营活动不会遭受损失;若概率为1,则该企业的经营活动必定会发生损失。若该企业在经营活动中发生火灾遭受损失的概率为0.5,亦表示该企业遭受火灾损失的风险可能在未来的两年中发生一次。因此,企业经营活动损失的概率越大,风险也越大。

在企业风险管理概念中,根据《中央企业全面风险管理指引》中对风险的定义,风险是"未来的不确定性对企业实现其经营目标的影响"。

二、风险的特性

风险具有客观性、普遍性、损失性和可变性四种特性。

1. 客观性

风险是不以企业意志为转移,独立于企业意志之外的客观存在。企业只能采取风险管理的办法降低风险发生的频率和损失幅度,而不能彻底消除风险。

2. 普遍性

在现代社会,个体或企业面临着各式各样的风险。随着科学技术的发展和生产力的提高,还会不断产生新的风险,且风险事故造成的损失也越来越大。例如,核能技术的运用产生了核子辐射、核子污染的风险,航空技术的运用产生了意外导致的巨大损失的风险。

3. 损失性

只要风险存在,就一定有发生损失的可能。如果风险发生之后不会有损失,那么就没必要研究风险了。风险的存在,不仅会造成人员伤亡,而且会造成生产力的破坏、社会财富的损失和经济价值的减少,因此才使得个体或企业寻求应对风险的方法。

4. 可变性

风险的可变性是指在一定条件下风险具有可转化的特性。世界上任何事物都是互相联系、互相依存、互相制约的,并且任何事物都处于变动与变化之中,这些变化必然会引起风险的变化。例如,科学发明和文明进步,都可能使风险因素发生变动。

三、企业可能面对的风险种类

在商业活动的层面上,企业可能面对的风险可分为两大类:行业风险和经营风险。

(一) 行业风险

行业风险是指在特定行业中与经营相关的风险。企业选择在哪个行业经营显得非常关键。在考虑企业可能面对的行业风险时,以下几个因素是非常关键的:

1. 生命周期阶段

企业会经历起步期、成长期、成熟期及最后的衰退期。显然,处于成长期的行业会比处于成熟期或衰退期的行业有利得多。

2. 波动性

波动性是与变化相关的一个指标。波动性行业是指成长迅速变化,充满上下起伏的行业。波动性行业会涉及较大的不确定性,使计划和决策变得更难。波动性行业包括电子业、软件业、房地产业和建筑业等。

3. 集中程度

对企业来说,比较好的情况是在一个受保护的行业中处于垄断地位,就像某些国家公用事业公司或国家政府所管理的公司一样。但是,随着大多数国家的发展、国家企业私有化、关税壁垒降低,以及新兴行业与成熟公司的相互竞争,这些公司的垄断地位逐渐被推翻,而且各行业变得更具竞争性。

(二) 经营风险

经营风险可简单定义为经营企业时面临的风险。从某种程度上来说,企业所作的所有决策都具有风险,管理层不能保证所作的每一个决策都是正确的。例如,每次雇用新的员工,企业都会面临风险:如果该员工表现不佳怎么办?如果他不遵守指示并且在工作中不断犯错误怎么办?但是,在很多情况下,公司和个人为了获取利润也会承担风险。如果能盈利,那么企业就会发展并为股东及其他权益持有者创造财富。

经营风险一般包括市场风险、政治风险、操作风险、法律(合规性)风险、信用风险、流动性风险等。

1. 市场风险

市场风险有时也称为财务风险或价格风险,是指由于市价的变化而导致亏损的风险。企业需要管理的主要市场风险是利率风险、汇率风险、商品价格风险和股票价格风险。

(1) 利率风险。利率风险是指因利率提高或降低而产生预期之外损失的风险。

(2) 汇率风险。汇率风险或货币风险是由汇率变动的可能性,以及一种货币对另一种货币的价值发生变动的可能性导致的。

(3) 商品价格风险。主要商品的价格出人意料地上涨或下跌,都有可能使业务面临风险。提供商品的公司,比如石油公司和农产品公司,会直接受到价格变动的影响。同样的,依靠使用日用品的公司,也要承受来自价格变动的风险。

(4) 股票价格风险。股票价格风险影响企业股票或其他资产的投资者,其表现是与股票价格相联系的。

2. 政治风险

政治风险在很大程度上取决于企业运营所在国家的政治稳定性,以及当地的政治制度。政府首脑的更选,有时会导致业务出现重大变化。甚至在政治制度稳定的国家,政治制度一旦改革,影响也可能是重大的。

3. 操作风险

操作风险是指由于员工、过程、基础设施技术及对运作有影响等类似因素的失误而导致亏损的风险。

4. 法律(合规性)风险

法律(合规性)风险指不符合法律或法规要求的风险。毫无疑问,所有的企业都受到相关的监管。实际上,与法规有关的主要风险是指法规突然发生了变化。由于法规都是强制性的,很多企业意识到最重要的是要及时应对这些法规变化所带来的风险。

5. 项目风险

在企业中,有很多的项目需要进行日常管理。例如,建立新的业务线,开发新市场。由于项目的流行性,项目管理的一个重要组成部分就是风险。项目风险管理应对项目可能无法执行、项目进度可能发生变化、项目成本可能超支、项目不能达到预定规格、项目成果可能会遭到顾客拒绝等风险。越来越多的经营活动是以项目为基础的,所以企业是否能对项目风险进行管理也变得越来越重要。

6. 信用风险

多数企业生产产品或提供劳务,并将其提供给买家,同时企业会允许买家在一定时间内付款。这一过程被称为赊欠。赊欠会产生不予支付的风险。因此,信用风险是指交易对方在账款到期时不予支付的风险。

7. 流动性风险

流动性风险是指由于缺乏可用资金而产生的到期无法支付应付款项的风险。值得注意的是,即使企业报告了令人满意的利润,但一旦发生流动性危机,企业利润也会很快走向下滑。在金融领域更为如此,尤其是当银行和其他金融机构过多地依赖于银行间融资时。

三、风险评估流程存在的主要风险

风险评估流程存在的主要风险包括:

（1）公司没有建立战略目标、战略规划和业务计划，无法通过管理与控制措施，保证目标的实现。

（2）公司没有建立风险识别机制对内部和外部风险因素进行预期与识别，无法对识别的风险因素采取适当的应对措施。

（3）公司在法律事务的管理方面没有体现出风险防范的意识，无法保证法律和法规的遵循。

（4）公司缺乏一套程序，无法保证采用恰当的会计准则和会计制度避免会计报告方面的风险。

第二节 目 标 设 定

设定战略层次的目标，为经营目标、财务报告目标和合规性目标奠定基础。每个企业都面临着来自外部和内部的一系列风险，设定目标是有效进行事项识别、风险评估和风险应对的前提。目标设定应与企业的风险偏好相协调，后者决定了企业的风险承受度。

一、目标设定概述

（一）战略目标

战略目标是企业高层次的目标，它与企业的使命、愿景相协调，并支持其使命和愿景。战略目标反映了企业管理层就企业如何努力为其利益相关者创造价值所作出的选择，管理层要识别与此选择相关的风险点，并考虑它们对企业可能产生的影响。

（二）其他目标

在战略目标的基础上考虑其他目标。尽管不同企业的其他相关目标有所不同，但大致上可以分为经营目标、报告目标和合规性目标。

1. 经营目标

经营目标与企业经营的效率和效果有关，包括业绩和盈利目标以及保护资产不受损失等。经营目标需要反映企业所处的特定的市场、行业和外部环境。例如，经营目标需要与质量竞争的压力、缩短新产品投放市场的周期或者生产技术的变革相关。

2. 报告目标

报告目标与报告的可靠性有关，包括内部和外部报告，并且可能涉及财务与非财务信息。

3. 合规性目标

合规性目标与符合相关法律和法规有关，取决于外部因素，在一些情况下对所有企业而言都很类似，而在另一些情况下则在一个行业内有共性。

一项行动计划有助于实现多个控制目标。一般来说,报告目标和合规性目标相对比较容易实现,在企业的控制范围之内;而经营目标比较难以实现,取决于外部因素,包括:① 外部竞争对手的状况;② 环境因素;③ 政治因素;④ 法律因素。内部控制有助于减轻外部因素的影响。

(三) 风险偏好与风险承受度

风险偏好与风险承受度是与目标设定相关的非常重要的两个概念。

1. 风险偏好

从广义上看,风险偏好是指企业在实现其目标的过程中愿意接受的风险的数量。风险偏好的概念是建立在风险承受度概念基础上的。

企业的风险偏好与企业的战略直接相关,企业在制订战略时,应考虑将该战略的既定收益与企业的风险偏好结合起来,目的是要帮助企业的管理者在不同战略间选择与企业的风险偏好相一致的战略。在战略制订过程中运用风险管理方法,有助于企业管理层选择一个符合自身风险偏好的企业战略。

2. 风险承受度

风险承受度是相对于目标的实现而言所能接受的偏离程度,与企业的目标相关,是相对于实现一项具体目标而言可接受的偏离程度。风险承受度有两重含义:作为风险偏好的边界和企业采取行动的指标。在风险偏好以外,企业可以设置若干承受度指标,以显示不同的警示级别。风险偏好依赖于企业的风险评估结果,重大风险的风险偏好是企业的重大决策,由董事会决定。

二、目标设定的控制目标

目标设定要素的控制目标为公司设定恰当目标并进行沟通。

风险评估的前提条件是设立目标,只有先确立了目标,管理层才能针对目标确定风险并采取必要的行动来管理风险。公司的目标可以分为公司层面目标和业务活动层面目标,公司层面目标是指公司的总目标和相关战略计划,与高层次资源的分配和优先利用相关。业务活动层面的目标是总目标的子目标,是针对公司业务活动的更加专门化的目标。

三、目标设定的关键控制点

1. 建立公司战略目标、战略规划与业务计划,并在公司范围内进行充分沟通

管理层建立了公司层面战略目标(包括经营目标、财务报告目标和遵循性目标)、战略规划(包括战略规划)及相应的业务计划。公司目标在确定过程中,得到充分的沟通。比如,通过"两上两下"预算目标编制程序方式确定年度预算目标;通过预算质询会方式,获得管理层及公司员工对公司目标的反馈信息。

公司经营目标在公司内部进行充分的沟通。比如,公司总部与各下属单位之间签订任务书,明确各单位的经营计划与任务;预算目标的确定并以业绩合同等形式下发。

2. 保持公司战略目标、战略规划及业务计划的一致性

公司通过编制3~5年的规划和按年滚动调整方式,保持公司战略计划与战略目标的一致性。通过预算调整程序,保持业务计划、预算目标与公司战略及经营环境的一致性,如预算调整程序。成立内部控制和风险管理机构,进行风险管理和评估。

3. 定期评估公司目标与业务计划,管理层对更新的公司目标与业务计划进行复核与批准

管理层定期召开会议对公司战略和年度发展规划的执行情况进行评估,关注企业经营环境及增长模式的变化,并根据评估的情况对战略规划进行实时更新,更新的公司目标与业务计划获得管理层的复核与审批。管理层通过年度预算质询会方式评估年度预算,重新调整后的预算目标经过审批后下发各责任单位。管理层通过定期生产经营分析会形式对公司目标与业务计划进行讨论,对公司经营计划和预算的执行情况进行评估与更新,为各级管理层决策提供支持。

第三节 风险识别

一、风险识别概述

风险识别是指在风险事件发生之前,综观企业各项管理活动的发展过程、企业管理的各个环节,运用各种方法系统、连续地发现风险和不确定性的过程。其任务是认识和了解企业存在的各种风险因素及其可能带来的严重后果。风险识别需要研究和回答的问题包括五个方面:① 现在的和潜在的风险有哪些;② 哪些风险应予以研究;③ 引起风险事件的主要原因是什么;④ 这些风险所引起的后果如何;⑤ 识别风险的各种管理措施是否到位。

在识别风险时,企业应当考虑在整个企业范围内的各种可能产生风险和机会的内部因素和外部因素。

(一) 事项

事项是源于外部或内部的、影响企业实现目标的事故或事件。企业要识别影响战略执行或目标实现的潜在事项。这些事项可能具有正面或负面的影响,或者两者兼而有之。对于实现重要目标影响很大的事项,即使发生的可能性很小,也应当予以考虑。

(二) 风险识别方法

1. 用感知、判断或归类的方式对现实的和潜在的风险性质进行鉴别。

2. 存在于人们周围的风险是多样的,既有当前的,也有潜存于未来的;既有内部的,也有外部的;既有静态的,也有动态的。风险识别的任务就是要从错综复杂的环境中找出经济主体所面临的主要风险。

3. 风险识别,一方面可以通过感性认识和历史经验来判断;另一方面也可以通过对各种客观的资料和风险事故的记录来分析、归纳和整理,以及必要的专家访问,从而找出各种明显和潜在的风险及其损失规律。因为风险具有可变性,因而风险的识别是一项持续性和系统性的工作,要求风险管理者密切注意原有风险的变化,并随时发现新的风险。

(三) 事项相互依赖性

事项通常不是孤立发生的,一个事项可能会引发另一个事项,事项也可能同时发生。在识别风险的过程中,管理层应当了解事项彼此之间的关系,通过评估这种关系,可以确定采取最佳风险应对的方法。

(四) 区分风险与机会

事项如果发生,可能具有负面影响,也可能具有正面影响,或者两者兼而有之。具有负面影响的事项代表风险,需要企业进行评估与应付。具有正面影响或抵消负面影响的事项代表机会。机会是一个事项将发生并对实现目标和创造价值产生正面影响的可能性,企业应当把代表机会的事项引入其战略或目标制订的过程中,通过明确的行动计划抓住这些机会。

1. 环境风险

当外部力量影响到企业的业绩,或是影响到企业在战略、运营、客户和供应商关系、组织结构以及融资方面的选择时,就出现了环境风险。这些外部力量包括:竞争对手和监管部门的行为、市场价格的变动、技术创新、产业基础的变化、市场资金供应状况等企业无法直接控制的外部因素。

2. 过程风险

当业务过程未能实现企业经营模式所规定的预计目标时,就产生了过程风险。例如,各种降低过程绩效的因素,包括:

① 业务过程与企业层面的经营目标和战略没有很好地结合起来;
② 未能有效满足客户要求;
③ 运营效率低下;
④ 减少了企业价值(没有实现保值增值);
⑤ 未能使企业的金融、实物、客户、雇员/供应商、知识与信息资产免受意外损失及风险,或免遭误用和滥用。

3. 决策所需信息风险

当企业据以制订决策的信息不充分、不及时、不正确或者与决策制定过程不相适合时,就出现了这种信息风险。

二、风险识别的控制目标

风险识别的控制目标为建立风险识别机制,对公司经营目标产生重大影响的风险因素进行预期与识别。

风险识别需要考虑所有可能发生的风险,并且需要考虑公司和相关外界之间的所有重大相互影响。风险识别需要关注的主要问题有存在哪些风险,哪些风险应予以考虑,引起风险的原因是什么,这些风险引起的后果及严重程度,风险识别的方法有哪些等。风险的识别应当以系统方法来进行,以确保组织的所有主要活动及其风险都被囊括进来,并进行有效的分类。风险识别也是一个重复的过程,需要针对环境的变化持续地进行。

有效的风险识别应当形成一个风险清单或风险库,列明公司面临的各种主要风险。

三、风险识别的关键控制点

建立风险识别机制对公司内部与外部风险因素进行预期与识别。公司应定期或不定期查找和发现各业务单元、各项重要经营活动及业务流程中的风险,收集与公司战略发展、市场环境、生产运营、财务管理、法律合规等相关的各类风险信息,以及历史数据和未来预测。建立风险评估机制对公司面临的风险因素重要性程序及发生的可能性进行分析。

公司应明确风险管理职能,根据管理活动和经营特点,对风险发生的可能性和风险发生的影响程度进行评价和分析。

企业在识别内部风险时应当关注下列因素:
(1) 董事、监事、高级管理人员的职业操守和员工专业胜任能力。
(2) 组织机构、经营方式、资产管理、业务流程等管理因素等人力资源因素。
(3) 研究开发、技术投入、信息技术运用等自主创新因素。
(4) 财务状况、经营成果、现金流量等财务因素。
(5) 营运安全、员工健康、环境保护等安全环保因素。
(6) 其他有关内部风险的因素。

企业在识别外部风险时应当关注下列因素:
(1) 经济形势、产业政策、融资环境、市场竞争、资源供给等经济因素。
(2) 法律、法规、监管要求等法律因素。
(3) 安全稳定、文化传统、社会信用、教育水平、消费者行为等社会因素。
(4) 技术进步、工艺改进等科学技术因素。
(5) 自然灾害、环境状况等自然环境因素。
(6) 其他有关外部风险的因素。

第四节 风险分析

一、风险分析概述

每一个企业都面对各种不同的内部和外部的风险,必须对这些风险进行评估。风险评估就是确定和分析企业实现其目标过程中的相关风险。风险分析是在风险识别的基础上,采用定性和定量相结合的方法,对风险发生的可能性和影响程度等事项进行分析和排序,确定重点关注的风险和优先控制的方法,以便为风险应对提供依据的过程。

风险评估的一个前提条件就是企业已确立目标,这些目标在各个层次上相互关联并且在企业内部是一致的。

（一）风险分析的背景

企业在分析风险时会考虑预期事项和非预期事项，大部分事项具有常规性和重复性，并且已经在企业的经营计划中体现，但有些事项是非预期的。企业应当评估可能对企业有重大影响的非预期的潜在事项及风险。

（二）固有风险和剩余风险

企业既要在固有风险的基础上对风险进行评估，又要在剩余风险的基础上对风险进行评估。固有风险是管理层在没有采取任何措施改变风险的可能性或影响程度的情况下，一个企业所面临的风险。剩余风险是在企业管理层应对风险之后企业仍然存在的风险。一旦风险应对已经就绪，企业管理层就应当考虑应对剩余风险了。

（三）发生可能性和影响程度

从发生的可能性和影响程度两个维度对企业的风险进行评估。"影响程度"维度又可细分为四个方面，分别是对企业目标与运营的影响、对企业财务的影响、对企业声誉的影响以及对企业安全健康环保的影响等。需要注意的是，评估风险所采用的时间范围应当与企业战略和目标的时间范围保持一致。

（四）风险分析技术

对风险进行评估的方法包括定性和定量技术。定性与定量相结合的方法主要包括问卷调查、集体讨论、专家咨询、情景分析、政策分析、行业标杆分析、管理层访谈、工作访谈与调查研究等。定量的方法主要包括统计推论、计算机模拟（蒙特卡洛分析）、失效模式与影响分析、事件树分析。

在不要求进行量化的地方，或定量评估所需要的充分可靠数据实际上无法取得，或获取和分析数据不具有成本效益原则时，企业可以采用定性评估技术。定量技术能带来更高的精确度，通常应用在更加复杂的活动中，以便对定性技术加以补充。

1. 风险评估系图

风险评估系图识别某一风险是否会对企业产生重大影响，并将此结论与风险发生的可能性联系起来。这种方法能够为确定业务风险的优先次序提供框架。如图 3.1 所示，与影响较小且发生的可能性较低的风险（在图中的点 C）相比，具有重大影响且发生的可能性较高的风险（在图中的点 A）更加亟待关注。每种风险的重大程度及影响会因企业结构的不同而有所不同。

2. 事件树

事件树分析（Event Tree Analysis，简称 ETA）起源于决策树分析（Decision Tree Analysis，简称 DTA），它是一种按事件发展的时间顺序由初始事件开始推论可能的后果，从而进行危险源辨识的方法。

一起事故的发生，是许多原因事件相继发生的结果，其中，一些事件的发生是以另一些事件首先发生为条件的，而一些事件的出现，又会引起另一些事件的出现。在事件发生的顺序上，存在着因果的逻辑关系。事件树分析法是一种时序逻辑的事故分析方法，它以一初始事件为起点，按照事故的发展顺序，分成阶段，一步一步地进行分析，每一事件可能的后续事件只能取完全对立的两种状态（成功或失败，正常或故障，安全或危险等）之一的原则，逐步向结果方面发展，直到达到系统故障或事故为止。所分析的情况用树枝状图表示，故叫事件树。它既可以定性地了解整个事件的动态变化过程，又可以定量计算出各阶段的概率，最终了解事故发展过程中各种状态的发生概率。

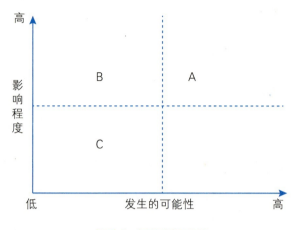

图 3.1　风险评估系图

二、风险分析的控制目标

风险分析的控制目标为从发生的可能性和影响程度两个方面对识别出的风险进行分析。识别风险后，需要采用定量或定性的方法对风险进行分析，分析的内容主要有：

(1) 估计风险的重要性程度及产生的影响。
(2) 评估风险发生的可能性（或频率、概率）。

三、风险分析的关键控制点

(1) 风险评估过程得到完整记录，并被恰当地反馈给相关责任人。
(2) 管理层对风险评估过程建立风险评估的反馈及信息沟通机制。

第五节　风险应对

一、风险应对概述

风险应对是指在确定了决策的主体经营活动中存在的风险，并分析出风险概率及其风险影响程度的基础上，根据风险性质和决策主体对风险的承受能力而制订的回避、承受、降低或者分担风险等相应防范计划。制订风险应对策略主要考虑四个方面的因素：可规避性、可转移性、可缓解性和可接受性。企业应当根据企业风险偏好、潜在风险应对措施的成本效益原则来评价各种风险应对措施，以及各种风险应对措施可以在多大程度上降低风险影响程度或发生可能性。

二、风险应对策略

风险应对主要策略包括以下几种方式：

1. 风险规避

风险规避是企业对超出风险承受度的风险，通过放弃或者停止与该风险相关的业务活动以避免和减轻损失的策略。

凡是风险所造成的损失不能由该项目可能获得的利润予以抵消时，规避风险是最简单可行的方法。规避方法包括根本不从事可能产生某种特定风险的经营活动或者中途放弃可能产生某种特定风险的经营活动等，通常情况下可以采用多种方法来规避风险。

规避风险的实例包括：① 退出某一市场以避免激烈的竞争；② 拒绝与信用不好的交易对手进行交易；③ 外包某项对工人健康安全风险较高的工作；④ 停止生产可能有潜在客户安全隐患的产品；⑤ 回避政治动荡的地区；⑥ 禁止各业务单位在金融市场进行投机，只准套期保值；⑦ 不准员工访问某些网站或下载某些内容。

规避风险策略的局限性在于：① 只有在风险可以规避的情况下，规避风险才有效果；② 有些风险无法规避；③ 有些风险可以规避但成本过高；④ 消极地规避风险，只能使企业安于现状，不思进取。

2. 风险分担

风险分担是企业准备借助他人力量，采取业务分包、购买保险等方式和适当的控制措施，将风险控制在风险承受度之内的策略。企业通过合同将风险转移到第三方，企业对转移后的风险不再拥有所有权。对于风险大、单方不可控、损失成本过高以及后果影响大的风险采取风险分担策略。

分担风险的实例包括：① 保险，保险合同规定保险公司为预定的损失支付补偿，作为交换，在合同开始时，投保人要向保险公司支付保险费；② 非保险型的风险转移，将风险可能导致的财务损失负担转移给非保险机构，如服务保证书等；③ 风险证券化，通过证券化保险风险构造的保险连接型证券（LLS），这种债券的利息支付和本金偿还取决于某个风险事件的发生或严重程度。

3. 风险降低

风险降低是企业在权衡成本效益之后，准备采取适当的控制措施降低风险或者减轻损失，将风险控制在风险承受度之内的策略。控制风险事件发生的动因、环境、条件等，来达到减轻风险事件发生时的损失或降低风险事件发生的概率的目的。风险降低的基本方法包括建立内控系统、内部审计、建立作业流程等多种控制活动。

风险降低的实例包括：① 全面预算管理；② 大额采购的招标制度；③ 固定资产的定期盘点；④ 关键绩效定期报告。

4. 风险承受

风险承受是企业对风险承受度之内的风险，在权衡成本效益之后，不准备采取控制措施降低风险或者减轻损失的策略。企业对所面临的风险采取被动接受的态度,从而承担风险带来的后果。对未能辨识出的风险,企业只能采用风险承担。

对辨识出的风险企业也可能缺乏能力进行主动管理,对这部分风险只能采用风险承受。例如,对于不可预见的风险,不可抗力或者在风险规避、风险分担、风险降低不可行时,或者上述活动执行成本超过接受风险的情况下,只能采用风险承受策略。对企业的重大风险,即影响到企业目标实现的风险,企业一般不应采用风险承受。

结合风险分析方法,企业在评估可能的风险应对策略时,应当考虑这些风险应对策略对风险发生可能性和影响程度的效果,使剩余风险水平与企业的风险承受度相协调。如图3.2所示。

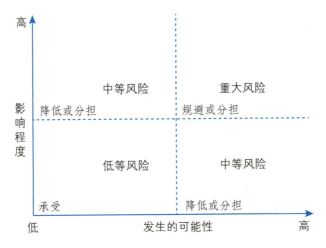

图3.2 风险应对策略与风险坐标图

在评估了各种备选风险应对策略的效果之后,企业应当决定如何管理这些风险应对组合,旨在使风险发生的可能性和影响程度处于风险承受度之内。

三、风险应对的控制目标

风险应对的控制目标为公司对所识别的风险采取有效的应对措施。在评估了相关风险之后,管理层需要确定如何应对风险,制订风险应对方案。

在考虑作出风险应对的过程中,管理层评估风险应对实施后风险可能性和影响的效应以及成本和收益,并选择一种可以使剩余风险维持在预期风险容忍度范围内的风险应对方案。管理层识别任何可以利用的机遇,评估公司总体的风险组合,确定总体剩余风险是否保持在公司的风险偏好范围内。

四、风险应对的关键控制点

1. 建立政策与程序对在日常经营活动中识别的风险因素采取适当的应对措施

管理层通过生产经营分析会形式,对经营过程中识别的风险及生产经营存在的问题和困难提出改进措施。每次生产经营分析会议议定的事项,承办单位或部门必须在要求的时限内落实,并由公司相关部门负责督办。

2. 建立政策与程序对识别的重大风险因素及例外事项采取适当的应对措施

建立对重大例外事项的报告和处理程序,如对经济环境、竞争环境、法律和法规、客户需求及资源供应等外部因素及对舞弊因素、信息系统财务(融资风险)、员工关系(包括薪酬在行业的竞争性)等内部风险因素建立了适当的管理程序。

3. 管理层对风险应对措施进行检查和监控,并建立报告渠道

管理层通过督办等方式实现对风险应对措施的检查和监控,如对市场风险应对、法律事项等;公司法律部门或法律顾问出席讨论重大的法律诉讼、对道德规范的违反及其调查结果;董事会及审核委员会对重大关联交易监控等。

对公司有重大影响的变化及重大风险应对措施应向董事会及其委员会汇报。

复习训练题

一、单选题

1. 风险的客观性是指: （ ）
   A. 风险是不以企业意志为转移,独立于企业意志之外的客观存在
   B. 个体或企业面临着各式各样的风险
   C. 只要风险存在,就一定有发生损失的可能
   D. 在一定条件下风险具有可转化的特性

2. 由于市价的变化而导致亏损的风险是: （ ）
   A. 市场风险　　　B. 政治风险　　　C. 操作风险　　　D. 法律风险

3. 由于缺乏可用资金而产生的到期无法支付应付款项的风险是: （ ）
   A. 政治风险　　　B. 操作风险　　　C. 信用风险　　　D. 流动性风险

4. 在风险管理过程中,风险评估的前提条件是: （ ）
   A. 目标设定　　　B. 事项识别　　　C. 风险分析　　　D. 风险应对

5. 根据风险识别结果,将企业面临的 A,B,C 三种事项标注在风险评估系图中,请按照风险重大程度将事件进行排序。 （ ）

A. A＜B＜C B. B＜C＜A C. C＜A＜B D. C＜B＜A

6. 对超出风险承受度的风险,通过放弃或者停止与该风险相关的业务活动以避免损失,该种策略是指: （ ）

A. 风险规避　　B. 风险降低　　C. 风险分担　　D. 风险承受

7. 以下内容描述的是风险分担的是: （ ）

A. 为了避免生产事故,企业停止生产

B. 为防止仓库进水,企业加高防洪门

C. 公司将应收账款转售给另一家公司

D. 企业将小额的损失计入经营成本

8. 对于对企业的重大风险,即影响到企业目标实现的风险,一般不应采用: （ ）

A. 风险规避　　B. 风险降低　　C. 风险分担　　D. 风险承受

二、多选题

1. 风险的定义包括以下哪些范畴: （ ）

A. 收益　　B. 损失　　C. 机会　　D. 不确定性

2. 风险的特性包括: （ ）

A. 客观性　　B. 普遍性　　C. 损失性　　D. 可变性

3. 企业在考虑行业风险时,应该注意的因素包括: （ ）

A. 生命周期阶段　　B. 波动性　　C. 集中程度　　D. 决策者的态度

4. 甲公司是在上海交易所上市的钢铁生产企业。甲公司60%的铁矿石从巴西淡水河谷公司进口。甲公司的长期债务中,银行借款占据80%。下列风险中,来自市场风险的有: （ ）

A. 利率风险　　　　　　　　B. 流动性风险

C. 商品价格风险　　　　　　D. 股票价格指数带来的股价风险

5. 目标设定阶段的目标,应该包括: （ ）

A. 战略目标　　B. 经营目标　　C. 报告目标　　D. 合规性目标

6. 风险承受度的含义包括: （ ）

A. 企业在实现其目标的过程中愿意接受的风险的数量

B. 作为风险偏好的边界

C. 企业采取行动的指标

D. 将该战略的既定收益与企业的风险偏好结合起来

7. 在风险分析方法中,定量的方法包括: （ ）

A. 问卷调查　　B. 统计推论　　C. 蒙特卡洛分析　　D. 事件树分析

8. 以下属于风险规避的行为有: （ ）

A. 退出某一市场以避免激烈的竞争

B. 拒绝与信用不好的交易对手进行交易

C. 外包某项对工人健康安全风险较高的工作

D. 保险合同规定保险公司为预定的损失支付补偿

三、判断题

1. 风险管理的目标是将企业面临的风险降低为零。 （ ）

2. 只要风险存在,就一定有发生损失的可能。 （ ）

3. 战略目标是企业高层次的目标,它与企业的使命、愿景相协调,并支持使命和愿景。
( )
4. 事项只有负面的影响。( )
5. 项目风险是指交易对方在账款到期时不予支付的风险。( )
6. 购买保险是风险承受的重要形式。( )
7. 管理层通过生产经营分析会形式,对经营过程中识别的风险及生产经营存在的问题和困难提出生产经营改进措施。( )

四、案例分析

1. 2004年12月1日,中国航油(新加坡)股份有限公司(以下简称中航油)通过新交所发布公告:公司正在寻求法院保护,以免受债权人起诉。此前公司出现了5.5亿美元(约合45亿元人民币)的衍生工具交易亏损。

一位知晓真相的人士透露,中航油巨亏的原因在于2003年下半年国际油价在40多美元时,卖出了大量的看涨期权,并且没有制订有效的风险控制机制;随着油价的不断攀升,中航油没有及时止损,反而不断追加保证金,最终导致油价攀升至每桶55.67美元时没有资金支持,不得不"暴仓"(注:暴仓是期货术语,指账户亏损额已超过账户内原有的保证金,即账户内保证金为零,甚至是负值,此时交易所有权对账户内所有仓单强制平仓)。

据上海源复企业管理咨询有限公司总经理刘涛介绍,按照我国现行制度,仅有7家央企被允许以套期保值为目的在国际期货市场上从事期货交易(中航油尚不在其中),"而中航油此次的失利完全是因为它从事了以获利为目的的投机交易,同时仓单数量大,方向还弄反了。几重罪过加身,它不'死'都难"。抛去这层不说,仅在中航油内部也有严格的金融风险控制机制。根据中航油内部规定,损失200 000美元以上的交易要提交给公司的风险管理委员会评估,而累计损失超过350 000美元的交易必须得到总裁的同意才能继续,任何将导致500 000美元以上损失的交易将自动平仓。中航油共有10位交易员,也就是说,损失的最大上限是500万美元。"可是由于中航油在去年底采用的是卖出看涨期权这种收益不大风险却很大的交易方式,因此一旦油价走向与中航油的预期相反,则中航油面临的风险就将被成倍放大。"一位资深期货界人士告诉记者。

有知情者分析,中航油2003年的年报之所以如此漂亮(2003年年报盈利5 427万美元)可能是因为在2003年下半年它们收取了大量的期权保证金,从而增加了投资利得,"去年种的苦果今年就成为了致命的毒酒"。

通过中航油公司巨亏事件始末,分析风险评估对于公司的价值。

2. A_1、A_2两方案投资分别为450万元与240万元。经营年限为5年,销路好的概率为0.8,销路差的概率为0.2。A_1方案销路好、销路差的每年损益值分别为250万元和-50万元,A_2方案每年损益值分别为100万元和40万元。

据此绘制决策树并作出分析决策。

第四章

控制活动

先导案例

2018年7月4日,四川省广元市纪委监委收到广元市房地产经营公司财务人员举报,"我公司有发票存在伪造痕迹,多数可能都是复制或者代签的,根本不是我们领导的签字"。经查实,该公司财务部副经理何某利用主持公司财务部工作的便利,窃取国有资金345万余元、挪用国有资金30余万元,被开除党籍、开除公职。[①]

由于沉迷网络赌博游戏,2017年1月3日,何磊窃取了第一笔国有资金,他以"支付补偿款"名义复制、伪造财务凭证并仿照公司领导签字,将28.37万元转账到他实际控制的某个银行账户,再通过支付宝将钱转出。有了第一次就有第二次,何某的胆量和他的亏空一样越来越大。经查实,何某最多一次,仅单笔就挪用了250余万元,这笔钱来自转移支付的征迁过渡费。除去大额的资金,欲壑难填的何某对小额支出也打起了算盘。他先后虚构缴纳拍卖保证金、学习考察等借支21万余元,仿照领导签字填写借款单从公司借支5万元,还3次挪用财务部留存备用金4万元。截至案发,何某通过各种方式转移资金38次,平均每半个多月就有一次。如此频繁的"操作"也曾引起财务人员的质疑,但是何某立马抬出"领导意思"来做挡箭牌,或以"我在主持财务部工作"的理由把质疑声压下去。与此同时,何某还千方百计对上面隐瞒。"我说什么他们都信。"何某接受调查时称,"领导不懂财务专业,除了信我,还能信谁?"

---

① 刘玥,陈诗文.财务经理深陷网络赌博,输光家产后伪造领导签字挪用公款[EB/OL].(2018-9-26)[2020-01-07].http://sichuan.scol.com.cn/ggxw/201809/56549738.html.

第一节 控制活动概述

一、控制活动概述

控制活动是有助于确保管理层的风险反映被执行的一些方针政策和程序,它有助于确保采取必要的行动进行风险管理以保证公司总体目标的实现,贯穿于公司的所有级别和职能部门。它一般包括不相容职务分离控制、授权审批控制、会计系统控制、财产保护控制、预算控制、运营分析控制和绩效考评控制等。控制活动中的政策主要是指企业进行风险控制的制度文档,而程序主要是指人们直接或通过技术的应用来执行政策的行动,是一个动态的执行过程。

企业选定了风险应对策略之后,就要开始确定这些风险应对得以恰当和及时实施所需的控制活动。在选择控制活动的过程中,企业要考虑控制活动是如何彼此关联的。在一些情况下,一项单独的控制活动可以实现多项风险应对。而在另一些情况下,一项风险应对需要多项控制活动。此外,企业可能会发现现有的控制活动足以确保新的风险应对得以有效执行。

二、控制活动的类型

控制活动按照不同的分类标准可以划分为不同的类型:

(一) 按照控制活动的目标进行分类

控制活动可分为战略目标控制活动、经营控制活动、财务报告控制活动和合规性控制活动。

(1) 战略目标控制活动是指能够满足战略目标实现的控制活动。
(2) 经营控制活动是指能够满足经营活动效率与效果目标的控制活动。
(3) 财务报告控制活动是指能够满足财务报告目标的控制活动。
(4) 合规性控制活动是指能够满足合规性目标的控制活动。

(二) 按控制内容划分

控制活动可分为公司层面控制和业务活动层面控制。

1. 公司层面控制

公司层面的控制是管理层为确保在整个机构范围包括各业务单位内存在恰当的内部控制而设置的控制。主要有内部环境范围内的控制,包括高层管理者的态度、权限和职责分工、统一的政策和程序以及公司范围内的程序,如行为准则和舞弊行为防范;管理层的风险评估流程；集中化的处理和内部控制；监控其他内部控制的控制，包括内部审计职能、审核委员会及自我评估程序；经济活动分析；财务会计报告流程。

2. 业务活动层面的控制

业务活动层面的控制是指直接作用于公司生产经营业务活动的具体控制，亦称业务控制。如业务处理程序中的批准与授权、审核与复核以及为保证资产安全而采用的限制接近等控制。

（三）按控制活动的作用划分

控制活动可以分为预防性控制、检查性控制、纠正性控制和补偿性控制。

1. 预防性控制

预防性控制可以用来防止问题的发生，是一种事前和事中的控制措施，相对其他控制措施而言，对风险控制的有效性最高，但基于成本效益原则的考量，预防性控制的控制成本相对而言也最高。因此，一般提倡在对重要风险进行控制的基础上，考虑成本效益的原则，选择适合公司风险和控制目标的预防性控制活动。

2. 检查性控制

检查性控制能够有助于企业在问题发生时迅速地察觉风险所造成的潜在损失，并通知相关人员采取行动。检查性控制是一种事中和事后的控制概念。其成本相对于预防性控制较低。

3. 纠正性控制

纠正性控制措施的作用在于改正被侦测到的问题，以利于企业顺利地运作，从而能够达成既定的目标。纠正性控制程序主要包括：找出造成问题的原因；改正已经发生的错误或障碍；修改现有的控制制度或程序，以消除或降低未来发生类似问题的可能性。纠正性控制的成本相对比较低。

4. 补偿性控制

补偿性控制主要是针对某些环节的不足或缺陷而采取的补充性质的内部控制。在某项控制措施无法完全满足控制目标的情况下，企业可以考虑采用附加性的控制活动，结合原先的控制措施，共同满足既定的控制目标的要求。

如果风险能在事前予以预防，则能保障组织的顺利运作与目标的达成。因此，在满足成本效益原则的前提下，企业应优先采用预防性控制。但是，企业必须认识到预防性控制等事前和事中的控制并非是万能的，因成本效益原则的考虑以及业务人员在实际操作中的故意规避而变得失效。因此，企业应该倡导各种类型的控制，包括检查性控制、纠正性控制和补偿性控制等综合发挥控制作用，以帮助企业整体控制目标的达成。

（四）按照控制手段划分

控制活动可分为手工控制和自动控制。

1. 手工控制

以手工方式执行，而不是以计算机系统进行的控制。

2. 自动控制

由计算机执行的控制。

根据我国《内部控制基本规范》，控制措施一般包括：不相容职务分离控制、授权审批控制、会计系统控制、财产保护控制、预算控制、运营分析控制和绩效考评控制等。

控制活动分类如图 4.1 所示。

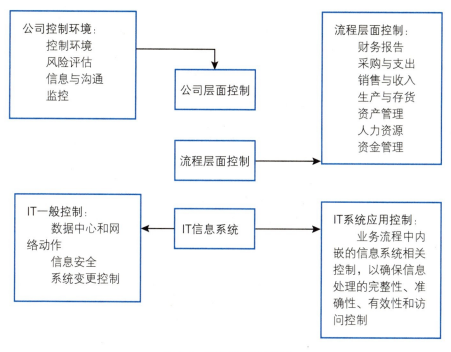

图 4.1 控制活动分类图

第二节 不相容职责分离

一、不相容职务分离控制的含义

不相容职务分离,也称"职责分工控制",是指企业将各项业务流程中所涉及的不相容职务实施相互分离的控制措施。不相容职务主要是那些如果由一个人担任既可能发生错误和舞弊行为,又可能掩盖其错误和舞弊行为的职务,一般包括授权批准与业务经办、业务经办与会计记录、会计记录与财产保管、业务经办与稽核检查、授权批准与监督检查等。

不相容职务分离的核心是"内部牵制"。对于不相容职务如果不实行相互分离的措施,就容易发生错误和舞弊行为。例如,在物资采购活动中,采购业务的审批与采购业务的办理就属于不相容职务,如果这两个职务由同一名员工担当,就会出现这名员工既有权决定采购什么、采购多少、从哪采购、何时采购、价格如何,又可以在没有其他人参与的情况下独自将上述采购活动付诸实施。显然,没有其他岗位人员的监督和制约,物资采购业务是很容易发生舞弊行为的。

二、不相容职务分离控制的要求

不相容职务分离控制要求企业全面系统地分析、梳理业务流程中所涉及的不相容职务,实施相应的分离措施,形成各司其职、各负其责、相互制约的工作机制。企业在设计、建立内部控制制度时,首先应确定哪些岗位和职务是不相容的;其次要明确规定各个机构和岗位的职责权限,使不相容岗位和职务之间能够相互监督、相互制约,形成有效的制衡机制。其原则一般包括:

第一,批准进行某项经济业务的职责与执行该项业务的职责要分离。
第二,执行某项经济业务的职责与财产保管业务的职责要分离
第三,执行某项经济业务的职责与记录该项业务的职责要分离。
第四,执行某项经济业务的职责与审核监督该项业务的职责要分离。
第五,执行某项经济业务的职责与财务物资使用主体的职责要分离。
第六,记录该项业务的职责与财产保管业务的职责要分离。

常见的不相容职责分离的情形如图4.2所示。

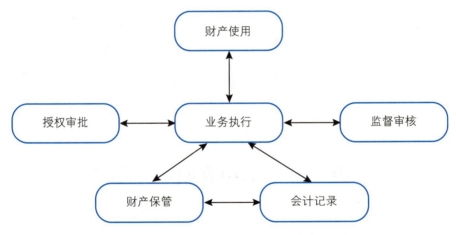

图4.2 常见的不相容职责分离的情形

三、不相容职务分离控制的内容

常见的不相容职务主要有以下几种:

1. 业务的批准与执行职责分离

批准交易的职责与经办交易的职责不应由一个人兼任。例如,批准付款与签发付款支票。

2. 业务的执行与记录职责分离

执行交易的人员不能兼任对该交易的记录。例如,采购员、销售员不得同时兼任记账、出纳工作。

3. 各种会计责任之间相互分离

一项业务活动从填制凭证到最后的归入总分类账的过程应由不同的人员完成。例如,

记录现金日记账的职责应与记录销售日记账的职责相分离,记录明细账、日记账的职责应与记录总账的职责相分离。

4. 资产的保管与会计职责分离

保管资产的人不能兼任该项资产的会计工作。例如,出纳员不得负责登记现金总账和应收账款账。

5. 资产的保管与账实核对职责分离

负责账实核对的人员应由保管资产以外的人员担任。

6. 计算机信息系统部门内部以及信息部门与使用部门之间职责分离

信息部门内部应分离的职责包括系统分析、程序设计、电脑操作和数据控制。信息部门应独立于使用部门。

日常业务活动中不相容职务分离控制举例如表 4.1 所示。

表 4.1 日常业务活动中不相容职务分离控制举例

业务活动	不相容职务	分离原则
货币资金业务	会计职务与出纳职务分离,出纳不得兼任稽核、会计档案的保管和收入、支出、费用、债权、债务账目的登记工作; 会计职务与审计职务分离; 支票保管职务与印章保管职务分离; 支票审核职务与支票签发职务分离,支票签发职务由出纳担任,其他会计人员不得兼任; 银行印鉴保管职务、企业财务章保管职务、人名章保管职务分离,不得由一人保管支付款项所需的全部印章	不得由同一部门或人办理货币资金业务的全过程
采购业务	批准采购职务与采购经办职务分离; 询价定价职务与确定供应商职务分离; 采购职务与验收职务分离; 付款审批与付款执行职务分离; 采购职务、入库登记、会计记录职务分离	不得由同一部门或人办理采购业务的全过程
销售业务	信用调查、批准赊销与办理销售业务职务分离; 合同谈判人员与签订合同的人员相分离; 编制销售发票通知单、开具销售发票、复核发票应分设三个岗位相互分离	不得由同一部门或人办理销售业务的全过程

建立不相容职务分离控制不但可以降低舞弊风险,还能较容易地发现非故意的人为错误。但是,当两人或两人以上串通舞弊,不相容职务分离也可能是无效的。

第三节 授权审批控制

一、授权审批的含义

授权审批控制是指企业员工在进行各项经济业务时,必须经过授权才能实施,业务经办人员要在授权范围内行使职权和承担责任,并履行相关审批程序。授权审批控制可细分为授权控制和审批控制。

1. 授权控制

授权是指授予某个部门或某个职位员工对某类业务或某项业务进行决策、处理的权力。授权控制要求没有得到授权的部门或个人无权决策、处理某类业务或某项业务;获得授权的部门或个人应当在授权范围内行使职权和承担责任。

2. 审批控制

审批是指对某类业务或某项业务的办理必须经过审查和批准才能付诸实施,包括审批人的规定和审批程序的规定。审批控制要求没有得到审查批准的业务活动一律不得实施。

二、授权审批的要求

授权审批控制要求企业根据常规授权和特别授权的规定,明确各岗位办理业务和事项的权限范围、审批程序和相应责任。授权审批控制的目的在于保证每一笔业务都必须经过授权才能发生。经过授权,可以尽可能减少不合法或不合规、不合理业务的发生,从而保证决策和计划得以正确执行。

授权审批控制要求企业根据一般授权和特别授权的规定,明确岗位办理业务和事项的权限范围、审批程序和相应的职责。

三、授权审批控制的程序与形式

在公司制企业中,通常的授权审批程序是股东大会授权董事会,董事会授权公司总经理,总经理授权有关部门经理,部门经理授权具体岗位的负责人和经办人员。一般情况下,企业每一层级的管理人员既是上级管理人员的授权对象,又是对下级管理人员的授权主体。

授权审批控制的形式通常有常规授权和特别授权。

1. 常规授权

常规授权也称"一般授权",是指企业在日常经营管理活动中按照既定的职责和程序进行的授权,它是对办理常规性经济业务的权力、条件和有关责任者作出的一般性规定,其时效性一般较长。

常规授权通常是在对管理人员的职务任命时确定的,也可以采用岗位责任制、权限指引管理制度,以及下发"红头文件"等授权形式予以明确。例如,某公司现金管理制度规定:"工作人员到财务部门借款,必须经过总会计师的签字批准。"根据此项制度,总会计师即可行使审批现金借款的权力。

2. 特别授权

特别授权一般采用书面的"一事一授"的方式进行明确。例如,某公司的总会计师因为出国考察一个月,所以签署授权书规定:"本总会计师出国考察期间,授权财务部经理行使总会计师在资金审批上的职权。"根据此授权书,财务部经理即可行使总会计师在审批资金上的权力。

(三)常规授权与特别授权的区分

企业要准确判断哪些事项应该采用常规授权,哪些事项应该采用特别授权,有时是比较困难的。通常的方法是凡是经常发生的、重复发生的、金额比较小的事项采用常规授权;反之,不经常发生的、不具有重复性、涉及金额比较大的事项,则采用特别授权。

企业各级管理人员应当在授权范围内行使职权和承担责任。企业对于重大的业务和事项,应当实行集体决策审批或者联签制度,任何个人不得单独进行决策或者擅自改变集体决策。

(四)授权审批控制的原则

1. 授权审批要有依据

企业各级管理人员要依据法律法规、规章制度、公司治理结构、决议规定等正式文件实施授权审批,不能因人授权、随心所欲。

2. 授权审批要有界限

授权人对下级的授权必须在自己的权力范围内,不能超越自己的权限进行授权;被授权人要在授权人界定的范围内行使职权,不能超越授权范围,滥用职权。

3. 授权审批要有尺度

授权人既不能"疑人不用",不愿放权;又不能"用人不疑",过度放权。权力下放的合理尺度要以有利于生产经营活动的顺利进行、有利于企业控制目标的实现为标准。

4. 授权审批要有责任

授权审批要遵循权责一致原则,授权人和被授权人所拥有的权力应当与其所承担的责任相互适应。既不能拥有权力,而不承担责任;也不能只承担责任,而不授予权力。

5. 授权审批要有监督

绝对权力必然产生绝对腐败。因此,企业所有拥有权力的人员和岗位都要接受有效的监督,都要实现有效的控制。

四、授权审批控制的内容

不论采用哪种授权审批形式,企业都必须建立严密的授权审批控制体系。企业的授权审批通常包括如下内容:

1. 授权审批的范围

企业所有的经营管理活动都应当纳入授权审批的范围，它不仅包括人力、财力、物力各方面的授权审批，也包括供应、生产、销售各环节的授权审批，还包括业务活动的计划、组织、协调、报告、分析、考核、奖惩等事项的授权审批。总之，在授权审批的范围上，不能存在真空地带，所有的经营管理活动应该在授权审批的制度、规定、程序、办法、文件中有明确的规定。

2. 授权审批的层次

企业应当根据业务活动的重要性和涉及金额的大小等情况，将审批权限分配给不同的管理层次。例如，对于重要的、金额大的事项，审批权限应该授予董事会、总经理等高层机构或人员；对于影响不大、金额较小的事项，审批权限可以授予下级管理层次。这样，就会在企业内部形成一个严密的、层次清晰的授权审批控制体系，既有利于不同管理层次之间的合理分工，又有利于调动各级管理人员的工作积极性和主动性。

3. 授权审批的责任

在授权审批控制中，授权者和被授权者都应当明确自己承担的责任，通常情况下，授权者应当承担由于授权不当、监督检查不力所导致不良后果的责任；被授权者应当承担由于用权不当、工作失误所导致不良后果的责任。

4. 授权审批的程序

授权审批的程序体现在两个方面：一是授权人要按照企业法定的授权程序办理授权审批事宜；二是企业经营管理活动中需要授权审批的事项都要规定科学、合理、相互关联的审批程序，避免越级审批、违规审批事件的发生。

第四节 会计系统控制

一、会计系统控制的含义

会计系统是指公司为了汇总、分析、分类、记录、报告公司交易，并保持相对资产和负债的受托责任得以承担而建立的方法和记录的工作系统。会计系统控制要求企业严格执行国家统一的会计准则和制度，加强会计基础工作，明确会计凭证、会计账簿和财务会计报告的处理程序，保证会计资料真实完整。

会计系统从原始凭证到记账凭证、从明细账到总账、从会计账簿到会计报表，其实都是为了确认、记录和报告企业发生的经济业务，并保持相关资产和负债的受托责任而建立的各种会计记录手段、会计政策、会计核算程序、会计报告制度和会计档案管理制度等的总称。

二、会计系统控制的要求

会计系统控制要求企业严格执行国家统一的会计准则制度，加强会计基础工作，明确会计凭证、会计账簿和财务会计报告的处理程序,保证会计资料真实完整。

企业应当依法设置会计机构,配备会计从业人员。会计机构负责人应当具备会计师以上专业技术职务资格。大中型企业应当设置总会计师。设置总会计师的企业,不得设置与其职权重叠的副职。

三、会计系统控制的方式

在会计系统控制中,核心的控制方式是会计记录控制,其主要内容如下:

1. 凭证控制

会计系统的重要组成部分之一就是凭证控制。凭证是证明业务发生的证据,也是执行业务和记录业务的依据。企业应当设计和使用适当的凭证记录,以确保所有的资产均能得到恰当的控制,以及所有业务都能全面、完整、准确地记录。具体要求包括:

(1) 凭证种类要齐全。凡经济活动涉及的业务都应能从凭证上反映出来。

(2) 凭证内容要完整。如果一项业务涉及不同的部门,应当从凭证上反映出不同部门的责任和权力。

(3) 凭证要预先连续编号。凭证编号可以控制企业签发的凭证数量,以及相应交易涉及的其他凭单和文件,如支票发票、订单、存货收发单的使用情况,既便于查询,又避免重复或遗漏。同时,凭证的连续编号一定程度上可以减少不法分子利用抽取发票、截取银行收款凭证等手段进行营私舞弊的可能性。预先连续编号可以有效防止发生漏记或重复记录的现象。

(4) 空白收据和支票应当由专人负责保管。

2. 复式记账

复式记账能够将企业发生的经济业务按其来龙去脉、相互联系,全面系统地记入有关账户,使各账户全面、系统地反映各会计要素具体内容的增减变动情况及其结果。通过复式记账,有利于保证会计记录的准确、无误,从而保证会计信息的正确性和完整性。

3. 统一会计科目

企业应根据会计准则的规范要求和经营管理的实际需要,统一设定会计科目。特别是集团性公司更有必要统一各子公司、分公司的会计科目,以利于统一口径、统一核算,便于汇总对比、分析。

4. 会计政策

会计政策是企业进行会计核算和编制会计报表时所采用的具体原则、方法和程序。对于会计准则和其他财经法规有硬性规定的、没有选择余地的会计处理方法,企业必须严格遵守;对于同一经济业务允许采用多种会计处理方法的,企业应根据发展战略、经营管理和内部控制的要求,在会计准则的框架范围内制订适合本企业的会计政策。

5. 结账与对账程序

结账是在将本期发生的全部经济业务登记入账的基础上,计算并记录本期账目发生额和期末余额的账务处理工作。在结账的基础上,企业还需要进行总账与明细账、本单位的账与外单位的账、会计部门的账与内部其他部门的账及账簿记录与实物情况之间的核对。通过结账与对账程序,可以及时发现会计信息的差错以及经营活动中的漏洞和舞弊行为。

四、会计系统控制的主要内容

会计系统控制的主要内容包括货币资金、实物资产、对外投资、工程项目、采购与付款、筹资、销售与收款、成本费用、担保等经济业务的会计控制。

1. 货币资金控制

企业应当对货币资金收支和保管业务建立严格的授权批准制度,办理货币资金业务的不相容岗位应当分离,相关机构和人员应当相互制约,确保货币资金的安全。

2. 实物资产控制

企业应当建立实物资产管理的岗位责任制度,对实物资产的验收入库、领用、发出、盘点、保管及处置等关键环节进行控制,防止各种实物资产被盗、毁损和流失。

3. 对外投资控制

企业应当建立规范的对外投资决策机制和程序,通过实行重大投资决策集体审议联签等责任制度,加强投资项目立项、评估、决策、实施、投资处置等环节的会计控制,严格控制投资风险。

4. 工程项目控制

企业应当建立规范的工程项目决策程序,明确相关机构和人员的职责权限,建立工程项目投资决策的责任制度,加强工程项目的预算、招投标、质量管理等环节的会计控制,防范决策失误及工程发包、承包、施工、验收等过程中的舞弊行为。

5. 采购与付款控制

企业应当合理设置采购与付款业务的机构和岗位,建立和完善采购与付款的会计控制程序,加强请购、审批、合同订立、采购、验收、付款等环节的会计控制,填补采购环节的漏洞,减少采购风险。

6. 筹资控制

企业应当加强对筹资活动的会计控制,合理确定筹资规模和筹资结构,选择筹资方式,降低资金成本,防范和控制财务风险,确保筹措资金的合理、有效使用。

7. 销售与收款控制

企业应当在制订商品或劳务等的定价原则、信用标准和条件、收款方式等销售政策时,充分发挥会计机构和人员的作用,加强合同订立、商品发出和账款回收的会计控制,避免或减少坏账损失。

8. 成本费用控制

企业应当建立成本费用控制系统,做好成本费用管理的各项基础工作,制订成本费用标准,分解成本费用指标,控制成本费用差异,考核成本费用指标的完成情况,落实奖罚措施,降低成本费用,提高经济效益。

9. 担保业务控制

企业应当加强对担保业务的会计控制,严格控制担保行为,建立担保决策程序和责任制度,明确担保原则、担保标准和条件、担保责任等相关内容,加强对担保合同订立的管理,及时了解和掌握被担保人的经营和财务状况,防范潜在风险,避免或减少可能发生的损失。

第五节 财产保护控制

一、财产保护控制的含义

财产保护控制是指采取限制接近等一系列控制方法，保护企业财产的安全完整。财产保护的对象主要是实体资产，包括现金及有价证券、库存和其他实物资产。

二、财产保护控制的要求

财产保护控制要求企业建立财产日常管理制度和定期清查制度，采取财产记录、实物保管、定期盘点、账实核对等措施，确保财产安全。企业应当严格限制未经授权的人员接触和处置财产。这里所述的财产主要包括企业的现金、库存以及固定资产等，它们在企业资产总额中的比重较大，是企业进行经营活动的基础，因此，企业应加强实物资产的保管控制，保证实物资产的安全、完整。

三、财产保护控制的内容

财产保护控制包含的范围比较广泛，从理论上讲，内部控制的各种方法都具有保护财产安全的作用。财产保护包括采用财产记录，使用保险箱储存现金和重要文件，为大楼设立门禁系统，为贵重财产采用双重保险（两人同时在场才能取得某项资产），定期盘点，雇佣保安和利用闭路电视摄像头监控等措施。

一般而言，财产保护控制主要包括以下几方面的内容。

1. 限制接近

限制接近是指严格限制未经授权的人员对有关资产的直接接触，即只有经过授权批准的人员才能接触有关资产。限制接近包括限制对资产本身的接触和通过文件批准方式对资产使用或分配的间接接触。一般情况下，对货币资金、有价证券、贵重物品、存货等变现能力强的资产，必须限制无关人员的直接接触。

（1）限制接近现金。现金收支及库存的管理应该限于出纳人员。出纳人员要与登记现金收支及结存账簿的会计人员、登记应收账款的会计人员相分离；现金的收付、存取、保管要采取可靠措施，保护现金资产的安全。

（2）限制接近存货。存货实物的保护应有专职的仓库保管员负责控制。一般企业可以通过设置分离、封闭的仓库区域，以及非库管人员不得进入仓库区域等控制方式来实现。在零售企业中，存货的实物保护可以通过在营业时间中和营业时间后控制接近库房的方式来实现。对于贵重物品使用保险容器储存，或聘用专人日常巡视和采用某些监控设备等，都是财产保护控制的重要措施。

（3）限制接近其他易变现资产。其他易变现资产主要是指应收票据和有价证券等。对于这些资产，可以采用确保两个人同时接近资产的方式加以控制。例如，存放有价证券的保险柜必须要有两名以上人员同时使用各自不同的钥匙才能开启；在处理易变现资产时，要求由两名以上人员共同签名等。

2. 资产盘点

资产盘点是指对资产进行实物清点，并将盘点结果与会计记录进行核对，以达到保护资产安全和完整的目的。企业应当重视会计账簿与保管账簿的账账相符管理，因为只有在确保账账相符的前提下，进行资产盘点才有实际意义，资产盘点应当根据实际需要定期和不定期举行。

（1）盘点结果与会计记录核对。对实物资产进行盘点并与账簿记录核对一致，可以在很大程度上保证实物资产的安全。通过实物盘点，可以发现资产管理中存在的缺陷和漏洞，并通过后续的改进措施来防范实物资产的流失。

（2）差异分析与调整。由于财产溢余、短缺或会计记录错误等原因，在盘点时经常会出现盘点结果与账面记录不一致的情况。实物盘点结果与有关会计记录之间的差异应由独立于保管和记录职务的人员进行调查，为防止差异再次发生，应详细分析造成差异的原因，落实相关人员的责任，并根据资产性质、现行制度以及差异大小，有针对性地采取有关控制措施。

3. 记录保护

记录保护是指应当妥善保管涉及资产的各种文件资料，避免记录毁损、遗失、被盗和破坏。

（1）限制接近。要严格限制非相关人员接近有关资产的会计记录，以保持保管批准和记录职务分离的有效性。

（2）妥善保存。会计记录应妥善保存，应设置专门的档案室、档案柜等保护设施保存会计记录文件，减少会计记录受损、被盗或被毁的可能性。

（3）备份管理。对于某些重要的信息资料，应留有后备记录或备份记录，以便在遭受意外损失或毁坏时可以恢复。

4. 财产保险

财产保险是指投保人根据合同约定，向保险人交付保险费，保险人按保险合同的约定对所承保的财产及其有关利益因自然灾害或意外事故造成的损失承担赔偿责任的财产保护措施。企业应通过财产投保来增加实物资产受损后补偿的程度或机会，将资产受损时对企业带来的影响降低到最低程度，从而确保财产安全完整，保值增值。

第六节　预算管理控制

一、预算控制的含义

预算控制是指企业通过实施全面预算管理制度,建立以预算为标准的经营活动管理控制系统,实现企业经营活动、投资活动、财务活动的全面控制和管理。

全面预算和全面预算管理是两个不同的概念。其中,全面预算是指企业对一定期间经营活动、投资活动、财务活动等作出的预算安排,包括经营预算、投资预算和财务预算;全面预算管理是指企业按照规定程序编制一定期间的经营活动、投资活动和财务活动预算,并以预算为标准,对预算的执行过程和结果进行控制、核算、分析、考核等一系列管理控制活动的过程。

二、预算控制的要求

预算控制要求企业实施全面预算管理制度,明确各责任单位在预算管理中的职责权限,规范预算的编制、审定、下达和执行程序,强化预算约束。

企业通过预算控制,使得经营目标转化为各部门、各岗位、每个人的具体行为目标,作为各责任企业的约束条件,能够从根本上保证企业经营目标的实现。

预算编制是企业实施预算管理的起点,也是预算管理的关键环节。企业采用何种方法、何种编制流程来编制预算,对预算目标的实现有着至关重要的影响,从而直接影响到预算管理的效果。预算编制完成后便开始进行执行阶段,企业各部门在生产经营及相关的各项活动中,需要按照预算办事。同时,还应明确各项业务的授权审批权限及审批流程,对于无预算或者超预算的项目进行严格控制。企业应定期检查预算执行情况,必要时予以调整。通过相关数据的对比分析,找出差异的原因及应采取的措施。最后,企业还应该制订相关的考核指标,并定期对预算执行情况进行严格的考核。

三、预算控制的内容

全面预算管理包括预算编制、预算执行和预算考评三大基本环节。其中,预算编制环节包括拟定预算目标、预算编制、预算审批等内容;预算执行环节包括预算分解与落实、预算执行、预算控制、预算核算、预算调整、预算报告、预算审计等内容;预算考评环节包括预算分析、预算考评、预算奖惩等内容。三大基本环节及各项内容之间相互关联、相互作用、相互衔接,并周而复始地循环,从而实现对企业所有经济活动的科学管理与有效控制。全面预算管理的基本环节与内容如图4.3所示。全面预算管理各个环节的主要内容如下:

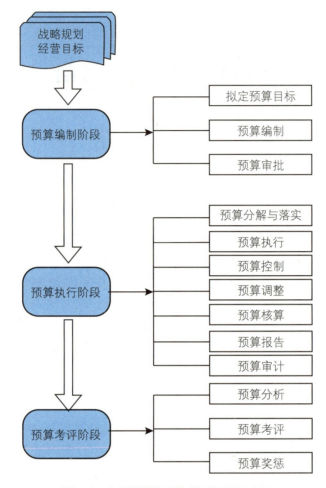

图 4.3 全面预算管理的基本环节和内容

（一）预算管理过程

1. 拟定预算目标

预算目标是预算期内企业各项经济活动所要达到的结果，是落实到各预算部门的、具体的责任目标值。在安排各预算部门编制预算草案之前，首先需要企业管理者根据战略规划和年度经营目标拟定企业及各预算部门的预算目标，作为编制全面预算的主线和方向。

2. 预算编制

企业各预算部门根据预算决策机构下达的预算目标和预算编制大纲，综合考虑预算期内市场环境、资源状况、自身条件等因素，按照"自上而下、自下而上、上下结合"的程序编制预算草案。

3. 预算审批

首先，企业预算管理部门对各预算部门上报的预算草案进行审查、汇总，提出综合平衡的建议，对审查、平衡过程中发现的问题及时提出调整意见，并反馈给有关部门予以修正。其次，在企业有关部门进一步修订、调整、平衡的基础上，汇总编制企业全面预算草案经公司总经理签批后提交董事会或股东（大）会审议批准。

4. 预算分解与落实

全面预算审批下达后,企业管理者要通过签订预算责任书的方式将预算指标层层分解、细化,从横向和纵向两个方面将预算指标落实到企业内部各预算执行部门,形成全方位的预算执行责任体系。

5. 预算执行

在整个预算期内,企业的各项经济活动都要以全面预算为基本依据,确保全面预算的贯彻执行,形成以全面预算为轴心的企业经济活动运行机制。

6. 预算控制

预算控制是按照一定的程序和方法,确保企业及各预算部门落实全面预算、实现预算目标的过程,它是企业全面预算管理顺利实施的有力保证,企业通过预算编制为预算期的各项经济活动制订了目标和依据,通过预算执行将编制的预算付诸实施,通过预算控制确保预算执行不偏离预算的方向和目标。

7. 预算调整

预算调整是在预算执行过程中,对现行预算进行修改和完善的过程。因为预算是指导和规划未来的经济活动,编制预算的基础很多都是假设,如果在预算执行中发生预算指标或预算内容与实际情况大相径庭,就必须按照规定的程序对现行预算进行符合实际情况的调整。

8. 预算核算

为了对预算的执行情况和执行结果进行计量、考核和反映,企业必须完善预算核算体系,建立与各部门责任预算口径相一致的责任会计制度,包括原始凭证的填制、账簿的记录、费用的归集和分配,内部产品及劳务的转移结算,收入的确认,以及最终经营业绩的确定和决算报表编制等核算内容。

9. 预算报告

预算报告是指采用报表、报告、通报等书面或电子文档形式对预算执行过程和结果等信息进行的统计、总结和反馈。它既包括日常预算执行情况的报告,也包括预算年度结束后,对全年预算执行结果进行的决算报告。

10. 预算审计

预算审计是企业内部审计部门对全面预算管理活动的真实性、合法性和效益性进行的审计监督,通过审查评价预算管理体系的效率和效果,维护全面预算管理的严肃性、合法性和真实性,促进企业各预算执行部门改善预算管理、提高经济效益。

11. 预算分析

预算分析是指采用专门方法对全面预算管理活动全过程所进行的事前、事中和事后分析。其中,对预算执行结果的分析是重点,目的是确定预算执行结果与预算标准之间的差异,找出发生差异的原因,并确定其责任归属,为预算考评提供依据。

12. 预算考评

预算考评是对企业全面预算管理实施过程和实施效果进行的考核和评价,既包括对企业全面预算管理活动实施效果的全面考评,也包括对预算执行部门和预算责任人的考核与业绩评价。

13. 预算奖惩

预算奖惩是按照预算责任书中确定的奖惩方案,根据预算执行部门的预算执行结果对各预算部门进行奖惩兑现。预算奖惩是全面预算管理的生命线,是预算激励机制和约束机制的具体体现。通过建立科学的奖惩制度,一方面能使预算考评落到实处,真正体现权、责、利的结合;另一方面能有效引导人的行为,使预算目标和预算行为协调一致。

(二)常见的经营预算种类

从财务角度来说,经营预算方法基本包括以下几个类别:

1. 固定预算方法与弹性预算方法

(1)固定预算方法是按照某一固定的业务量(如生产量、销售量、工时等)编制预算的一种方法,按此法编制的预算称为固定预算,或静态预算。固定预算法只适用于业务量水平较为稳定的企业,当实际业务量与编制预算所依据的业务量发生较大差异时,有关预算指标的实际数与预算数会因业务量基础差异失去可比性。

(2)弹性预算方法是在成本按习性分类的基础上,根据业务量、成本和利润之间的依存关系,按照预算期内可能发生的各种业务量(如生产量、销售量、工时等)水平编制系列预算的一种方法,按此法编制的预算成为弹性预算或动态预算。弹性预算法适用于编制所有与业务量有关的预算,其中以成本费用预算和利润预算最为常见。

(3)成本习性。成本习性指成本(或费用)的变动与业务量(生产量、销售量、工时等)之间的依存关系。

固定成本指在一定时期和一定业务量范围内,总额不受业务量增减变动影响保持不变的成本或费用。单位业务量的固定成本会随着业务量的增加而降低。

变动成本指成本总额随着业务量的变动而成正比例变动的成本或费用。这种成本在单位业务量上则是一个固定数值。

公式法计算成本费用的预算数为:

成本预算额=固定成本预算额+变动成本预算额×预计业务量或实际业务

2. 定期预算法与滚动预算法

(1)定期预算法是以固定的预算期间(如预算年度)作为预算期的一种预算编制方法。

定期预算法存在预算数字准确性差、易导致预算执行者的短期行为、灵活性差等重大缺陷。

(2)滚动预算法是预算期脱离会计年度,随着执行逐期向后滚动,预算期保持不变的一种预算编制方法。

滚动预算法的优点是预算保持完整性和稳定性。

3. 增量预算法和零基预算法

(1)增量预算法是以上一个预算期的成本费用水平为基础,结合预算期业务和成本费用的相关因素可能的变动,通过调整原有费用项目编制预算的一种方法。

这种方法适用的前提是企业现有活动都是必需的、各项开支都是合理方法可能导致预算数受前期不合理因素影响,造成预算上的浪费;不利于预算人员深入调查成本状况,不利于调动各部门降低用的积极性,阻碍企业长远发展。

(2)零基预算法是以零为基础编制预算方法的简称,指在编制预算的时候不考虑以往预算期间的费用项目和费用额,根据预算期实际需要和可能分析费用项目的合理性和合理的费用额,综合平衡编制预算的一种方法。

这种预算编制不受前期成本费用项目和水平限制,能够调动各部门降低费用的积极性,有利于企业长远发展。

经营预算的分类及优缺点总结如表 4.2 所示。

表 4.2 经营预算的分类及优缺点总结

预算种类	含义	优点	缺点
固定预算	根据预算期内某一固定业务量为编制基础编制的预算	简便	机械,当业务量发生变化会导致不可比
弹性预算	在成本习性分类的基础上,根据本量利之间的依存关系,按照预算期内一系列业务量编制系列预算	适用范围广	有时计算复杂
定期预算	编制预算时以不变的会计期间(如日历年度)作为预算期编制的预算	保证预算期与会计期间在时期上的配比	不利于连续不断的业务活动中的预算管理,容易导致短期行为
滚动预算	在编制预算时,将预算期与会计期间脱离开,随着预算的执行不断地补充预算,逐期向后滚动,使预算期始终保持为一个固定长度(一般为 12 个月)的一种预算方法	能够保持预算的连续性,并可以不断调整	工作量大
增量预算	使用以前期间的预算或者实际业绩作为基础来编制预算,在此基础上增加相应的内容	预算稳定,能循序渐进;容易理解和操作;避免冲突	不能启发新观点,没有降低成本的动力,鼓励将预算全部花光
零基预算	在每一个新的期间必须重新判断所有的费用,以零为基点编制的预算	能够充分识别不充分和过时的行动,促进更有效的资源分配	复杂耗时,可能导致强调短期利益

第七节 运营分析控制

一、运营分析控制的含义

运营分析控制是指企业借助统计系统、会计系统提供的信息资料,采用专门方法,对企业一定期间的生产经营活动过程及其结果进行分析研究,掌握企业运营效率和效果,并不断改进、完善企业经营管理的控制活动。

运营分析控制包含着总结过去、指导未来的双重任务,不对过去进行认真的分析、总结就很难对未来作出科学的预测,在未来的生产经营活动中,就难以避免过去已经发生过的缺点和错误的再次发生。因此,运营分析控制是企业前后两个经营活动循环的联结点,每通过一次运营分析控制,企业的经营管理水平就应当有一次相应的提高;持续下去,企业的经营管理水平就会持续向上、不断提高。

二、运营分析控制的要求

运营分析控制要求企业建立运营情况分析制度,经理层应当综合运用生产、购销、投资、筹资、财务等方面的信息,通过因素分析、对比分析、趋势分析等方法,定期开展运营情况分析,发现存在的问题,及时查明原因并加以改进。

开展经营活动分析的目的在于把握企业经营是否向预算规定的目标发展,一旦发生偏差和问题就能找出问题所在,并根据新的情况解决问题或修正预算。一个企业的成功不仅依靠安全生产、扩大销售等手段,还依靠对运营成果进行总结分析。因此,运营分析控制要求企业建立运营情况分析控制,管理层应当综合运用生产、购销、投资、筹资、财务等方面的信息,通过因素分析、对比分析、趋势分析等方法,定期开展运营情况分析,发现存在的问题,及时查明原因并加以改进。

三、运营分析控制的方法

运营分析控制方法由定量分析方法和定性分析方法两大类组成。定量分析方法是最基本的分析方法,定性分析方法是辅助分析方法。在运营分析控制实务中,应根据具体的运营分析对象和分析控制要求,选择有关定量分析方法和定性分析方法,实现二者的有机结合、灵活运用。

(一) 定量分析方法

定量分析方法是借助于数学模型,从数量上测算比较和确定各项预算指标变动的数额,以及影响预算指标变动的原因和影响数额大小的一种分析方法,常用的定量分析方法主要有比较分析法、因素分析法、比率分析法、趋势分析法、因果分析法、价值分析法和量本利分析法等。

1. 比较分析法

比较分析法是通过某项经济指标与性质相同的指标评价标准进行对比,揭示企业经济状况和经营成果的一种分析方法。在运用比较分析法时,要注意各项指标的可比性,相互比较的经济指标必须是相同性质或类别的指标。一般而言,应做到指标的计算口径、计价基础和时间单位都保持统一,以保证比较结果的正确性。

2. 因素分析法

因素分析法是依据分析指标与其影响因素的关系,从数量上确定各因素对分析指标影响方向和影响程度的一种定量分析方法。因素分析法适用于多种因素构成的综合性指标分析,如成本利润、资金周转等方面的指标。因素分析法是在比较分析法的基础上加以应用的,是比较分析法的发展和补充。

在运营分析中,因素分析法是常用的方法之一。因素分析法是依据分析指标与影响因素的关系,从数量上确定各因素对分析指标影响方向和影响程度的一种方法。因素分析法既可以全面分析若干因素对某一经济指标的共同影响,又可以单独分析其中某个因素对某一经济指标的影响,在运营分析控制中的应用十分广泛。

假设某项指标是由 a、b、c 三个因素构成的,具体运用(连环替代法)的公式为

设 $F = a \times b \times c$

基数:$F_0 = a_0 \times b_0 \times c_0$

实际数:$F_1 = a_1 \times b_1 \times c_1$

实际与基数的差异:$F_1 - F_0$

例:某企业 2012 年 10 月某种原材料费用的预算数是 4 000 元,而实际数是 4 620 元。计算实际数与预算数之间的差异,并逐个分析每个因素对材料费用总额的影响程度,如表 4.3 所示。

表 4.3 某企业材料费用分析

	产品产量(千克)	单位产品材料消耗量(千克)	材料单价(元)
预算数	100	8	5
实际数	110	7	6

分析过程:

第一步,计算预算金额:

$$F_0 = a_0 \times b_0 \times c_0$$
$$4\,000(元) = 100 \times 8 \times 5$$

第二步,计算实际金额:

$$F_1 = a_1 \times b_1 \times c_1$$
$$4\,620(元) = 110 \times 7 \times 6$$

第三步,计算差异值:

$$F_1 - F_0 = 620(元)$$

第四步,逐个分析三个因素对差异值的影响:

(1) 产品产量因素对材料费用总额的影响:

$$(110 - 100) \times 8 \times 5 = 400(元)$$

(2) 单位产品原材料消耗量因素对材料费用总额的影响:

$$110 \times (7 - 8) \times 5 = -550(元)$$

(3) 原材料单价因素对材料费用总额的影响:

$$110 \times 7 \times (6 - 5) = 770(元)$$

3. 比率分析法

比率分析法是通过计算和对比各种比率指标来确定经济活动变动程度的分析方法。采用比率分析法首先要将对比的指标数值变成相对数,然后再进行对比分析。常用的比率指标有构成比率、效率比率和相关比率三类。

(1) 构成比率是某项经济指标的各组成部分数值占总体数值的百分比,这类比率揭示

了部分与整体的关系，利用构成比率，可以考察总体中某个部分的形成和安排是否合理。通过不同时期构成比率的比较还可以揭示其变化趋势。

（2）效率比率是某经济活动中所费与所得的比率，反映投入与产出的关系。利用效率比率指标，可以进行得失比较，考察经营成果，评价经济效益。

（3）相关比率是以某个项目和与其相关但又不同的项目加以对比所得出的比率，反映了有关经济活动的相互关系。利用相关比率指标，可以考察与企业有联系的项目指标数值之间的合理性，反映企业某方面的能力水平。

4. 趋势分析法

趋势分析法也叫动态分析法，它是通过对财务报表中各类相关数字资料，将三期或多期连续的相同指标或比率进行定基对比和环比对比，得出它们的增减变动方向、数额和幅度，以揭示企业财务状况、经营情况和现金流量变化趋势的一种分析方法。

（二）定性分析方法

定性分析方法是指运用归纳和演绎、分析与综合以及抽象与概括等方法，对企业各项经济指标变动的合法性、合理性、可行性、有效性进行思维加工、去粗取精、去伪存真、由此及彼、由表及里的科学论证和说明。它是定量分析的结果，根据国家有关法规、政策和企业的客观实际进行相互联系的研究，考虑各种不可计量的因素加以综合论证，并对定量分析结果进行切合实际的修正，作出"质"的判断的分析方法。

定性分析方法的具体方法包括实地观察法、经验判断法、会议分析法和类比分析法等。

四、运营分析控制的步骤和内容

运营分析控制通常包括下列基本步骤和内容：

1. 确定分析对象，明确分析目的

在进行运营分析之前，首先要确定分析的对象及范围，明确分析的目的，熟悉与分析有关的资料，以保证有的放矢地开展分析工作。

2. 收集资料，掌握情况

进行运营分析时，必须广泛收集内容真实、数字正确的资料。这些资料既包括来自企业内部的资料，也包括来自企业外部的资料。

3. 对比分析，确定差异

通过运营指标对比，可以得到运营结果与运营标准之间的差额，再采用比率分析法、因素分析法等定量分析法说明运营指标的完成程度，提示偏离标准的原因，为进一步的定性分析指明方向。

4. 分析原因，落实责任

通过定量分析，一般只能看出数量和现象上的差异，还不能说明差异的实质。因此，必须通过定性分析进行深入研究，分析造成差异的原因，抓住主要矛盾，并落实责任单位和责任人。

5. 提出措施，改进工作

确定差异、分析原因、落实责任是为了解决企业经营活动中存在的不足和问题。因此在存在的问题找准、找出后，就应根据分析的结果，提出加强内部控制的具体措施，以提高企业的经营管理水平。

6. 归纳总结，分析报告

归纳总结，就是依据对各项运营指标执行情况的分析结果进行综合概括，对企业经营活动过程及其结果作出正确评价。在运营分析的最后阶段，要根据归纳分析的内容，编写书面分析报告。

第八节 绩效考评控制

一、绩效考评控制的含义

绩效考评控制是指企业为了实现控制目标，运用特定的标准和指标，采取科学的方法对各部门和全体员工的工作业绩进行定期考核、评价的控制措施。

绩效考评控制的重点是绩效与薪酬的结合。绩效与薪酬在人力资源管理中，是两个密不可分的环节。在设定薪酬时，一般已将薪酬分解为固定工资和绩效工资，绩效工资正是通过绩效予以体现的，而对员工进行绩效考评的结果也必须要表现在薪酬上，否则，绩效与薪酬就都失去了应有的激励作用。

二、绩效考评控制的要求

绩效考评控制要求企业建立和实施绩效考评制度，科学设置考核指标体系，对企业内部各责任单位和全体员工的业绩进行定期考核和客观评价，将考评结果作为确定员工薪酬以及职务晋升、评优、降级、调岗、辞退等的依据。绩效考评是一个过程，即首先明确企业要做什么（目标和计划），然后找到衡量工作的标准进行监测，发现做得好的进行奖励，激励其继续保持或者做得更好，能够完成更高的目标。另外，发现不好的地方，通过分析找到问题所在，进行改正，使得后续工作做得更好。

（1）企业应当建立和实施绩效考评制度，科学设置考核指标体系。
（2）企业应当对各责任单位和全体员工的业绩进行定期考核和客观评价。
（3）企业要将绩效考评结果作为确定员工薪酬以及职务晋升、评优、降级、调岗、辞退等的依据之一。

三、绩效考评控制的环节与内容

1. 设定绩效考评目标

绩效考评目标的设定源于对企业目标的分解，即将企业一定时期的经营目标逐层分解到每个部门及全体员工。通过目标分解所得到的绩效考评目标，应当具有很强的针对性和可操作性,其内容是每个岗位、每个人最主要的且必须完成的工作,绩效考评是自上而下的,董事长总经理要身先垂范,建立"千斤重担大家挑,人人头上有目标"的绩效考评体系。

2. 建立考评指标体系

绩效考评指标体系包括定量指标和定性指标两大类。其中,定量指标是指可以量化的指标,反映了绩效考评目标的数量要求和价值预期;定性指标是无法量化的指标,主要通过客观描述和科学分析来反映评价结果,绩效考评要以定量指标为主,定性指标为辅,对不同评价指标要赋予科学、合理的权重,体现各项评价指标对绩效考评结果的影响程度和重要程度。

3. 制订考评标准

绩效考评标准就是对员工绩效进行考核的标准和尺度。员工的绩效评价标准既要达到评价的各项目的,又要为被评价员工所普遍接受。在制订评价标准时,要满足公正性与客观性、明确性与具体性、一致性与可靠性、民主性与透明性的要求。

4. 形成评价结果

在设定的时间内,企业需要依据评价指标和评价标准,对全体员工一定时期的工作绩效进行定期考核和客观评价,形成评价结果。考评人员要按照每项指标设置的量化指标和考评分值,逐项核实工作绩效并进行评分记分,累计计算考评对象该考核周期工作绩效的实际得分。

5. 考评结果运用

如何运用绩效考评结果,会直接影响绩效考评控制的激励作用。企业要结合企业管理资源的实际情况,充分考虑企业文化的负载能力,选择和确定考评结果的具体运用方式。通常情况下,绩效考评结果要作为确定员工薪酬以及职务晋升、评优、降级、调岗、辞退等的依据。

复习训练题

一、单选题

1. 下列属于预防性控制的是: ( )
   A. 授权审批控制　　　　　　B. 定期核对会计记录
   C. 实物资产定期盘点　　　　D. 定期编制银行对账单
2. 在一个设计良好的内部控制中,同一名职员可以负责: ( )
   A. 接受和保管现金,并登记现金日记账
   B. 接受和保管支票,并批准注销客户的应收账款
   C. 保管空白支票和银行预留印鉴
   D. 批准付款和签发支票
3. 以下属于常规授权的事项是: ( )
   A. 不经常发生的业务　　　　B. 不具备重复性的业务

C. 金额比较大的业务　　　　　　　D. 经常性业务

4. 会计系统控制的核心是：（　　）
A. 会计记录控制　　　　　　　　B. 凭证控制
C. 结账与对账程序　　　　　　　D. 统一会计科目

5. 凭证的种类要齐全是指：（　　）
A. 凡经济活动涉及的业务都应能从凭证上反映出来
B. 如果一项业务涉及不同的部门，应当从凭证上反映出不同部门的责任和权力
C. 凭证编号可以控制企业签发的凭证数量，以及相应交易涉及的其他凭单和文件
D. 空白收据和支票应当专人负责保管

6. 预算能够保持连续性的预算方法是：（　　）
A. 固定预算　　B. 增量预算　　C. 滚动预算　　D. 弹性预算

7. 某企业采用固定预算法编制制造费用预算。预算年度预计生产量为 1 000 件，每件的标准工时为 40 小时，变动制造费用小时费用率为 7 元/小时，固定制造费用为 150 000 元，其中 50 000 元为折旧费用。根据预算，该企业制造费用支付现金为：（　　）
A. 430 000 元　　B. 380 000 元　　C. 330 000 元　　D. 280 000 元

8. 某公司采用弹性预算法编制制造费用预算。预算期预计产量为 1 000 件时，单位产品标准工时为 5 小时，固定制造费用小时费用率为 2 元/小时，变动制造费用小时费用率为 4 元/小时。公司预计本期产量范围为 900～1 100 件，固定费用在此范围内保持不变。

该公司的制造费用预算范围为：（　　）
A. 27 000～33 000 元　　　　　　B. 54 000～66 000 元
C. 28 000～32 000 元　　　　　　D. 36 000～56 000 元

9. 下列属于构成比率的财务指标是：（　　）
A. 资产负债率　　　　　　　　　B. 利息保障倍数
C. 销售净利率　　　　　　　　　D. 每股收益

10. 绩效考评控制的重点是：（　　）
A. 考核指标体系的确定　　　　　B. 绩效与薪酬的结合
C. 企业目标的分解　　　　　　　D. 定性与定量相结合

二、多选题

1. 按照控制活动的手段，控制活动的类型包括：（　　）
A. 预防性控制　　B. 检查性控制　　C. 手工控制　　D. 自动控制

2. 根据不相容职务分离原则，下列职责不由一人担任的是：（　　）
A. 业务的执行与批准
B. 业务的执行与记录
C. 现金日记账与银行存款日记账的记录
D. 资产的保管与记录

3. 在凭证与记录控制中，建立严格的凭证制度要求：（　　）
A. 凭证种类齐全　　　　　　　　B. 凭证内容要完整
C. 凭证要预先连续编号　　　　　D. 所有凭证都由会计人员编制

4. 授权审批控制的形式一般包括：（　　）
A. 常规授权　　B. 特别授权　　C. 一般审批　　D. 特殊审批

5. 会计系统控制的内容包括： （ ）
  A. 货币资金控制　　　　　　　　B. 实物资产控制
  C. 对外投资控制　　　　　　　　D. 工程项目控制
6. 财产保护控制的内容包括： （ ）
  A. 限制接近　　　　　　　　　　B. 资产盘点
  C. 记录保护　　　　　　　　　　D. 财产保险
7. 下列预算编制方法中比较灵活的是： （ ）
  A. 固定预算　　　　　　　　　　B. 弹性预算
  C. 定期预算　　　　　　　　　　D. 滚动预算
8. 运营分析控制中定量分析法包括： （ ）
  A. 比较分析法　　　　　　　　　B. 因素分析法
  C. 比率分析法　　　　　　　　　D. 实地观察法

三、判断题

1. 相对其他控制措施而言，检查性控制对风险控制的有效性最高，但控制成本相对而言也最高。 （ ）
2. 自动控制是由计算机执行的控制。 （ ）
3. 采购员、销售员不得同时兼任记账、出纳工作。 （ ）
4. 常规授权通常是采用书面的"一事一授"的方式。 （ ）
5. 预先连续编号可以有效防止发生漏记或重复记录的现象。 （ ）
6. 出纳人员要与登记现金收支及结存账簿的会计人员、登记应收账款的会计人员相分离。 （ ）
7. 只有在确保账账相符的前提下，进行资产盘点才有实际意义。 （ ）
8. 变动单位成本随着业务量的变动而成正比例变动。 （ ）
9. 在运营分析中，定量分析方法是最基本的分析方法，定性分析方法是辅助分析方法。 （ ）
10. 绩效考评目标的设定源于对企业目标的分解，即将企业一定时期的经营目标逐层分解到每个部门及全体员工。 （ ）

四、案例分析

注册会计师在审计甲公司年度财务报表时，了解到甲公司的内部控制，记录了如下情形，请逐条分析，指出内控方面的不足之处。

（1）为加强货币支付管理，资金支付审批实行分级管理：单笔10万元以下，由财务经理审批；单笔10万至50万元之间，由财务总监审批；单笔在50万元以上，由总经理审批。

（2）为保证公司投资业务的不相容职务相分离，投资业务由不同的人员或部门负责：投资部门A负责对外投资预算的编制，投资部门B负责对外投资项目的可行性分析与审批，财务部门负责对外投资的会计记录。

（3）公司新聘用一名出纳，兼任会计档案的保管工作。

（4）公司在销售完成后，通知出纳人员办理货款结算，并进行账务处理。

第五章

信息与沟通

先导案例

2008年9月15日上午10时，拥有158年历史的美国第四大投资银行——雷曼兄弟公司，向法院申请破产保护，消息瞬时通过电视、广播和网络传遍地球的各个角落。令人匪夷所思的是，10时10分，德国国家发展银行居然按照外汇掉期协议的交易，通过计算机自动付款系统，向雷曼兄弟公司即将冻结的银行账户转入3亿欧元。毫无疑问，这笔钱是"肉包子打狗有去无回"。[①]

转账风波曝光后，德国社会各界大为震惊。一家法律事务所受财政部的委托，进驻银行进行全面调查。几天后，他们向国会和财政部递交了一份调查报告，调查报告并不复杂深奥，只是一一记载了被询问人员在这10分钟内忙了些什么：

首席执行官乌尔里奇·施罗德：我知道今天要按照协议约定转账，至于是否撤销这笔巨额交易，应该让董事会开会讨论决定。

董事长保卢斯：我们还没有得到风险评估报告，无法及时作出正确的决策。

董事会秘书史里芬：我打电话给国际业务部催要风险评估报告，可那里总是占线。我想，还是等一会儿再打吧。

国际业务部经理克鲁克：星期五晚上准备带全家人去听音乐会，我得提前打电话预订门票。

国际业务部副经理伊梅尔曼：忙于其他事情，没有时间去关心雷曼兄弟公司的消息。

负责处理与雷曼兄弟公司业务往来的高级经理希特霍芬：我让文员上网浏览新闻，一旦有雷曼兄弟公司的消息就立即报告，然后，我就去休息室喝咖啡了。

文员施特鲁克：10时3分，我在网上看到雷曼兄弟公司向法院申请破产保护的新闻，马上跑到希特霍芬的办公室。当时，他不在办公室，我就写了张便条放在办公桌上，他回来后会看到的。

结算部经理德尔布吕克：今天是协议规定的交易日子，我没有接到停止交易的指令，那就按照原计划转账吧。

结算部自动付款系统操作员曼斯坦因：德尔布吕克让我执行转账操作，我什么也没问就做了。

信贷部经理莫德尔：我在走廊里碰到施特鲁克，他告诉我雷曼兄弟公司的破产消息。但是，我相信希特霍芬和其他职员的专业素养，一定不会犯低级错误，因此也没必要提醒他们。

公关部经理贝克：雷曼兄弟公司破产是板上钉钉的事。我本想跟乌尔里奇·施罗德谈谈这件事，但上午要会见几个克罗地亚客人，我想等下午再找他也不迟，反正不差这几个小时。

德国经济评论家哈恩说，在这家银行，上到董事长，下到操作员，没有一个人是愚蠢的，可悲的是，几乎在同一时间，每个人都开了点小差，加在一起，就创造出了"德国最愚蠢的银行"。

---

① 王伟.德国最愚蠢的银行[J].可乐，2009(4)：70.

第一节 信息与沟通概述

企业应当建立信息与沟通制度,明确内部控制相关信息的收集、处理和传递程序,确保信息及时沟通,促进内部控制有效运行。

信息与沟通即企业及时识别和准确收集、传递与内部控制相关的信息,确保信息在企业内部、外部之间有效沟通。每个企业都必须获取相关的信息——财务及非财务的,与外部及内部事件和行为相关的信息。信息必须经过管理层确认与企业经营有关。这些信息也必须以一种能使人们行使各自的控制或其他职能的形式、在一定的时限内传递给需要的人。

一、信息与沟通过程

(一)信息收集

企业在进行信息收集时应当明确收集的内容和方式等。企业应当对收集的各种内部信息和外部信息进行合理筛选、核对、整合,提高信息的有用性。

企业可以通过财务会计资料、经营管理资料、调研报告、专项信息、内部刊物、办公网络等渠道,获取内部信息。企业可以通过行业协会组织、社会中介机构、业务往来单位、市场调查、来信来访、网络媒体以及有关监管部门等渠道,获取外部信息。由于不同企业需求的信息存在差异,各企业对每类信息的侧重点也存在差异,因此,企业应当结合自身特点以及成本效益原则,选择使用合适的方式收集有价值的信息。

(二)信息传递

企业应当将与内部控制有关的信息在企业内部各管理级次、责任部门、业务环节之间与外部投资者、债权人、客户、供应商、中介机构和监督部门等有关方面进行沟通和反馈。信息与沟通过程中发现的问题,应当及时报告并加以解决。但是,企业管理者对信息传递的认识不够或传递方式的问题通常会使信息传递存在一些障碍。常见的障碍包括准确性问题、完整性问题、及时性问题和安全性问题等。

信息与沟通包括内部和外部沟通、决策信息支持和反舞弊措施等三个要素。

二、信息与沟通流程存在的主要风险

信息与沟通流程存在的主要风险包括:
(1)管理层无法获取适当或必需的信息。
(2)无法及时地向相关的人士收集或发送信息。
(3)信息披露委员会无法有效地履行工作职责。

(4) 公司没有建立有效的期末报告程序。
(5) 财务报告与相关的应用和信息系统是不可靠的。
(6) 公司未建立预防、识别舞弊风险的内部控制措施与程序，无法预防可能存在的舞弊行为。

第二节　信息与沟通要素

一、内部和外部沟通

内部和外部沟通包括内部信息传递和内部与外部之间的信息传递。内部信息传递是企业内部各管理层级之间通过内部报告形式传递生产经营管理信息的过程。内部与外部的信息传递是企业与外部关系方进行的相关信息沟通过程。例如客户和供应商的关系管理，上市公司的信息披露，同行业之间的交流等。

（一）内部和外部沟通的控制目标

内部和外部沟通的控制目标为管理层建立有效的内部和外部关系方的信息沟通渠道。

管理层应建立有效的内部信息沟通渠道，使得财务信息、经营信息、规章制度信息及其他重要综合信息等内部信息通过公司规章制度和文件、公司职能部门调研报告、财务会计报告、员工直接向上级沟通的信息、内部刊物、资料、公司局域网、各种会议提案、记录、纪要等渠道在公司内部各层级、各部门及公司与下属单位之间传递。

管理层应当建立有效的、可靠的与外部关系方的信息沟通渠道。公司可以通过国家部委和外部监管方的文件、期刊、中介机构、互联网、广播、电视、公司采购及销售部门收集的市场和价格信息、外部来信来访、行业会议、座谈交流等渠道获取外部信息，并使这些信息在公司与客户、供应商、监管者等外部环境之间有效地传递。

（二）内部和外部沟通的关键控制点

1. 建立预算、利润及其他财务和经营方面的目标执行情况沟通渠道

公司制定全面预算管理制度，在公司内部上下级之间、同一级的各职能部门之间建立顺畅的沟通协调机制。

公司建立生产经营综合分析制度，并召开月度和季度的生产经营情况分析会，对公司经营计划和预算的执行情况进行评估，并对目标实际执行中出现的偏差采取应对措施。

2. 建立与分散办公地员工信息沟通的政策和程序

公司制定了公文处理办法，并通过领导层签发后下发给各业务部门和下属单位。公司通过传真电报、通知、邮件等形式下发，或通过办公系统，将公司相关的政策和程序传达至各个业务分部和各职能部门。

3. 公司建立开放和有效的双向外部沟通渠道

公司明确规定客户投诉处理程序,建立与客户开放、有效沟通的渠道和投诉处理机制。公司明确规定供应商投诉处理程序,建立与供应商开放、有效沟通的渠道和投诉处理机制。公司在对外网站上建立相应栏目,宣传公司的企业文化、管理理念及道德准则等信息,规范公司业务宣传,统一企业及业务品牌形象,达到向外部宣传企业文化和道德准则的目的。

4. 从外部关系方收到的信息能够得到及时和恰当的总结和反馈

公司规定客户投诉处理办法,对客户投诉处理结果进行归档,对客户投诉进行回访。公司建立定期收集和汇报供应商信息的制度,并有专人对审阅的信息进行核实。公司建立定期收集和汇报政府部门、监管者等外部信息的制度,并有专人对审阅信息进行核实。

二、决策信息支持

在企业管理概念中,信息的主要作用是向管理层提供所需的合适种类和数量的信息,以帮助管理者选择、执行和控制其经营战略。决策信息支持可以帮助管理层在决策中考虑到各种情况并获得对决策有帮助的信息,例如本量利分析、投资评估和现金流折现技术。

(一)决策信息支持的控制目标

决策信息支持的控制目标是为管理层获得必要的信息和报告,为管理层决策提供支持。

(二)决策信息支持的关键控制点

1. 定期收集和报告影响企业目标的重要内部和外部信息

公司建立生产经营分析会制度,对企业目标完成情况进行分析和报告。

公司建立收集和报告影响企业目标的重要外部信息的制度,并有专人对审阅的信息进行核实。

2. 信息系统可以根据管理层的需求提供信息

公司成立企业信息化小组或专业部门作为企业信息化工作的领导机构,负责企业信息化工作的统筹安排、协调及重大决策,领导层参与研究和审批信息规划,使信息化工作满足管理层需求。

公司建立信息化系统,涵盖协同办公(内部邮件、信息发布)、内部论坛、经营报表统计及分析等功能。

3. 信息能被及时传递

公司建立信息报告传递制度,要求在规定时限内上报和传递信息,不允许发生任何隐报、瞒报、迟报、漏报行为,对未按时上报或隐瞒不报的,追究有关领导和直接责任人的责任。

4. 管理层鼓励员工提出合理化建议

公司建立奖励制度,鼓励员工提出合理化建议,并建立收集员工合理化建议的途径,包括书信、电话、走访、邮件等形式。

三、反舞弊措施

舞弊是使用欺骗手段获得不公平或非法利益的行为,主要包括虚假的财务报告、资产的不恰当处置、不恰当的收入和支出、非正常的关联方交易、税务欺诈、贪污以及收受贿赂和回扣等。公司反舞弊措施是对公司内部的舞弊现象或缺陷通过相关渠道向企业管理层进行传达的过程,确保对公司内部控制实施有效的监控。

(一) 反舞弊措施的控制目标

反舞弊措施的控制目标是为管理层建立预防、识别公司舞弊风险的内部控制措施与程序,对舞弊或违法行为采取必要的措施。

企业应当建立反舞弊机制,坚持惩防并举、重在预防的原则,明确反舞弊工作的重点领域、关键环节和有关机构在反舞弊工作中的职责权限,规范舞弊案件的举报、调查、处理、报告和补救程序。企业至少应当将下列情形作为反舞弊工作的重点:

(1) 未经授权或者采取其他不法方式侵占、挪用企业资产,牟取不当利益。
(2) 在财务会计报告和信息披露等方面存在虚假记载、误导性陈述或者重大遗漏等。
(3) 董事、监事、经理及其他高级管理人员滥用职权。
(4) 相关机构或人员串通舞弊。

企业应当加强对信息系统开发与维护、访问与变更、数据输入与输出、文件储存与保管、网络安全等方面的控制,保证信息系统安全稳定运行。企业应当建立举报投诉制度和举报人保护制度,设置举报专线,明确举报投诉处理程序、办理时限和办结要求,确保举报、投诉成为企业有效掌握信息的重要途径。举报投诉制度和举报人保护制度应当及时传达至全体员工。

(二) 反舞弊措施的关键内部控制点

1. 管理层建立预防、识别公司舞弊风险的内部控制措施与程序

公司建立与外部关系方(包括供应商、客户)的信息沟通渠道,对公司可能的舞弊行为进行投诉和举报。

公司建立员工投诉、举报热线等沟通渠道。例如,员工可以通过信访途径反映问题及意见,各级单位都有信访机构;设有纪检专线,可以通过电话等方式反映问题及意见;设立匿名举报热线,员工守则明确规定员工举报权利和公司的保密义务等。

2. 管理层对舞弊或违法行为采取必要的措施,并建立报告渠道

公司对发现的问题建立处理和报告机制。例如,通过纪检监察和内部审计部门,对上报的可能的不当行为进行复核、调查,并根据公司相关规定进行处理,对处理结果保留存档记录。

公司组织内部审计及专项调查对可能的舞弊行为进行调查,调查人员由法务人员、内部审计及外部专家等组成。建立针对可能舞弊行为的报告渠道,将发现的内部控制中的重大缺陷或实质性漏洞汇报给审计委员会和高层管理人员。

复习训练题

一、单选题

1. 企业及时识别、准确地收集、传递与内部控制相关的信息,确保信息在企业内部、企业与外部之间进行有效沟通,指的是: （　　）
   A. 内部环境　　　　　　　　　　B. 风险评估
   C. 控制活动　　　　　　　　　　D. 信息与沟通

2. 以下属于外部信息的是: （　　）
   A. 财务会计资料　　　　　　　　B. 专项信息
   C. 内部刊物　　　　　　　　　　D. 市场调查

3. 以下属于开放和有效的双向外部沟通渠道的是: （　　）
   A. 公司制定全面预算管理制度,在公司内上下级之间、同一级的各职能部门之间建立顺畅的沟通协调机制
   B. 公司建立生产经营综合分析制度,并召开月度和季度的生产经营情况分析会,对公司经营计划和预算的执行情况进行评估
   C. 公司制定了公文处理办法,并通过领导层签发后下发给各业务部门和下属单位
   D. 公司明确规定客户投诉处理程序,建立与客户开放、有效沟通的渠道和投诉处理机制

4. 决策信息支持的控制目标是: （　　）
   A. 为管理层获得必要的信息和报告,为管理层决策提供支持
   B. 为管理层建立有效的内部和外部关系方的信息沟通渠道
   C. 对公司内部的舞弊现象或缺陷通过相关渠道向企业管理层进行传达的过程,确保对公司内部控制实施有效的监控
   D. 为管理层建立预防、识别公司舞弊风险的内部控制措施与程序,对舞弊或违法行为采取必要的措施

5. 以下属于管理层预防、识别公司舞弊风险的措施是: （　　）
   A. 公司对发现的问题建立处理和报告机制
   B. 公司组织内部审计及专项调查对可能的舞弊行为进行调查
   C. 建立针对可能舞弊行为的报告渠道,将发现的内部控制中的重大缺陷或实质性漏洞汇报给审计委员会和高层管理人员
   D. 公司建立员工投诉、举报热线等沟通渠道

二、多选题

1. 信息与沟通包括以下哪些要素: （　　）
   A. 内部和外部沟通　　　　　　　B. 决策信息支持
   C. 反舞弊措施　　　　　　　　　D. 信息收集

2. 内部信息的收集渠道包括： （   ）
   A. 财务会计资料　　　　　　　　B. 经营管理资料
   C. 调研报告　　　　　　　　　　D. 业务往来单位
3. 信息与沟通流程存在的主要风险包括： （   ）
   A. 管理层无法获取适当或必需的信息
   B. 无法及时地向相关的人士收集或发送信息
   C. 信息披露委员会无法有效地履行工作职责
   D. 公司没有建立有效的期末报告程序
4. 企业应当将下列情形作为反舞弊工作的重点： （   ）
   A. 未经授权或者采取其他不法方式侵占、挪用企业资产，牟取不当利益
   B. 在财务会计报告和信息披露等方面存在的虚假记载、误导性陈述或者重大遗漏等
   C. 董事、监事、经理及其他高级管理人员滥用职权
   D. 相关机构或人员串通舞弊
5. 舞弊行为可能包括： （   ）
   A. 虚假的财务报告　　　　　　　B. 资产的不恰当处置
   C. 不恰当的收入和支出　　　　　D. 非正常的关联方交易

三、判断题

1. 信息与沟通中的信息主要是财务信息。 （   ）
2. 各类企业对内部信息和外部信息的需求是一样的。 （   ）
3. 公司未建立预防、识别舞弊风险的内部控制措施与程序是信息与沟通流程存在的主要风险之一。 （   ）
4. 公司可以通过制定全面预算管理制度，在公司内上下级之间、同一级的各职能部门之间建立顺畅的沟通协调机制。 （   ）
5. 决策信息支持可以帮助管理层在决策中能考虑到各种情况并获得对决策有帮助的信息，例如本量利分析、投资评估和现金流折现技术。 （   ）

四、案例分析

结合本章先导案例中"德国最愚蠢的银行"事件，分析信息与沟通对企业内部控制体系的价值。

第六章

资金活动业务控制

先导案例

2018年4月26日,一名女子来到南通市公安局崇川分局称要投案自首。经询问,该女子名为云某,是南通某知名快餐连锁企业的出纳,从2011年开始侵占公司钱款,7年来侵占总额已过千万元。虽然公司没发现,但她越来越不安,良心发现选择投案自首。7年侵占1000多万元居然没人察觉?据承办此案的检察官介绍,云某摸准了各种规则的漏洞,连续破解了三道监管"关卡",不露声色地挪用了公款。[①]

2011年开始作案时,云某发现每个月单位会计都会审核银行的对账单,为了掩饰账目,真的对账单一拿到手,她会马上用软件重做一份,然后把真的那份毁掉。假的对账单上,除了云某自己花掉的记录被删除,余额相应修改,其余支出流水都和真的对账单无二。

从2012年开始,总公司委托会计师事务所进行每年一次的询证,云某还是有办法蒙骗过关。云某发现在邮寄询证函给银行前,会计师事务所会把询证函寄到云某所在的分公司,让会计和出纳盖章后再寄回去,于是云某又有了操作空间。她推算出会计师事务所将询证函寄到银行的时间,然后找到银行工作人员说:"今天有个快递会从我们公司寄过来,但是内容有误需要拿回去更改,之后会再发一份给银行。"因为云某经常跑银行,快递细节说得比较翔实,银行工作人员都会把会计师事务所寄来的询证函退还给她。拿到询证函后,云某换掉第一张纸,再以会计师事务所的名义寄到银行,不过她把会计师事务所和联系方式全部改掉,让银行寄到指定地址。银行的询证函一拿到手,她再把正确的询证函第一张纸换上去,重新以银行为发件人寄给会计师事务所。就这样,云某从容辗转在会计师事务所、银行和单位三方之间,几乎没露出过什么破绽。

---

① 陶维洲.女出纳侵占公款逾千万,7年居然无人知[N/OL].现代快报,2018-06-07[2020-01-08].http://dz.xdkb.net/html/2018-06-07/content.488306.htm.

第一节 资金活动业务控制概述

一、资金管理概述

(一) 资金的含义

资金是指一个企业维持日常经营所需的货币量。其来源有股东投入、债权人借款、企业积累等多种途径。

(二) 资金的意义

(1) 资金是企业资产中最具有活力的组成部分,企业的生存与发展在很大程度上,可以说在根本上是维系于资金的运转情况的。

(2) 资金周转是企业整体资产周转的依托,没有资金的良好运转,企业的生存与发展是不可能的。

(3) 资金管理的过程就是在资金的流动性与收益性之间进行权衡并选择的过程。通过资金管理,使现金收支不但在数量上,而且在时间上相互衔接,对于保证企业经营活动的现金需要,降低企业闲置的现金数量,提高资金收益率具有重要意义。

(三) 资金管理的原则

(1) 资金管理的首要任务是保证合理的资金需求。

(2) 采取得力措施,缩短营业周期,加速变现过程,加快资金周转从而提高资金使用效率。

(3) 节约资金使用成本:一方面,要挖掘资金潜力,盘活全部资金,精打细算地使用资金;另一方面,积极拓展融资渠道,合理配置资源,筹措低成本资金,服务于生产经营。

(4) 合理安排流动资产和流动负债的比例关系,保持流动资产结构与流动负债结构的适配性,保证企业有足够的短期偿债能力。

二、资金活动的业务流程

企业资金营运过程,从资金流入企业形成货币资金开始,到通过销售收回货币资金、成本补偿确定利润、部分资金流出企业为止,形成资金营运的一个完整循环。制造业、流通业资金营运流程如图 6.1 所示。

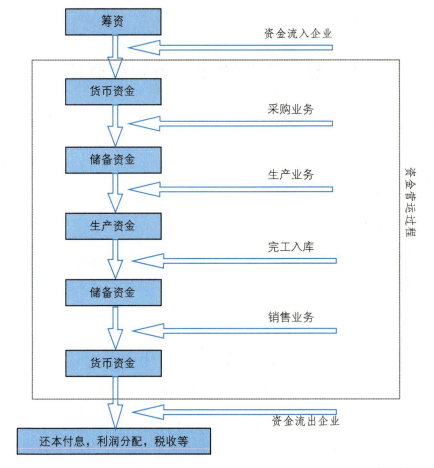

图 6.1 资金流转过程

三、资金活动的风险

企业资金活动至少应当关注下列风险:

(1) 筹资决策不当,引发资本结构不合理或无效融资,可能导致企业筹资成本过高或出现债务危机。

(2) 投资决策失误,引发盲目扩张或丧失发展机遇,可能导致资金链断裂或资金使用效益低下。

(3) 资金调度不合理、营运不畅,可能导致企业陷入财务困境或资金冗余。

(4) 资金活动管控不严,可能导致资金被挪用、侵占、抽逃或遭受欺诈等现象。

第二节 货币资金管理

一、货币资金管理概述

(一) 货币资金的含义

从财务的角度来看,货币资金,包括库存现金、银行存款和其他货币资金。

(二) 货币资金管理的主要风险点和控制目标

1. 货币资金管理的主要风险点

货币资金管理的主要风险点包括:
(1) 资金使用违反国家法律、法规,企业可能会遭受外部触发、境内及损失和信用损失。
(2) 资金未经适当审批或超越授权审批,可能会产生重大差错或舞弊、欺诈行为,从而使企业遭受损失。
(3) 资金记录不准确、不完整,可能会造成账实不符或导致财务报表信息失真。
(4) 有关单据遗失、变造、伪造、非法使用等,会导致资产损失、法律诉讼或信用损失。
(5) 职责分工不明确、机构设置和人员配备不合理,会导致资产损失、法律诉讼或信用损失。
(6) 不按相关规定进行银行账户核对,会导致相关账目核对程序混乱。
(7) 银行账户的开立不符合国家有关法律、法规要求,可能会导致企业受到处罚及资金损失。

2. 货币资金管理的主要控制目标

货币资金管理的主要控制目标包括:
(1) 资金的收付以业务发生为基础,不得凭空付款或收款。所有收款或者付款需求,都必须由真实的业务引起。
(2) 资金支付涉及企业经济利益流出,严格履行授权分级审批制度。不同责任人在自己的授权范围内,审核业务的真实性、金额的准确性以及申请人提交票据或者证明的合法性,严格监督资金支付,超出支付权限的一律不予办理。
(3) 财务部门收到经过企业授权部门审批签字的相关凭证或证明后,再次复核业务的真实性、金额的准确性以及相关票据的齐备性、相关手续的合法性和完整性,并签字认可。
(4) 确保按照不相容岗位分离原则设置相应的岗位。
(5) 资金的收支要依法办理,业务行为要符合法律的要求。

二、现金控制要点

企业应根据《现金管理暂行条例》的规定,结合本单位实际情况,确定企业开支范围和现金支付限额。不属于现金开支范围或超过现金开支范围的业务,应当通过银行转账结算。

现金管控的主要内容包括:
(1) 现金的使用范围。
(2) 收支两条线。
(3) 授权审批与职责分离。
(4) 会计系统控制。

资金支付流程风险与控制如图 6.2 所示。

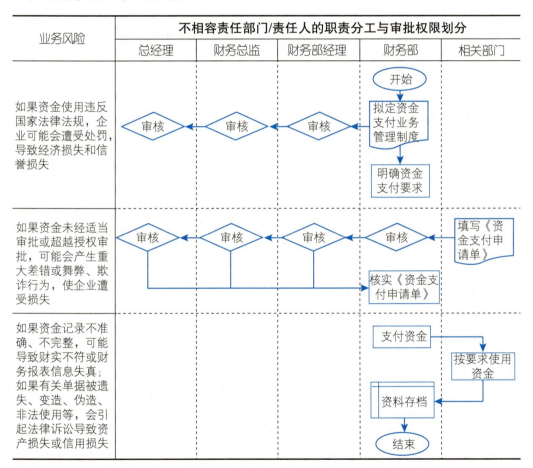

图 6.2 资金支付流程风险与控制图

(一) 现金的使用范围

根据《现金管理暂行条例》[①],现金的使用范围包括:

---

① 《中华人民共和国现金管理暂行条例》于 1988 年 10 月由国务院发布,于 2011 年 1 月进行了修订。

(1) 职工工资、津贴。
(2) 个人劳务报酬。
(3) 根据国家规定颁发给个人的科学技术、文化艺术、体育等各种奖金。
(4) 各种劳保、福利费用以及国家规定的对个人的其他支出。
(5) 向个人收购农副产品和其他物资的价款。
(6) 出差人员必须随身携带的差旅费。
(7) 结算起点(1 000元)以下的零星支出。
(8) 中国人民银行确定需要支付现金的其他支出。

上述结算范围内的支出,企业可以提取现金以满足支付要求。不属于上述结算范围内的支出,均不得以现金方式支付,必须通过银行转账支付。

企业应当加强现金库存限额的管理,超过库存限额的现金应当及时存入开户银行。

库存现金限额是指为了保证各单位日常零星支出按照规定允许留存现金的最高数额。库存现金的限额,由开户银行根据开户单位的实际需要和单位距离银行远近等情况核定,一般按照单位3~5天日常零星开支所需现金确定。距离银行较远或交通不便的开户单位,银行最多可以根据企业15天的正常开支需要量来核定库存现金的限额。正常开支需要量不包括企业每月发放工资和不定期差旅费等大额现金支出。库存限额一经确定,要求企业必须严格遵守,不能任意超出,超过限额的现金应于当日终了前及时存入银行。库存现金低于限额时,可以签发现金支票从银行提取现金,补足余额。

(二) 收支两条线

现金的收支两条线指现金的收入和指出由两个相对独立的业务流程组成,并通过银行实现两者的联系。企业不得以现金收入直接进行现金支付。取得货币资金收入必须及时入账,不得私设"小金库",不得账外设账,严禁收款不入账。

资金的收付导致资金流入和流出,反映着资金的来龙去脉。该收付关键控制点包括:

(1) 出纳人员按照审核后的原始凭证收、付款,对已完成收付的凭证加盖戳记,并于登记日记账。
(2) 出纳人员要及时核对银行账户信息,特别是大额的资金收付,一定要实时核对是否到账、划出等,并和付款方、收款方及时沟通,确保第一时间掌握资金动向。
(3) 主管会计人员及时准确地记录在相关账簿中,定期与出纳人员的记账核对。

(三) 授权审批与职责分离

1. 审批控制

把收支审批作为关键点,是为了控制资金的流入和流出,审批权限的合理划分是资金活动顺利开展的前提条件。审批活动关键控制点包括:

(1) 制定资金的限制接近措施,经办人员进行业务活动时应该得到授权审批,任何未经授权的人员不得办理资金收支业务。
(2) 使用资金的部门应提出用款申请,记载性质、用途、金额、时间等事项。
(3) 经办人员在原始凭证上签章,经办部门负责人、主管经理和财务部门负责人审批并签章。根据权限划分,需要上报更高级别领导审批的,上报相应领导审批。
(4) 资金的收取,要有相应的部门同意,并明确表示资金的性质、来源、用途等,财务人员方可办理收取手续。

2. 复核控制

复核是减少错误和舞弊的重要措施。根据企业内部层级的隶属关系可以划分为纵向复核和横向复核这两种类型。前者是指上级主管对下级活动的复核;后者是指平级或无上下级关系人员的相互核对,如财务系统内部的核对。复核关键控制点包括:

(1) 会计主管审查原始凭证反映的收支业务是否真实合法,经审核通过并签字盖章后才能填制原始凭证。

(2) 凭证上的主管、审核、出纳和制单等印章是否齐全。财务经理要审核票据的真实性、合法性,是否符合公司的规章制度,同时要兼顾业务发生的真实性。出纳人员要审核审批程序的完整性、票据的合法性等,不符合要求的一律不予付款。

(3) 重要业务或金额较大的业务,应该由不同的人员进行两次核对,或者建立双签制度。

出纳人员不得兼任稽核、会计档案保管和收入、支出、费用、债权债务账目的登记工作。企业不得由一人办理货币资金业务的全过程。

(四) 会计系统

1. 会计记录

资金的凭证和账簿是反映企业资金流入和流出的信息源,如果记账环节出现管理漏洞,很容易导致整个会计信息处理结果失真。会计凭证真实合法,各类凭证都按照发生顺序连续编号,会计账簿按要求对会计凭证分类汇总,会计报表按时归集。

记账关键控制点包括:

(1) 出纳人员严格根据资金收付凭证登记日记账。会计人员根据相关凭证登记有关明细分类账,登账时要准确登记金额、时间、摘要等内容。特别是摘要,一定要简明扼要,明确表达业务性质。

(2) 主管会计根据凭证汇总表登记总分类账,及时与相关明细账核对。

(3) 银行对账单的核对,要有出纳人员以外的人员对账。最好由会计主管人员亲自进行核对,对于未达账项要切实查清原因,并不断跟踪进展,避免长期未达账项的出现。

2. 会计凭证、账簿的核对

对账是账簿记录系统的最后一个环节,也是报表生成前的最后一个环节,对保证会计信息的真实性起到重要作用。对账关键控制点包括:

(1) 账证核对,将账簿与相关会计凭证相核对,保证账簿记录与会计凭证的信息一致。

(2) 账账核对,将明细账与总账相核对,保证数据一致。

(3) 账表核对,将总账与会计报表相核对,保证会计报表数据总账的一致性。同时,会计报表之间也要加以核对,保证钩稽关系的正确。

(4) 账实核对,要定期将实物和明细账相核对,定期进行财产清查和债权债务的对账等工作。特别是对于现金、银行存款、商业票据等,要不定期进行抽查,避免出现舞弊等现象。

3. 会计档案的保管

会计凭证、账簿、报表是内部管理、外部审计的重要依据,企业应当遵循有关的规定保管会计档案,同时对现金类会计档案的接近进行限制。

4. 盘点和清查

出纳在每个工作日结束后,及时清点现金,与日记账核对。会计主管应定期或不定期组织清查,及时编制现金盘点表,记录现金盘盈盘亏情况。

出纳员每日对库存现金自行盘点,编制现金报表,计算当日现金收入、支出及结余额,并将结余额与实际库存额进行核对,如有差异及时查明原因。会计主管不定期检查现金日报表。

每月末,会计主管指定出纳员以外的人员对现金进行盘点,编制库存现金盘点表,将盘点金额与现金日记账余额进行核对。对冲抵库存现金的借条、未提现支票、未做报销的原始票证,在库存现金盘点报告表中均要予以注明,会计主管复核库存现金盘点表,如果盘点金额与现金日记账余额存在差异,需查明原因并报经财务经理批准后再进行财务处理。

三、银行存款控制要点

(一) 账户管理

1. 银行账户分类

单位银行结算账户按用途不同,分为:

(1) 基本存款账户:日常经营活动的资金收付,以及存款人的工资、奖金和现金的支取。

(2) 一般存款账户:借款转存、借款归还和其他结算的资金收付。该账户可以办理现金缴存,但不得办理现金支取。

(3) 专用存款账户:单位银行卡账户的资金必须由基本存款账户转账存入,该账户不得办理现金收付业务。

(4) 临时存款账户:用于办理临时机构以及存款人临时经营活动发生的资金收付。

2. 账户管理控制要点

银行账户是企业资金结算的平台,管理不善容易出现较大的风险。银行账户管理的关键控制点包括:

(1) 银行账户的开立、使用和撤销必须有授权。

(2) 限制接近原则的使用,只能是获得授权的人员进行银行账户的操作。

(3) 加强银行账户管理,严格按照《支付结算办法》等国家有关规定,办理存款、取款和结算。不得出租或出借账户。

(4) 所有业务必须进入公司指定的账户,不得另立账户或不入账户开设账外账。

根据《中国人民银行支付结算办法》《账户管理办法实施细则》等规定,单位、个人和银行应当按照《银行账户管理办法》的规定开立、使用账户。企业应当严格遵守银行结算纪律,不得签发没有资金保证的票据或远期票据,套取银行信用;不得签发、取得和转让没有真实交易和债权债务的票据;不得无理拒绝付款,任意占用他人资金。

(二) 职务分离控制

企业应当指定专人定期核对银行账户,每月至少核对一次,编制银行余额调节表,并指派对账人员以外的其他人员进行审核,银行账户核对流程如图 6.3 所示。

使用网上交易、电子支付方式的企业办理货币资金业务,不应因支付方式的改变而随意简化、变更支付货币资金所必需的授权审批程序。企业应严格实行网上交易、电子支付操作人员不相容岗位相分离控制,并配备专人加强对交易和支付行为的审核。

出纳人员一般不得同时从事银行对账单的获取、银行存款余额调节表的编制工作。确需出纳人员办理上述工作的,应当指定其他人员定期审核、监督。

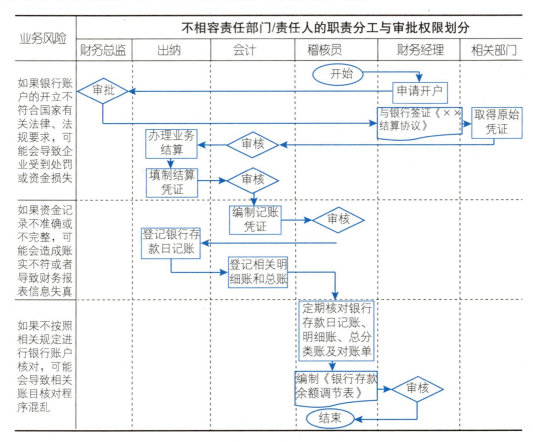

图 6.3 银行账户核对流程

四、其他货币资金控制

其他货币资金,包括外埠存款、银行本票、汇票存款、信用卡存款、信用证存款、存出投资款等。这些款项与银行存款不同,控制要求也不同。

如外埠存款主要控制要点为加强账户管理,建立人员岗位责任制。银行本票、汇票存款主要控制要点为指定专人保管使用。信用卡、信用证存款主要控制要点为及时取得银行回单进行会计处理。存出投资款主要是存入证券公司尚未进行投资的款项,主要控制要点为授权审批,专人管理。

随着现代技术和邮政服务的发展,其他货币资金与现金、银行存款的关系日益密切,而且三者之间的转化也很容易,这就使得其他货币资金的控制变得越来越重要,其他货币资金的关键控制点一般包括账户设置控制、账户使用控制和账户撤销控制。

1. 账户设置控制

其他货币资金账户的设立需要满足一定的条件,只有资金收付业务频繁、持续时间较长的经济活动才有必要开设专门的存款账户,所以企业财会部门应该加强对其他货币资金开户情况、开户条件的审查。

2. 账户使用控制

外埠存款的使用要明确使用者,设立外埠存款账户之后,企业应该确定资金的管理负责人;会计部门应该以合约或制度的形式明确会计部门和账户使用者的权利义务关系,明确存款的使用额度、使用范围以及相应的责任。在岗位设置上,财会部门应该针对重要的外埠存款账户设立专门的监控职位,对外埠存款使用的合法性、真实性和准确性进行管理。

3. 账户撤销控制

当有关业务结束后,外埠存款账户就应该及时撤销,财会部门应该监督账户的清理和将余额转入企业账户的活动。账户撤销之后负责监督的财务人员应该和原开户银行核对有关资金使用记录,记录有关情况,及时报告发现的问题。

五、票据与印章控制

1. 票据管理

企业应当加强与资金业务相关的票据管理,明确各种票据环节的职责权限和处理程序,并设置登记簿(如应收票据登记簿和应付票据登记簿等)填写,防止空白票据的遗失。

企业因填写、开具失误或其他原因导致作废的法定票据,应当按规定予以保存,不得随意处置或销毁。对照超过法定保管期限、可以销毁的票据,履行审核批准手续后进行销毁,但应当建立销毁清册并由授权人员监销。

企业应设置专门的账簿对票据的转交进行登记,对收取的重要票据,应留有复印件并妥善保管。不得跳号开具票据,不得随意开具印章齐全的空白支票。

2. 印章管理

企业应当制订相关制度或规定,明确规定相关人员的岗位责任和管理权限,加强银行预留印鉴的管理。

财务专用章应当由专人保管,个人名章由本人保管或授权专人保管。不得由一人保管支付款项所需的全部印章。

按规定需要由负责人签字盖章的经济业务和事项,必须严格履行签字或盖章手续,专用章必须履行相关的审批手续进行登记,每次使用印鉴也应作记录。

印章是明确责任、表明业务执行及完成情况的标记。狭义的票据仅指以支付金钱为目的的有价证券。两者的结合形成款项支付的法定凭据的关键控制点包括:

(1) 限制接近原则的使用,只能是获得授权的人员才能接触票据和印章。

(2) 印章的保管要贯彻不相容职务分离的原则,严禁将办理资金支付业务的相关印章和票据集中一人保管,印章要与空白票据分管,财务专用章要与企业法人章分管。

(3) 对于空白票据和作废票据同样要保存好,并按序号登记,保证票据的全面性。

(4) 不定期抽查票据与印章的管理,保证规定的执行到位。

(5) 要落实回避原则,财务负责人的近亲属不得掌管印章和票据等。

第三节　筹资活动控制

一、筹资管理概述

（一）筹资管理的含义

公司的基本活动是从资本市场上筹集资金、投资于经营性资产，并运用资产进行经营活动。企业筹资活动是指企业根据其生产经营、对外投资和调整资本结构的需要，通过筹资渠道和资金市场，运用筹资方式，经济有效地筹集企业所需的资金的财务行为。筹资活动是企业财务管理的起点。

（二）筹资业务特点

企业筹资业务具有以下特点：

（1）容易受到外部环境的影响。筹资业务基本上对外进行，不可避免受到外部环境的影响，如市场季节性变化、经济波动、通货膨胀及政府管制等。

（2）筹资对企业影响较大。筹资交易金额通常较大，对企业影响也较大。漏记或不恰当的会计处理将导致重大错误，对企业会计报表的公允性产生较大影响。

（3）涉及账户不多，但会计处理却比较复杂。筹资活动取得的资金及其产生的利息、股利与负债和所有者权益直接相关，并且应付债券溢价、折价都需要经过复杂的计算、调整和会计处理等。

（4）筹资渠道及方式较多。筹资方式包括向银行借款，向社会发行债券、股票等。在市场经济条件下，企业拥有理财自主权，可以根据自身实际通过不同渠道采取不同方式筹集所需要的资金。但是，不同的企业在同样的环境下，其筹资却有着不同的效果。有的企业能够及时得到资金，又能够用好资金，企业因此日益发展壮大；而有的企业因为盲目筹资，缺乏完善的筹资控制，致使所筹资金没有发挥其应有的作用，不仅没有解决企业的资金需求，反而使企业背上沉重的债务包袱，甚至导致破产。

（三）筹资活动的意义

（1）筹资活动是企业资金活动的起点，也是企业整个经营活动的基础。通过筹资活动，企业取得投资和日常生产经营活动所需的资金，从而使企业投资、生产经营活动能够顺利地进行。

（2）满足其资本结构调整需要。当企业负债经营决策正确，能够合理保证企业达到最佳资本结构时，这部分资金就可以为企业创造高于负债成本的超额利润，促进实现企业价值的最大化。

(四) 筹资活动的原则

在筹资活动过程中须考虑筹资成本、筹资风险、投资项目及其收益能力、资本结构及其弹性等经济性因素,以及要考虑筹资的顺利程度、资金使用的约束程度、筹资的社会效应、筹资对企业控制权的影响等非经济性因素。因此,企业筹资活动应遵循如下原则:

(1) 规模适度、结构合理、成本节约。
(2) 时机得当、依法筹措。

二、筹资管理的业务流程

通常情况下,筹资的业务流程包括提出筹资方案、筹资方案论证、筹资方案审批、筹资计划编制与执行、筹资活动的监督、评价与责任追究等环节,如图 6.4 所示。

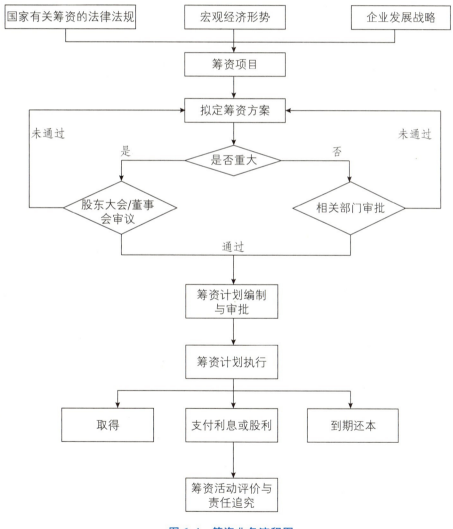

图 6.4 筹资业务流程图

1. 筹资方案提出

（1）进行筹资方案的战略性评估，包括是否与企业发展战略相符合，筹资规模是否适当。

（2）进行筹资方案的经济性评估，如筹资成本是否最低，资本结构是否恰当，筹资成本与资金收益是否匹配。

（3）进行筹资方案的风险性评估，如筹资方案面临哪些风险，风险大小是否适当、可控，是否与收益匹配。

2. 筹资方案审批

（1）根据分级授权审批制度，按照规定程序严格审批经过可行性论证的筹资方案。

（2）审批中应实行集体审议或联签制度，保证决策的科学性。

3. 筹资计划制订

（1）根据筹资方案，结合当时经济金融形势和企业能力，分析不同筹资方式的资金成本，正确选择筹资方式和不同方式的筹资数量，财务部门或资金管理部门制订具体筹资计划。

（2）根据授权审批制度报有关部门批准。

4. 筹资活动的实施

（1）是否按筹资计划进行筹资。

（2）签订筹资协议，明确权利和义务。

（3）按照岗位分离与授权审批制度，各环节和各责任人严格履行审批监督责任，实施严密的筹资程序控制和岗位分离控制。

（4）做好严密的筹资记录，发挥会计控制的作用。

5. 筹资活动评价与责任追究

（1）促成各部门严格按照确定的用途使用资金。

（2）监督检查，督促各环节严密保管好未发行的股票、债券。

（3）监督检查，督促正确计提、支付利息。

（4）加强债务偿还和股利支付环节的监督管理。

（5）评价筹资活动过程，评估筹资活动效果，反思成效与不足，追究违规人员责任。

三、筹资管理的控制目标

筹资管理的主要控制目标包括：

（1）保证筹资方案符合企业整体发展战略，项目可行。财务部门与其他生产经营相关业务部门沟通协调，根据企业经营战略、预算情况与资金现状等因素，提出筹资方案，筹资方案应包括筹资金额、筹资形式、利率、筹资期限、资金用途等内容。

企业组织相关专家对筹资项目进行可行性论证，评估筹资方案是否符合企业整体发展战略，分析筹资方案是否还有降低筹资成本的空间以及更好的筹资方式，对筹资方案面临的风险作出全面评估。

（2）在企业内部按照分级授权审批的原则进行审批，审批人员与筹资方案编制人员应适当分离。在审批中，应贯彻集体决策的原则，实行集体决策审批或者联签制度。筹资方案须经有关管理部门批准的，应当履行相应的报批程序，重大筹资方案应当提交股东（大）会审议,选择批准最优筹资方案。

(3) 制订切实可行的具体筹资计划,科学规划筹资活动,保证筹资活动正确、合法、有效进行。通过银行借款方式筹资的,应当与有关金融机构进行洽谈,明确借款规模、利率、期限、担保、还款安排、相关的权利和义务与违约责任等内容。通过发行债券方式筹资的,应当合理选择债券种类,如普通债券还是可转换债券等,并对还本付息方案作出系统安排,确保按期、足额偿还到期本金和利息。通过发行股票方式筹资的,应当依照《中华人民共和国证券法》等有关法律、法规和证券监管部门的规定,优化企业组织架构,进行业务整合,并选择具备相应资质的中介机构,如证券公司、会计师事务所、律师事务所等协助企业做好相关工作,确保符合股票发行条件和要求。

(4) 按规定进行筹资后评价,评估执行及效果与方案的一致性,对存在违规现象的,严格追究其责任。加强筹资活动的检查监督,严格按照筹资方案确定的用途使用资金,确保款项的收支、股息和利息的支付、股票和债券的保管等符合有关规定,维护筹资信用。

四、筹资管理的主要风险点

筹资管理的主要风险点包括:

(1) 筹资活动违反国家法律、法规,可能遭受外部处罚、经济损失和信誉损失。资金冗余及债务结构不合理,就可能造成筹资成本过高。

(2) 债务过高、资金安排不当、不能按期偿债、资金管理不当等,就会造成资金流失或因筹资记录不真实,而使得账实不符、筹资成本信息不真实。

(3) 筹资分析报告未经适当审批或超越授权审批,可能会产生重大差错或舞弊、欺诈行为而使企业遭受损失。

(4) 筹资授权不以授权书为准,而是逐级授权、口头通知,可能会产生重大差错或舞弊、欺诈行为,从而使企业遭受损失。

(5) 筹资计划没有依据上期预算的完成情况编制,可能导致筹资决策失误,造成企业负债过多,增加财务风险。

(6) 筹资没有考虑筹资成本和风险评估等因素,可能产生重大差错或欺诈行为,从而使企业遭受损失。

(7) 筹资方案的选择没有考虑企业的经营需要,筹资结构安排就会不合理,筹资收益会少于筹资成本,可能造成企业到期无法偿还的利息。

(8) 筹资活动的效益未与筹资人员的绩效挂钩,则会导致追究筹资决策责任时无法落实到具体的部门及人员。

五、筹资管理的关键控制点

(一) 不相容职务分离制度

企业应当建立筹资业务的岗位责任制,明确相关部门和岗位的职责和权限,确保办理筹资业务的不相容职务相分离、制约和监督。单位筹资业务的不相容职务相互分离包括以下内容:

（1）筹资计划的编制人员应与审批人员适当分离，以便审批人员能从独立的立场来衡量计划的优劣程度。

（2）筹资方式的执行人员（如办理股票、债券发行的人员）应与会计记录人员适当分离，通常要求由独立的机构来代理发行债券或股票。

（3）筹资方式的执行人员（如办理股票、债券发行的人员）应与筹集所得资金的保管人员分离，筹集所得资金委托专门机构保管的，应制订有效的监督、控制办法，保证筹集资金的安全、完整。

（4）负责筹资股利或利息计算的人员及会计记录的人员应与支付股利或支付利息的人员分离，并应尽可能地由独立的机构来支付利息或股利。

（5）保管未发行债券或股票的人员应与负责债券或股票会计记录的人员相分离。

（6）不得由同一部门或同一个人办理筹资业务的全过程。

（二）授权审批

授权批准制度的内容主要包括：

（1）企业应授权批准一名总经理（如财务总监）负责筹资业务，并应对其所负的责任及授权范围予以明确规定。

（2）负责筹资业务的总经理应在经营活动中不断地分析单位经营活动所需的资金总量，并在恰当的时候编制筹资计划。在计划中应详细地说明筹资的理由、筹资的数量、筹资前后单位财务状况的变化、筹资对单位未来收益的影响、各种筹资方式收益比较以及对某种筹资方式的建议等。筹资计划必须提交企业负责人批准。

（3）筹资计划被批准后，企业应聘请法律顾问和财务顾问共同审核该项筹资活动使未来净收益增加的可能性及筹资方式的合理性。

（4）企业应授权财务经理策划具体的筹资业务细节。例如，拟订股票发行的合同条款及其他准备向证券交易委员会呈报的有关文件、选择股票的代理发行机构等。在具体细节确定后，企业负责人或领导集体需加以逐项详细审核。

（5）对筹资计划和实施细则进行审核后，应以书面形式记录审核结果，并特别注明筹资的执行程序及各项手续，便于以后进行修改。

另外，还需要结合"三重一大"事项，考虑对外筹资的授权审批程序。

（三）证券保管控制

企业应建立健全债券和股票的保管制度，主要内容包括：

（1）对于核准后且已印刷好但尚未发行的股票、债券，应委托独立的机构代为保管。负责证券签发的人员在证券签发后，应会同银行或信托投资公司指派的人员一起亲自监督证券加封，并且由保管人员、监督人员共同在交接单上签字。

（2）企业应设置股票登记簿和证券登记簿，按照交接单上载明的名称、数量、编号、面值、交接日期和人员等记录以及存放于银行或信托公司的有价证券情况予以记录。单位应定期根据有价证券登记簿的记录同银行或信托公司进行核对。

（3）企业自行保管未发行的有价证券，应指定专人存放于保险箱中保管，并详细登记到股票登记簿和债券登记簿上。应定期清点在库的有价证券，并同有价证券登记簿相核对。

（4）对到期收回的债券，必须于归还本金的同时，戳盖作废或注销的记号。在该类债券全部收回后,由财务负责人、单位负责人、债券保管人等组成的小组,按顺序号清点所有债券;在确认无缺号债券或对缺号债券的原因作调查后,填写包括债券名称、数量、编号、面值、销毁日期等内容的销毁证书,销毁所有债券,防止债券被不合法地再次使用。对股票的保管要做到定期进行清点,应单独设立账簿来记录。保管人在发出股票前,必须取得经总经理或其他具有授权会签资格的人员签字批准的文件。

(四) 会计系统控制

筹资业务中,全过程都应进行会计记录,尤其重视三个节点:发行日、期末计息和溢折价摊销、到期日还本付息。

1. 债券利息支付控制

企业应当恪守信用,按期支付债务筹资的利息。

(1) 单位应指定专人对不同债券支付利息的日期分别在利息支付备忘录上予以记载,防止可能发生的违约事件,同时这一制度对于单位在利息支付日前筹备一定数量的现金也能起到保证作用。

(2) 负责利息支出业务的职员,根据票据面值和利率,计算应付的利息,在得到其他会计人员的复核和被授权人审核批准后,即可支付利息。其控制程序同其他的现金付款相同。公司债券的受息人较多时,单位可将到期应支付的利息总额开出单张支票,委托独立的机构代为发放,防止有人超发或贪污债券利息,从而达到有效控制利息支付的目的。

(3) 企业应明确代理机构的控制责任,并获取其定期的报告。债券发行公司应以代理机构交来的利息支付清单作为公司已支付利息的原始凭证。该凭证上记载的持票人姓名和利息支付金额,应同公司计算的利息总额及开出支票金额相核对。在法定利息支付期满后,代理机构应将该差额退回发行公司,发行公司应监督该差额的退回。

2. 股利发放控制

企业发放的股利是企业的未分配利润,它的发放取决于本年度净收益、以前年度留存收益、现金余额以及公司对未来经营发展的规划。对股利发放的控制制度应做到:

(1) 股利的发放必须由董事会决定。董事会应根据法律的规定范围、公司章程和公司当年实现的净收益等情况,表决通过是否发放股利、股利发放的时间和形式以及每股的股利数。没有董事会有关发放股利的决议,不得发放股利。

(2) 股利的支付有公司自行办理和委托代理机构办理两种形式。从控制的有效性来讲,选择后一种方式更为有利,它可减少发放股利时发生欺诈舞弊或错误的可能性,公司可以通过核对代理机构支付股利后所编制的详细支付清单,并在会计核算上进行控制。

(3) 如果公司自行办理支付股利,一要确定应发放股利的总额;二要做好股利支付清单编制,并报经总经理审批;三要根据股利支付清单填写支票,按照银行付款控制程序支付股利。

3. 会计记录控制

(1) 凡涉及筹资业务的会计记录、授权和执行等方面的人员,应明确职责分工,建立严密完善的账簿体系和记录制度,选用符合会计制度和会计准则的核算方法;如实记录借款的取得、股票与债券的发行、利息费用的确认与利息的支付、股利的分配与发放、借款的归还、债券的兑付和股票的回购等业务。

(2) 发行记名债券的企业应在债券存根簿上记载债券持有人的姓名或名称及住所,债券持有人取得债券的日期及债券的编号、债券总额、债券的票面金额;发行无记名债券的企业应在债券存根簿上记载债券的总额、利率、偿还期限和方式、发行日期和债券编号。

(3) 公司应设置股东明细账,发行记名股票的公司应详细记录股东名称及住所、各股东所持股份数、各股东所持股票的编号、各股东取得其股份的日期。发行无记名股票的公司应当记载其股票数量、编号及发行日期。

(4) 企业应加强相关账目的核对工作,股东明细账应定期与股本总账核对相符,记录债券持有人的明细资料应同总分类账核对相符,以保证筹资业务记录的准确性以及如实提供筹资活动的相关信息。

第四节 投资活动控制

一、投资活动概述

(一) 投资管理的含义

企业投资活动是指企业投入财力以期望在未来获取收益的一种行为,是筹资活动的延续,也是筹资的重要目的之一。投资包括对外的股权投资和债权投资。

(二) 投资活动的意义

(1) 投资活动作为企业的一种盈利活动,是发展生产的必要手段,对于筹资成本补偿和企业利润创造,具有举足轻重的意义。

(2) 投资虽然牺牲或放弃了现在可用于消费的价值,但可以在未来的某个时期获得总价值超出原有价值的经济活动,是企业达到预期财务目标的基本前提。

(3) 所有资金投资在同一个领域是比较冒险的做法,对于资金管理要有一定的风险分散意识,投资活动通过甄选,将不同类别的投资产品设计出来,是降低企业资金管理风险的重要方法。

(三) 投资管理的基本原则

(1) 认真进行市场调查,及时捕捉到投资机会。
(2) 建立科学的投资决策程序,认真进行投资项目的可行性分析。
(3) 及时足额地筹集资金,保证投资项目的资金供应。
(4) 认真分析风险和收益的关系,适当控制企业的投资风险。

(四) 投资管理的业务流程

投资活动业务流程一般包括拟定投资方案、投资方案可行性论证、投资方案决策、投资计划编制与审批、投资计划实施、投资项目的到期处置等环节,如图 6.5 所示。

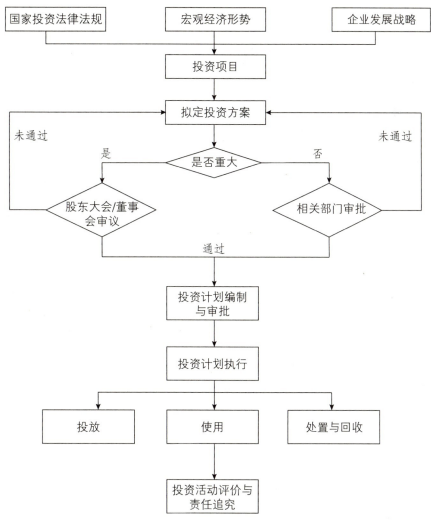

图 6.5　投资业务流程图

1. 投资方案的提出

(1) 进行投资方案的战略性评估,包括是否与企业发展战略相符合。

(2) 投资规模、方向和时机是否适当。

(3) 对投资方案进行技术、市场、财务可行性研究,深入分析项目的技术可行性与先进性、市场容量与前景以及项目预计现金流量、风险与报酬,比较或评价不同方案的可行性。

2. 投资方案审批

(1) 明确审批人对投资业务的授权批准方式、权限、程序和责任不得越权。

(2) 审批中应实行集体决策审议或者联签制度。

(3) 与有关被投资方签署投资协议。

3. 编制投资计划

(1) 核查企业当前的资金及正常生产经营预算对资金的需求量,积极筹措投资项目所需资金。

(2) 制订详细的投资计划,并根据授权审批制度报有关部门审批。

4. 实施投资方案

(1) 根据投资计划进度,严格分期、按进度适时投放资金,严格控制资金流量和时间。

(2) 以投资计划为依据,按照职务分离制度和授权审批制度,各环节和各责任人正确履行审批监督责任,对项目实施过程进行监督和控制,防止各种舞弊行为,保证项目建设的质量和进度要求。

(3) 做好严密的会计记录,发挥会计控制的作用。

(4) 做好跟踪分析工作,及时评价投资的进展,将分析和评价的结果反馈给决策层,以便及时调整投资策略或制订投资退出策略。

5. 投资后的跟踪

(1) 指定专人跟踪投资项目或公司的运营情况,索取会计报告运营分析等数据,关注投产后的相关问题及提出解决方案。定期分析项目或公司运营情况,专门形成分析制度,将公司运行情况上报决策层。

(2) 要定期评估投资的成效,确定投资资产的价值,对资产减值情况进行评估,并决定信息披露的内容和方式。

6. 投资资产处置控制

(1) 投资资产的处置应该通过专业中介机构,选择相应的资产评估方法,客观评估投资价值,同时确定处置策略。

(2) 投资资产的处置必须经过董事会的授权批准。

二、投资管理的控制目标

投资管理的控制目标主要包括:

(1) 根据企业发展战略、宏观经济环境、市场状况等,合理安排资金投放结构,科学确定投资项目,选择投资项目应突出主业,谨慎从事股票投资或衍生金融产品等高风险投资。

(2) 进行投资方案可行性论证,对投资项目进行严格的可行性研究与分析,重点对投资目标、规模、方式、资金来源、风险与收益等作出客观的评价,从投资活动的技术可行性、市场容量与前景等多方面进行科学论证。

(3) 按照规定的权限和程序对投资项目进行决策审批,要通过分级审批、集体决策来进行,决策者应与方案制订者适当分离,投资方案需要经过有关管理部门审批的,应当履行相应的报批程序,重大投资项目,应当报经董事会或股东(大)会批准,选择批准最优投资方案。

(4) 根据审批通过的投资方案,制订切实可行的具体投资计划作为项目投资的控制依据,与被投资方签订投资合同或协议,明确出资的时间、金额、投资具体内容、项目进度、质量标准与要求等,并按程序报经有关部门批准。

(5) 保证投资活动按计划合法、有序、有效进行。企业指定专门机构或人员对投资项目进行跟踪管理,及时收集经被投资方审计的财务报告等相关资料,定期组织投资效益分析,关注被投资方的财务状况、经营成果、现金流量以及投资合同履行情况,发现异常情况的,应当及时报告并妥善处理。

在项目实施中,还必须根据各种条件,准确地对投资的价值进行评估,根据投资项目的公允价值进行会计记录。如果发生投资减值,应及时提取减值准备。

（6）保证投资资产的处理符合企业的利益，对投资收回、转让、核销等决策和审批程序作出明确规定。重视投资到期本金的回收；转让投资应当由相关机构或人员合理确定转让价格，报授权批准部门批准，必要时可委托具有相应资质的专门机构进行评估；核销投资应当取得不能收回投资的法律文书和相关证明文件。

三、投资管理的主要风险点

投资管理的主要风险点包括：

（1）对投资项目或被投资企业未进行科学、严密的评估和论证或没有经过专业机构的独立评估，可能因为决策失误而导致重大损失。

（2）投资行为违反国家法律、法规，可能遭受外部处罚、经济损失和信誉损失。

（3）追加投资行为不规范或没有经过严格审批，可能给企业造成经济损失和信誉损失。

（4）投资业务未经适当审批或超越授权审批，可能产生重大差错或舞弊、欺诈行为，从而导致损失。

（5）投资的收回不按规定权限和程序进行审批或投资收回协议签订不合理，就可能导致企业资金和资产的流失和浪费。

（6）投资核销没有经过充分调研或没有经过严格审批，可能导致企业资产虚增或资产流失，造成资金和资产浪费。

（7）资产减值的确定和审批不合理、不规范，可能导致企业资产虚增或资产流失，造成资金和资产浪费及损失。

（8）资产减值的会计处理不规范或没有经过严格审批，可能导致资产账目混乱，增加管理成本，或因资产减值会计披露不当而造成企业外部投资者的决策失误。

四、投资管理的关键控制点

投资管理的关键控制点如下：

（一）不相容岗位分离控制

在对外投资业务不相容职务包括：对外投资的可行性研究的编制，投资计划的编制与审批；投资业务的操作与会计记录；有价证券的保管与会计记录；股利利息的收取与会计记录等。不得由同一人或同一部门办理投资全部过程的业务。

（二）授权审批控制

企业的对外投资必须符合企业投资战略的要求，并编制投资计划，就投资对象或投资品种、投资理由、投资数量、投资期限及投资组合方案等进行详细说明。在投资计划报送审批之前，必须对投资市场估计的合理性、投资收益估算的恰当性、短期投资的变现能力、收益能力及风险进行复核，特别是对于投资对象的各种风险应进行充分评估，然后按照既定的对外投资审批程序，经过充分论证、审查批准后方可执行。

为了保证对外投资的有效性，降低投资风险，必须建立科学的投资决策制度，保证一切投资活动都经过必要的授权审批程序，并根据这一目标设计相关的程序和制度，确保投资活动在投资的初始环节得到有效的控制,为以后各期降低投资风险、提高投资收益奠定良好的基础。

(1) 投资部或财务部具体负责投资意向的确定、可行性报告的初步研究以及投资方案经公司决策机构或权力机构批准后的具体实施。

(2) 董事会是公司的决策机构,对投资方案决策权的行使分为三个层次、三个阶段。所谓三个层次是指董事会、战略委员会和投资评审小组。所谓三个阶段是指准备阶段、咨询论证阶段和建议形成阶段。

(3) 股东大会作出决议。《公司法》对有限责任公司和股份有限公司股东会、股东大会涉及投资业务的职权作出了规定。

(三) 投资资产的保管控制

对于投资资产的保管至关重要。投资资产保管控制的关键点有保管方式的选择、限制接触的制度、投资资产的盘点等。

有价证券一般具有较强的流通性,极易遗失或毁损,必须加强对证券实物的保护。购入的证券最好存放于银行、信托公司或保险公司中。这些机构拥有丰富的经验和专门设备,对证券实物的保护措施更为安全可靠。而且这些机构能以独立的立场帮助公司记录证券实物的数量,从而避免企业证券实物记录被篡改。

(四) 投资资产的会计记录控制

对投资业务的完整记录,一方面可以使投资交易活动中每个人的职权和责任、授权和被授权情况得到反映,从而便于监督检查投资业务是否按照内部控制制度的要求进行;另一方面可以保护证券实物、确定公司投资资产的价值、计算和反映投资收益。

在投资资产的记录控制中,控制的关键点在于确定投资资产的记录人和记录内容。其中,投资资产记录的内容应该包括:资产持有人、投资资产的入账价值、持有期间收益、处置收益和期末价值的确定等。

复习训练题

一、单选题

1. 以下资产中,流动性最强的是: ( )
   A. 货币资金　　　B. 存货　　　C. 固定资产　　　D. 无形资产
2. 下列控制措施中,最有效预防员工贪污、挪用销售款的办法是: ( )
   A. 应收账款明细账记录人员担任出纳
   B. 银行存款出纳与现金出纳分离
   C. 收到客户支票后寄送收款凭证
   D. 请客户将汇款直接汇入企业指定的银行账户

3. 以下内容应当在银行存款账户中核算的是： （   ）
   A. 银行汇票存款   B. 银行本票存款
   C. 现金支票   D. 信用卡存款
4. 按照要求,应当由(   )核对银行存款日记账和银行对账单,编制银行存款余额调节表。
   A. 记账人员   B. 出纳以外的人员
   C. 出纳   D. 会计人员
5. 注册会计师注意到：A 公司的银行对账单余额显示 585 000 元,公司已收、银行尚未入账的销售款 100 000 元,公司已付、银行尚未入账的预付款 50 000 元,银行已收、公司尚未入账的退回押金 35 000 元,银行代扣、公司尚未入账的水电费 25 000 元。注册会计师审计后确认的银行存款日记账余额应是： （   ）
   A. 625 000 元   B. 635 000 元   C. 575 000 元   D. 595 000 元
6. 以下符合不相容岗位分离要求的是： （   ）
   A. 出纳员承担现金收付、银行结算及货币资金的日记账核算,同时兼任会计档案的保管
   B. 出纳保管签发支票所需的全部印章
   C. 出纳兼任收入明细账和总账的登记工作
   D. 出纳兼任固定资产卡片的登记工作
7. 公司的(   )部门负责拟定筹资方案。
   A. 投资部门   B. 证券发行单位
   C. 审计部门   D. 财务部门
8. 为进行以下哪种投资,适合选择短期筹资方式： （   ）
   A. 购置存货   B. 购置固定资产
   C. 购置无形资产   D. 长期投资
9. 以下哪种说法是错误的： （   ）
   A. 董事会对筹资计划进行审核,可以采用口头方式
   B. 筹资业务的执行与会计记录应当分离
   C. 股利支付的计算应与支票填制人员分离
   D. 委托独立机构保管有价证券是限制性接触的有效办法
10. 投资业务操作人员与会计人员相分离是为了保证： （   ）
    A. 会计账簿对有价证券的安全进行有效监控
    B. 业务运行和会计记录的相互核对与控制
    C. 防范投资决策风险
    D. 审批人员客观地分析投资的可行性、合理性

二、多选题
1. 资金活动应该关注哪些风险： （   ）
   A. 筹资决策不当,引发资本结构不合理或无效融资,可能导致企业筹资成本过高或债务危机
   B. 投资决策失误,引发盲目扩张或丧失发展机遇,可能导致资金链断裂或资金使用效益低下

C. 资金调度不合理、营运不畅，可能导致企业陷入财务困境或资金冗余

D. 资金活动管控不严，可能导致资金被挪用、侵占、抽逃或遭受欺诈等现象

2. 从财务的角度来看，货币资金包括哪些： （　　）

A. 库存现金　　　　　　　　　　B. 银行存款

C. 其他货币资金　　　　　　　　D. 商业承兑汇票

3. 注册会计师注意到以下违反不相容岗位分离要求的是： （　　）

A. 银行出纳员同时编制银行存款余额调节表

B. 出纳人员兼任支出明细账的登记工作

C. 现金出纳同时兼任现金日记账

D. 现金出纳同时审核原始凭证，登记记账凭证

4. 对外投资的执行应与（　　）岗位分离。

A. 决策　　　B. 审批　　　C. 考核　　　D. 会计记录

5. 企业筹资业务具有哪些特点： （　　）

A. 容易受到外部环境的影响

B. 筹资对企业影响较大

C. 涉及账户不多，但会计处理却比较复杂

D. 筹资渠道及方式较多

6. 筹资管理的关键控制点包括 （　　）

A. 不相容职务分离制度　　　　　B. 授权审批

C. 证券保管控制　　　　　　　　D. 会计系统控制

7. 投资管理的业务流程包括以下哪些阶段： （　　）

A. 拟定投资方案　　　　　　　　B. 投资方案可行性论证和决策

C. 投资计划编制与审批　　　　　D. 投资计划实施和投资项目的到期处置

8. 以下属于对外投资业务的不相容岗位是： （　　）

A. 对外投资的可行性研究的编制与投资计划的编制

B. 投资计划的编制与审批

C. 投资业务的操作与会计记录

D. 有价证券的保管与会计记录

三、判断题

1. 资金周转是企业整体资产周转的依托，没有资金的良好运转，企业的生存与发展是不可能的。 （　　）

2. 为了管理方便需要，企业可以用现金收入直接进行现金支付。 （　　）

3. 重要业务或金额较大的业务，应该由不同的人员进行两次复核，或者建立双签制度。 （　　）

4. 出纳在每个工作日结束后，及时清点现金，与日记账核对。 （　　）

5. 一般存款账户可以进行日常经营活动的资金收付，以及存款人的工资、奖金和现金的支取。 （　　）

6. 使用网上交易、电子支付方式的企业办理货币资金业务，因为支付方式改变，可以简化、变更支付货币资金所必需的授权审批程序。 （　　）

7. 严禁将办理资金支付业务的相关印章和票据集中一人保管，印章要与空白票据分开

保管。（　　）

8. 筹资计划的编制人员应与审批人员适当分离，以便审批人员能从独立的立场来衡量计划的优劣程度。（　　）

9. 根据企业发展战略、宏观经济环境、市场状况等，合理安排资金投放结构，科学确定投资项目，选择投资项目应突出主业，谨慎从事股票投资或衍生金融产品等高风险投资。
（　　）

四、案例分析

2018 年底，会计师事务所在对某公司进行审计时发现下述事项，请逐项分析其内部控制方面存在的问题。

（1）收付款原始凭证复核和收付款凭证的编制，均由出纳员负责。

（2）由于出纳员王某住院，公司指定由会计人员兼任出纳员。

（3）支票、印章均由出纳员保管。

（4）公司丢失 3 月和 5 月的银行对账单，且 10 月和 11 月的银行存款余额调节表尚未编制。

（5）在对公司进行库存现金盘点时，发现库存现金实有数为 3 425.38 元，现金日记账余额为 5 825.38 元，有 4 张职工借条，合计为 2 400 元。

第七章

资产管理业务控制

先导案例

淮安翔宇木制品有限公司是当地一家进出口企业。从2004年到2007年每年的出口创汇位居全市第三，年销售额达8 600万元左右。2008年以后该企业的业绩逐渐下滑，亏损严重，2010年底宣布破产。

相关部门审计中发现，该企业的倒闭，不排除有市场同类产品的价格下降、原材料价格上涨等客观因素，但根本的原因是自身内部管理的混乱。该企业的产品成本、费用核算不准确，浪费现象严重，存货的采购、验收入库、领用、保管不规范，缺乏一个健全有效的内部控制制度。审计过程中发现存货内部控制存在如下问题：

（1）材料采购与验收入库脱节。公司董事长常年在国外，材料的采购完全由董事长个人掌控，材料到达入库后，仓库保管员按实际收到材料的数量和品种入库，实际采购数量和品种保管员无法掌握，也没有合同等相关的资料。

（2）材料采购与会计账务处理脱节。材料采购发票入账不及时，会计人员往往在月底根据自己对材料的估价进行入账；由于管理混乱，有些发票往往几个月，甚至长达一年之后才收回，导致实际入库的数量与发票的数量无法进行核对，造成材料成本核算不准确。

（3）仓库保管与会计监督脱节。公司期末库存材料的盘点均由仓库保管员自己单独完成，盘点的结果与会计账面核对不一致的，既不及时查找原因，也不进行账务处理，存货盘点流于形式。

（4）材料的领用无章可循。由于没有建立起规范的材料领用制度，车间在生产中随用随领，既没有计划，多领也不办理退库手续；生产中的残次料随处可见，浪费现象十分严重。

以上存货内部控制方面存在的问题，只是该企业在实物资产管理方面的现象，是整个企业经营管理混乱的一个缩影，造成该企业破产的根本原因在于没有建立起一套完整的、符合企业实际的内部控制制度。具体分析如下：

第一，该企业基本没有内部控制制度，更谈不上机构设置和人员配备合理性问题。在内部控制中，没有建立起单位法人和高管人员对实物资产管制的授权与审批制度，造成计划、采购、验收、保管、领用等环节的脱节，管理混乱。

第二，该企业没有对入库存货的质量、数量进行检验的控制制度，没有健全的存货保管制度，造成存货验收无章可循，乱象横生。

第三，没有规范的材料的领用和盘点制度，也没有定额管理制度，材料的消耗完全凭生产工人的自觉，没有形成保管与领用、生产与核算、实物保管与清查等监督制约机制，最终造成产品成本失控，经济效益下滑。

第四，存货的确认、计量没有标准，完全凭会计人员的经验，直接导致企业的成本费用不实。

第一节　资产管理概述

一、资产管理概述

资产一般认为是企业拥有和控制的能够用货币计量并能够给企业带来经济利益的经济资源,强调资产能够为企业创造价值。企业一般可以通过两条途径获取竞争优势:一是能够以比竞争对手更低的成本向顾客提供同样的产品或服务,二是能够为顾客提供竞争对手无法提供的产品或服务。但是,这些都需要一系列的有形和无形资产来支持。因此内部控制的主要目标之一就是要保证这些资产的安全与完整。

资产作为企业重要的经济资源,是企业从事生产经营活动并实现发展战略的物质基础和重要保障,资产管理贯穿于企业生产经营全过程,对企业具有重大意义。在企业早期的资产管理实践中,如何保障资产的安全是内部控制的重点。在现代企业制度下,资产业务内部控制已从如何防范资金挪用、非法占用和实物资产被盗拓展到重点关注资产效能,充分发挥资产资源的物质基础作用,促进战略目标的实现。

二、资产管理的总体要求

为促进实现资产管理目标,企业应当加强各项资产管理,全面梳理资产管理流程,及时发现资产管理中的薄弱环节,切实采取有效措施加以改进,并关注资产减值迹象,合理确认资产减值损失,不断提高企业资产管理水平。

1. 全面梳理资产管理流程

无论是新企业还是存续企业,为组织生产经营活动,都需要相关资产管理制度,并按照严格的制度管理各项资产。为了保障资产安全、提升资产管理效能,企业应当全面梳理资产管理流程。

2. 查找资产管理薄弱环节

企业强化资产管理的关键步骤,就是通过全面梳理资产管理流程,查找资产管理薄弱环节。这些薄弱环节若不引起重视并及时加以修正和改进,通常可能引发资产流失或运行风险,或者企业资产不能发挥应有的效能。

3. 健全和落实资产管控措施

在全面梳理资产管理流程、查找资产管理薄弱环节之后,企业应当对发现的薄弱环节和问题进行归类整理,深入分析,查找原因,健全和落实相关措施。企业应当按照内部控制规范提出的对固定资产、无形资产和在建工程管理的要求,结合所在行业和企业的实际情况,建立健全各项资产管理措施。

第二节　固定资产管理的内部控制

一、固定资产管理概述

1. 固定资产的含义

固定资产是指为生产商品、提供劳务、出租或经营管理而持有的,使用寿命超过一个会计年度的有形资产。主要包括房屋建筑物、机械设备、运输设备以及其他与生产经营活动有关的设备。固定资产是企业资产的重要组成部分,是企业开展业务活动必不可少的物质基础,是企业赖以生存和发展的重要资源,在企业生产经营过程中起着举足轻重的作用。其价值一般随着企业生产经营活动逐渐转移到产品成本中。

固定资产管理是指通过对固定资产的管理以提高资产利用率,减少资产的无谓损失,最终使固定资产的效用达到最大化的一种活动。固定资产管理不仅是企业管理的重要组成部分,也是企业提高经济效益的关键。固定资产的安全、完整直接关系企业生产经营的可持续发展能力。

2. 固定资产管理的特点

固定资产在企业资产总额中一般都占有较高比例,且循环时间长,为确保企业资产安全、完整,固定资产管理责任重大。固定资产管理是项复杂的组织工作,涉及基建部门、财务部门、后勤部门等。同时,固定资产管理是一项较强的技术性工作,固定资产管理一旦失控,其造成的损失将远远超过一般的流动资产。

3. 固定资产管理业务流程

固定资产的取得方式一般有外购、自行建造和非货币性资产交换换入等。本节主要讨论外购固定资产的管理。固定资产管理的业务流程可划分为预算、采购和验收、使用与维护、盘点、处置五个主要环节,每个环节具有更细化的业务活动。固定资产管理基本业务流程如图 7.1 所示。

4. 加强固定资产内部控制的意义

固定资产内部控制是企业内部控制的重要环节。通过一系列方法和程序所形成的具有相互监督和制约、内部自我调节功能的控制系统,促使企业实现经营目标、保护资产安全与完整、保证财务收支合法以及会计信息真实可靠。固定资产内部控制影响着企业的生产经营。对固定资产会计核算是否正确、管理是否到位,不仅直接影响到资产负债表和利润表的质量,并进而影响到会计信息使用者作出的经济决策是否恰当。固定资产内部控制有利于企业健康发展。加强固定资产内部控制,保证固定资产的完整,实现固定资产的合理利用,对企业良好而持续的发展十分重要。

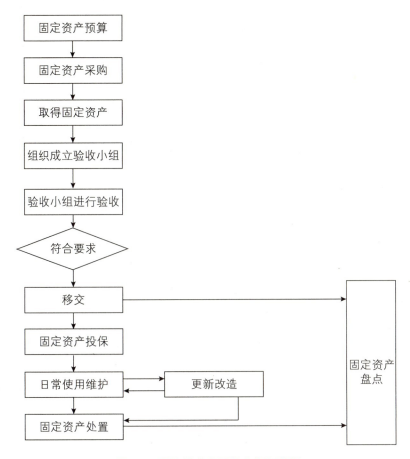

图 7.1　固定资产管理基本业务流程

二、固定资产管理的内部控制目标

(一) 战略目标

(1) 加强公司各类固定资产的管理,防止固定资产流失,维护公司资产的安全和完整,确保各项工作顺利进行。

(2) 提高公司固定资产使用效能,处置闲置、效益低的固定资产,使固定资产产生其应有社会效益和经济效益。

(3) 固定资产对外投资,扩大公司规模,形成规模经营,提高影响,树立良好的公众形象。

(二) 经营目标

(1) 优化人员配置,执行有效职责分工和权限范围。

(2) 实行正确的固定资产投资决策,产生经济效益。

(3) 定期考核固定资产的利用效果和完好率,保持稳定资产运营能力。

(4) 科学保管,定期盘点。

(5) 规范处置固定资产,避免造成企业资产流失。

(6) 确保固定资产的正常运行,高效地生产出市场需要的让客户满意的产品,并发挥其最大效用。

(三) 财务目标

(1) 建立健全固定资产台账、档案,保证固定资产账目真实、准确。
(2) 财务账表与实物核对相符。
(3) 固定资产的确认、计量和报告应当符合国家统一的会计准则制度。
(4) 合理计提折旧,真实地反映公司的成本和利润,正确地评价经营成果。

(四) 合规性目标

(1) 符合国家有关安全、消防、环保等方面的规定及公司内部规章制度。
(2) 遵守合同法等法律、法规的规定,维护公司的合法权益,避免公司承担法律风险。
(3) 遵守公司内部规章制度,避免产生内部舞弊行为。

三、固定资产管理的主要风险点

固定资产管理的主要风险是企业在经营管理过程中,固定资产取得和验收不当、更新改造不够、使用效能低下、维护不当、产能过剩,可能导致企业产生缺乏竞争力、资产价值贬损、安全事故频发或资源浪费的风险。根据固定资产的基本业务流程,固定资产管理的主要风险点包括以下几个方面:

(一) 固定资产预算环节的主要风险点

1. 固定资产预算的业务流程

固定资产预算的一般业务流程如图7.2所示。

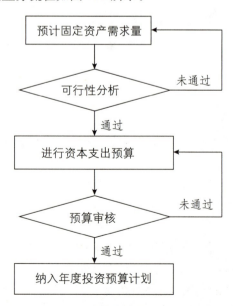

图7.2 固定资产预算业务流程图

2. 固定资产预算的主要风险点

固定资产预算控制是企业生产部门根据实际情况编制固定资产需求报告，采购、财务等管理部门以及高层管理者对其进行复核，提出修改意见后由生产部门协同财务部门编制正式预算方案。此环节的主要风险点包括：

（1）固定资产预算不当，不符合企业发展战略，投资规模超出企业生产经营实际需要和筹资能力，盲目上项目，造成半拉子工程，使投资无法发挥经济效益。

（2）一些项目投资可行性分析不到位，项目一建成就开始亏损，造成较大的投资损失。

（二）固定资产采购与验收环节的主要风险点

1. 固定资产采购与验收环节的业务流程

固定资产采购与验收环节的一般业务流程如图7.3所示。

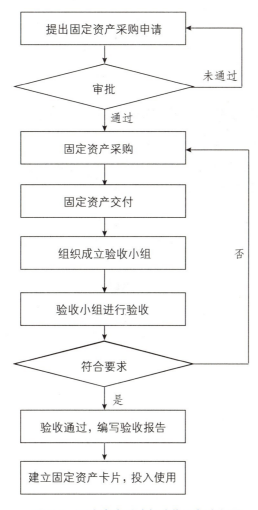

图 7.3　固定资产采购与验收业务流程图

2. 固定资产采购与验收环节的主要风险点

固定资产的采购是极易出现问题的一个环节，不容忽视。不同类型的固定资产有不同的验收程序和技术要求，同一类固定资产也会因其标准化程度、技术难度不同而对验收工作提出不同的要求。此环节的主要风险点包括：

(1) 固定资产授权审批制度不健全、岗位分工不合理而产生舞弊行为的风险。

(2) 固定资产采购申请不符合实际生产经营需要，采购申请不当，固定资产采购决策失误，可能造成资产损失或资源浪费。

(3) 供应商选择的风险。定期对一般供应商和定点供应商（即有经常性往来的供应商）进行评定，可能因未明确参与评价的部门，从而对供应商的评价不够全面；对于供应商的评价结果及采取的措施没有在一定范围内进行公示，因而缺乏有效的监督，评价工作没有起到应有的效果。

(4) 价款支付的风险。对固定资产采购支付预付款，可能因未指定固定资产采购资金中预付款的使用范围及缺乏相应的跟踪核查的规定，造成预付款资金占用时间长、使用不合理的状况出现，缺乏跟踪核查制度会导致项目完成时没有取得相应凭据、不能及时进行财务方面的账务处理等问题。

(5) 验收小组成员选择不当，验收过程不规范，可能使不合格资产进入企业，导致资产损失或资源浪费。

(6) 固定资产的记录不及时、不准确、不完整可能导致资产流失信息失真、账实不符。

（三）固定资产使用与维护环节的主要风险点

1. 固定资产使用与维护环节的业务流程

固定资产使用与维护环节包括固定资产操作与维护、更新改造、投保三个子流程。

(1) 固定资产操作与维护环节的一般业务流程如图7.4所示。

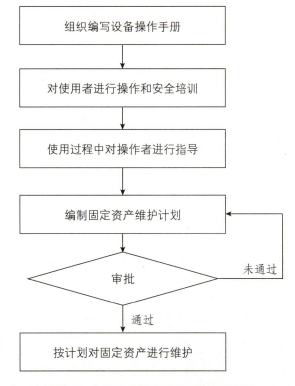

图 7.4　固定资产操作与维护业务流程图

（2）固定资产更新改造环节的一般业务流程如图7.5所示。

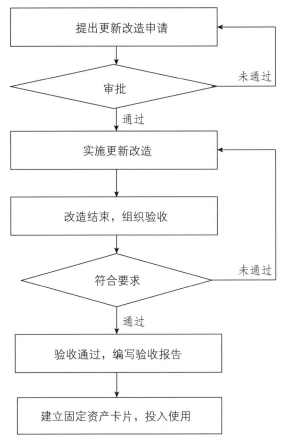

图7.5 固定资产更新改造业务流程图

（3）固定资产投保环节的一般业务流程如图7.6所示。

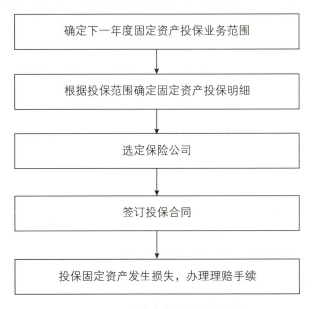

图7.6 固定资产投保业务流程图

2. 固定资产使用与维护环节的主要风险点

此环节的主要风险点包括：

（1）因保管不善、操作不当引起固定资产被盗、毁损、事故等。

（2）固定资产因失修或维护过剩，造成使用效率降低、生产产品残次率增高、资源浪费，甚至发生生产事故。

（3）固定资产维护计划编制不合理、审批过程不规范、维护过程不当，可能导致企业固定资产维护费用被滥用，造成资金、资产浪费和损失。

（4）因长期闲置造成资产毁损，失去其使用价值。

（5）固定资产更新改造申请不符合企业实际发展需要，极有可能导致重复建设或资源浪费。

（6）固定资产更新改造不够，可能造成企业产品线老化，缺乏市场竞争力。

（7）未及时完整办理保险或投保制度不健全，可能导致应投保资产未投保、索赔不力，从而不能有效转移资产损失风险。

（四）固定资产盘点环节的主要风险点

1. 固定资产盘点环节的业务流程

固定资产盘点环节的一般业务流程如图7.7所示。

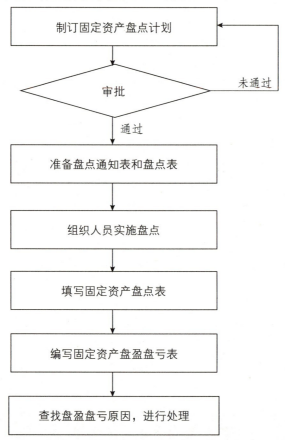

图 7.7 固定资产盘点业务流程图

2. 固定资产盘点环节的主要风险点

固定资产盘点是指使用部门和固定资产管理部门进行固定资产清查,并编制盘点表,财务部门派人员进行监盘或抽盘,复核盘点结果的正确性,在查明盘盈盘亏的基础上,编制盘盈盘亏报告,经批准后调有关账簿记录的环节。此环节的主要风险点包括:

(1) 未按规定组织固定资产盘点,固定资产盘点不及时、不准确、不完整,可能造成固定资产流失。

(2) 固定资产的盘点差异报批与处理不及时或不规范,可能造成资产损失或固定资产账实不符。

(五) 固定资产处置环节的主要风险点

1. 固定资产处置环节的业务流程

固定资产处置环节的一般业务流程如图 7.8 所示。

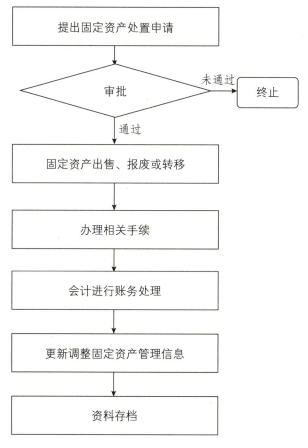

图 7.8 固定资产处置业务流程图

2. 固定资产处置环节的主要风险点

固定资产的处置控制首先要由固定资产使用部门或管理部门提出申请,并将申请材料上交相关负责人复核审批,按照审批意见开展固定资产清理业务。此环节的主要风险点包括:

(1) 固定资产处置业务管理混乱,职责分工不明确、流程不清晰,对处置业务没有引起足够重视而任意处置固定资产,易导致资产流失。

(2) 企业员工为谋取私利,未履行岗位职责,未经过适当的申请、审批、鉴定等程序,擅自确定固定资产评估机构或超越授权范围审批评估结果,出售过程中收受回扣,可能导致出售价格过低,造成资产损失。

(3) 企业内部固定资产调配未按规定处理,造成管理信息失真。

(4) 固定资产处置的相关凭证未提交给财务部门,导致账实不符。

四、固定资产管理的关键控制点

企业应当加强房屋建筑物、机器设备等各类固定资产的管理,重视固定资产维护和更新改造,不断提升固定资产的使用效能,积极促进固定资产处于良好运行状态。固定资产管理的关键控制点主要包括以下几个方面:

(一) 岗位分工与授权批准控制点

(1) 企业应当建立固定资产业务的岗位责任制,明确相关部门岗位的职责、权限,确保办理固定资产业务的不相容岗位相互分离、制约和监督。固定资产业务的不相容岗位至少包括:固定资产投资预算的编制与审批,固定资产的取得、验收与款项支付,固定资产投保申请与审批,固定资产保管与清查,固定资产处置申请、审批与执行,固定资产业务审批、执行与相关会计记录。企业不得由同一部门或个人办理固定资产的全过程业务。

(2) 企业应当配备合格的人员办理固定资产业务。办理固定资产业务的人员应当具备良好的职业道德和业务素质。

(3) 企业应当建立固定资产业务的授权批准制度,明确授权的方式、程序和相关控制措施,规定审批人的权限、责任以及经办人的职责范围和工作要求。严禁未经授权的机构或人员办理固定资产业务。

(4) 审批人应当根据固定资产业务授权批准制度的规定,在授权范围内进行审批,不得超越审批权限。经办人应当在职责范围内,按审批人的批准意见办理固定资产业务。对于审批人超越授权范围审批固定资产业务的情况,经办人有权拒绝办理,并及时向审批人的上级授权部门报告。

(5) 企业应当制订固定资产业务流程,明确固定资产的预算、采购、验收、使用、维护、盘点、处置等环节的控制要求,并设置相应记录或凭证,如实记录各环节业务的开展情况,确保固定资产业务全过程得到有效控制。

(二) 固定资产预算环节的关键控制点

企业编制的固定资产预算,应当符合企业发展战略和生产经营实际需要,综合考虑固定资产投资方向、规模、资金成本、预计现金净流量等因素,对投资项目的可行性应该进行周密系统的分析和研究,实行集体决策,对决策所依据的信息应该做到全面和真实,对风险应该有充分的认识。关键控制点包括:

(1) 企业应建立固定资产预算管理制度。编制固定资产支出预算时,工程技术、计划、财务、采购、生产等各部门人员共同参加,并要考虑投资预算额、机会成本、资本成本、预计现金净流入等因素。

（2）为了便于日后对实际投资额的控制,编制投资额较大的资本支出预算时,应有各分项投资预算额。

（3）重大的固定资产投资项目应考虑聘请独立的中介机构或人士进行可行性研究评价,并实行集体决策和审批,防止出现决策失误。

（三）固定资产采购与验收环节的关键控制点

此环节的关键控制点包括：

（1）预算内固定资产投资项目应按照预算执行进度办理相关手续,超过预算或预算外固定资产投资项目应由相关责任部门提出申请,经审批后再办理相关手续。

（2）企业应建立固定资产采购管理办法,明确请购、审批部门和人员的职责权限及相应的请购与审批程序。采购过程应规范、透明。一般固定资产采购应由采购部门采取比质比价的方法确定供应商,重大固定资产采购,应采取招标方式进行,由工程部、审计部、财务部、投资部、专家及使用企业成立专门工作小组,共同参与项目论证、公开招标等环节的工作。

（3）加强现有供应商评价制度及其管理工作,对于首次进入备选清单的供应商应核查其资信状况以及承揽项目的能力。

（4）建立预付款支付、批准制度,建立预付款跟踪管理制度。

（5）企业应建立固定资产验收管理办法,资产管理部会同采购部按照产品说明书、采购发票、合格证等详细检查固定资产实物,必要时,财务部也应参与重大固定资产的验收工作；验收合格的固定资产,应当编制固定资产交接单,由财务部、资产管理部、资产使用部门登记固定资产实物台账。

（6）企业应当制订固定资产目录,对验收合格后的每项固定资产进行编号,按照单项资产建立固定资产卡片,详细记录各项固定资产的来源、验收、使用地点、责任单位和责任人、运转、维修、改造、折旧、盘点等相关内容。并据此进行账务处理,保证资产管理部、资产使用部、财务部账、卡、物一致。

（四）固定资产使用与维护环节的关键控制点

企业应当加强固定资产日常使用维护管理,保证固定资产正常运行,控制固定资产维修保养费用,提高固定资产效率。此环节的关键控制点包括：

（1）固定资产使用部门及管理部门应建立固定资产运行管理档案并据以制订合理的日常维修和大修理计划,并报主管领导审批。

（2）企业应建立固定资产维修保养管理办法,定期对固定资产进行检查、维修和保养,及时消除安全隐患,降低固定资产故障率和使用风险,同时,应根据固定资产类别和特性制订年度、季度和月度维修保养计划,并严格予以实施。

（3）对于企业生产线等直接影响企业安全生产和产品质量的关键设备,必须由专业技术人员来操作,做好岗前培训,特殊设备操作应持证上岗,日常维修保养,特别是大修应选择生产单位或其授权的专业单位和人员实施。同时,应严格按照资产使用流程和操作流程实时监控资产运转。

（4）企业应建立固定资产更新改造管理办法,定期对固定资产技术先进性进行评估,结合盈利能力和企业发展可持续性,由资产使用部门根据需要提出更新改造方案,与财务部门一起进行预算可行性分析,并且经过管理部门的审核批准。

(5) 管理部门需对更新改造方案实施过程适时监控、加强管理,有条件的企业应建立更新改造专项资金并定期或不定期审计。

(6) 企业应建立固定资产投保管理办法,通盘考虑固定资产状况,根据其性质和特点确定和严格执行固定资产的投保范围和政策。投保金额与投保项目力求适当,对应投保的固定资产项目按规定程序进行审批,办理投保手续。对于重大固定资产项目的投保,应当考虑采取招标方式确定保险人。已投保的固定资产发生损失的,应及时调查原因和受损金额,向保险公司办理相关的索赔手续。

(五) 固定资产盘点环节的关键控制点

固定资产盘点环节的关键控制点有:

(1) 企业应建立固定资产盘点管理办法,明确盘点范围、时间形式、人员、组织程序、异常情况处理等事项。盘点小组一般由资产管理部、资产使用部、财务部及相关技术部组成,财务部需要对盘点的全过程进行监督,以确保盘点过程的真实性。

(2) 盘点小组成员应对资产进行实地的盘点,根据盘点结果填写固定资产盘点报告表,并与固定资产台账和登记卡核对。对盘点过程中发现的固定资产盘盈、盘亏、毁损、丢失、被盗等情况,盘点人员应当及时查明原因,由全体盘点人员签字确认盘点报告,报企业领导批准后追究相关部门和人员的责任,妥善处理盘点差异。资产管理部及财务部需要及时更新资产的卡片信息,并进行账务处理,确保账实相符。固定资产盘盈或盘亏处置方案经过批准后和盘点表、盘点报告一同报财务部备案。

(六) 固定资产处置环节的关键控制点

此环节的关键控制点包括:

(1) 企业应建立固定资产处置管理办法,确定固定资产处置的范围、标准、程序和审批权限。对拟出售或投资转出及非货币交换的固定资产,必须在出售或转让前对固定资产价值进行评估。企业应特别关注固定资产处置中的关联交易和处置定价,处置过程应由独立于固定资产使用部门或管理部门的相关授权人员办理,固定资产处置价格应报经企业授权部门或人员审批后确定。对于重大固定资产处置,应从外部聘请具有资质的独立的中介机构进行资产评估,采取集体审议或联签制度。涉及产权变更的,应及时办理产权变更手续。

(2) 对于出租出借的固定资产,应由管理部门提出出租或出借的申请,并须经相关授权部门和人员审核,审核通过后应签订出租或出借合同。

(3) 对使用期满正常报废的固定资产,应由固定资产使用部门或管理部门填制固定资产报废单,经企业授权部门或人员批准后予以报废清理。对使用期限未满非正常报废的固定资产,应由固定资产使用部门提出报废申请,注明报废理由,估算清理费用和可收回残值、预计处置价格等。企业应组织有关部门进行技术鉴定,按规定程序审批后进行报废清理。

(4) 企业应建立内部固定资产调配管理办法,内部固定资产调配应按规定程序及时办理相关手续,确保企业内部各独立核算单位账实相符。

(七) 固定资产核算环节的关键控制点

此环节的关键控制点包括:

(1) 在企业内部统一固定资产的会计政策和会计科目,明确固定资产相关会计凭证、会计账簿和财务报告的处理程序与方法,遵循会计制度规定的各条核算原则。

(2) 财务部门会计人员审核固定资产增减变动的有关手续(包括权属变更手续),并根据审核无误的有关单据,及时对固定资产增减变动情况进行账务处理。

(3) 财务部门应按照企业确定的固定资产分类、使用年限计提固定资产折旧,财务部门负责人负责审核折旧计提是否正确。

(4) 财务部门根据资产使用部门、技术部门和相关业务部门提供的有关资料,至少每半年对固定资产进行减值分析,需计提减值准备的应及时进行账务处理。减值准备数额需上报主管部门审批,按规定权限审批后,财务部门按批复数对固定资产价值进行调整。

第三节　无形资产管理的内部控制

一、无形资产管理概述

(一) 无形资产的含义

无形资产是企业拥有或控制的没有实物形态的可辨认非货币性资产,通常包括专利权、非专利技术、商标权、著作权、特许权、土地使用权等。企业应当加强对无形资产的管理,建立健全无形资产分类管理制度,保护无形资产的安全,提高无形资产的使用效率,充分发挥无形资产对提升企业创新能力和核心竞争力的作用,源源不断地创造企业价值。

(二) 无形资产管理的特点

无形资产具有价值属性,其价值的反映具有不同形式。应该加强对无形资产价值的监督检查,以有效防止企业无形资产的转移和流失。同时,无形资产的管理还具有如下特点:

(1) 基于无形资产的特殊性,为了保证无形资产的完整性、持续性和有效性,企业应承担各项与无形资产有关的维护费用。同时,应建立有效的约束和监督机制,加强对无形资产维护费用的内部审计监督和控制,保证无形资产维护费用性质和数量的合法性、合理性,防止无形资产维护费用成为企业的"隐形费用"。

(2) 基于无形资产的风险来源于创新过程的风险。由于研发投入、员工培训等是企业创新过程中的主要投入要素,并且大多集中在创新早期的探索阶段,对应的风险水平较高。因此,在创新管理中分散和减少无形资产投资的风险,是管理和防范无形资产内在风险的重点。

(三) 无形资产管理的业务流程

无形资产管理的业务流程包括无形资产的预算、取得验收、使用保全、处置四个主要环节,每个环节具有更细化的业务活动。无形资产管理基本业务流程如图7.9所示。

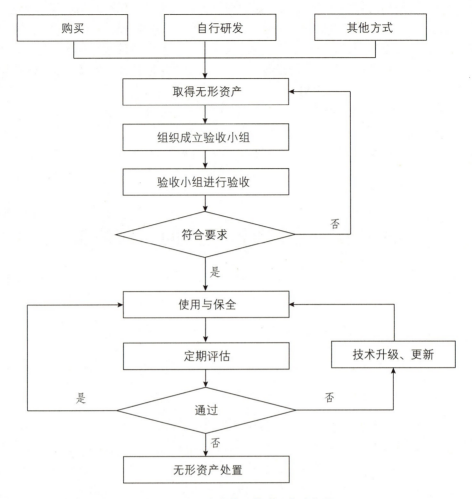

图7.9 无形资产管理基本业务流程图

(四)加强无形资产内部控制的意义

无形资产是企业21世纪生存发展的必备资源,如何对无形资产的价值进行正确的核算和评估,对无形资产的投资进行严密的管理与评价,是现代企业应该关注的问题。建立健全一套完整、有效的无形资产管理制度,是企业有效管理无形资产的前提,既能促进无形资产作用的充分发挥,也有利于保护无形资产的安全,同时,也是企业进行无形资产审计的前提和基础。由此可见,企业加强对无形资产的内部控制,关键在于建立健全无形资产管理制度。其意义不仅体现在保护无形资产的安全,提高无形资产的使用效率上,更在于充分发挥无形资产对提升企业创新能力和核心竞争力的作用,以获得丰厚的回报。

二、无形资产管理目标

(一)战略目标

(1)为公司经营、投资、筹资活动提供支持。

(2) 保护公司的根本权益,防止无形资产流失和被盗用,保护公司无形资产的垄断性、共享性和高效性。

(3) 加强无形资产的有序管理,使无形资产与其他资源合理搭配和组合,促使公司无形资产价值产生应有的社会效益和经济效益。

(4) 加大无形资产对外投资,扩大公司规模,形成规模经营,提高社会影响,树立良好的公众形象。

(二) 经营目标

(1) 优化人员配置,执行有效职责分工和权限范围。
(2) 无形资产投资决策正确,产生经济效益。
(3) 规范无形资产处置,避免造成企业资产流失。
(4) 充分利用现有无形资产服务于生产经营活动,保证无形资产的有效利用。

(三) 财务目标

(1) 正确反映无形资产的价值,合理摊销,保证无形资产账目真实、准确和完整。
(2) 财务账表与实物核对相符。
(3) 无形资产的确认、计量和报告应当符合国家统一的会计准则和制度。
(4) 处置闲置、效益低的无形资产,降低管理成本,提高经营效益,正确反映处置损益,保证报告真实。

(四) 合规性目标

(1) 遵守无形资产有关的国家法律、法规和公司内部规章制度。
(2) 遵守商标法、专利法、合同法等法律、法规的规定,维护公司的合法权益,避免公司承担法律风险。

三、无形资产管理的主要风险点

无形资产管理的风险主要来源于因无形资产缺乏核心技术、权属不清、技术落后、存在重大技术安全隐患而可能导致企业发生法律纠纷、可持续发展能力不强。根据无形资产的基本业务流程,无形资产管理的主要风险点包括以下几个方面。

(一) 无形资产预算环节的主要风险点

1. 无形资产预算环节的业务流程
无形资产预算环节的一般业务流程如图 7.10 所示。

2. 无形资产预算环节的主要风险点
此环节的主要风险点包括:
(1) 投资预算未经规范而全面的可行性分析和集体审议,可能导致产生预算编制缺乏全面、有效的数据和信息支持的风险。
(2) 投资预算未经适当审批或超越授权审批,可能由此产生重大差错、舞弊及欺诈行为而导致损失或因未进行资料的及时、规范的存档而导致资料丢失、遗漏等的风险。

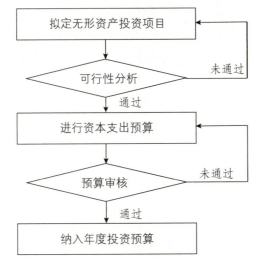

图 7.10　无形资产预算业务流程图

（二）无形资产取得与验收环节的主要风险点

1. 无形资产取得与验收环节的业务流程

无形资产取得与验收环节的一般业务流程如图 7.11 所示。

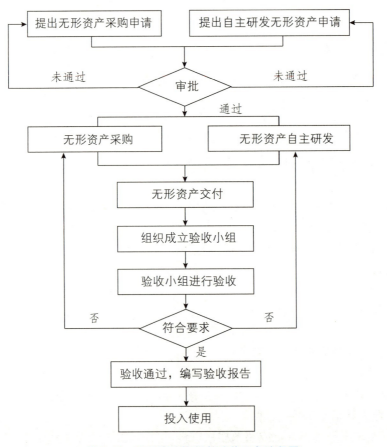

图 7.11　无形资产取得与验收业务流程图

2. 无形资产取得与验收环节的主要风险点

此环节的主要风险点包括：

（1）无形资产采购申请不符合实际生产经营需要，采购申请不当，无形资产采购决策失误，可能造成资产损失或资源浪费。

（2）无形资产自主研发项目未经适当审批或超越权限审批，可能导致研发失败，造成投资损失和资源浪费。

（3）取得的无形资产不具有先进性，缺乏技术自主权，估价过高，都可能导致企业资源浪费。

（4）取得的无形资产权属不清，可能产生法律纠纷和经济损失。

（5）无形资产验收小组成员选择不当，验收过程不规范，可能导致验收结果不准确，进而导致使用风险加大，并可能带来损失。

（6）无形资产的记录不及时、不准确、不完整可能导致资产流失、信息失真、账实不符。

（三）无形资产使用与保全环节的主要风险点

1. 无形资产使用与保全环节的业务流程

无形资产使用与保全环节的一般业务流程如图 7.12 所示。

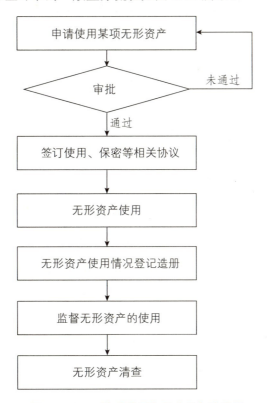

图 7.12　无形资产使用与保全业务流程图

2. 无形资产使用与保全环节的主要风险点

此环节的主要风险点包括：

（1）缺乏严格的保密制度，保密工作不到位，可能导致无形资产被盗用、无形资产中的商业机密泄露，公司经济利益受到损失的风险。

（2）无形资产长期闲置或低效使用，失去其原来使用价值的风险。

（3）不能有效使用、保护无形资产，造成无形资产使用效益低下，效能发挥不到位，影响企业目标实现的风险。

（4）未及时对无形资产的使用情况进行检查、评估，可能导致无形资产内含的技术未能及时升级换代，进一步导致企业技术落后或存在重大技术安全隐患。

（5）由于商标等无形资产疏于管理，导致其他企业侵权，企业利益遭到严重损害。

（四）无形资产处置环节的主要风险点

1. 无形资产处置环节的业务流程

无形资产处置环节的一般业务流程如图 7.13 所示。

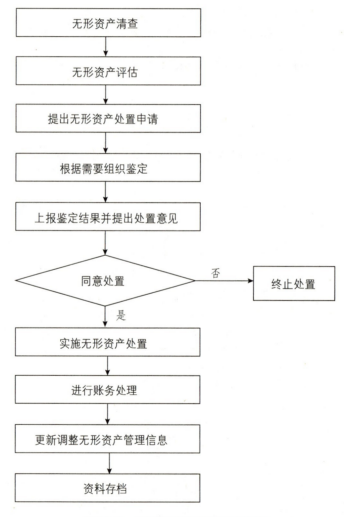

图 7.13　无形资产处置业务流程图

2. 无形资产处置环节的主要风险点

此环节的主要风险点包括：

（1）无形资产处置不规范，职责分工不明确、流程不清晰，对处置业务没有引起足够重视而任意处置无形资产，可能增加处置成本，降低处置效率，造成企业资产损失。

(2) 转让合同不符合《合同法》等国家法律、法规和公司内部规章制度的要求,可能引起法律诉讼。

(3) 无形资产处置的相关凭证未提交给财务部门,可能导致账实不符。

四、无形资产管理的关键控制点

企业应当加强对品牌、商标、专利、专有技术、土地使用权等无形资产的管理,分类制订无形资产管理办法,落实无形资产管理责任制,促进无形资产有效利用,充分发挥无形资产对提升企业核心竞争力的作用。无形资产管理的关键控制点主要包括以下几个方面:

(一) 岗位分工与授权批准控制点

(1) 企业应当建立无形资产业务的岗位责任制,明确相关部门和岗位的职责、权限,确保办理无形资产业务的不相容岗位相互分离、制约和监督。企业不得由同一部门或个人办理无形资产的全过程业务。

(2) 企业应当配备合格的人员办理无形资产业务。办理无形资产业务的人员应当具备良好的职业道德和相应的业务素质。

(3) 企业应当建立无形资产业务的授权批准制度,明确授权批准的方式、程序和相关控制措施,规定审批人的权限、责任以及经办人的职责范围和工作要求。严禁未经授权的机构或人员办理无形资产业务。

(4) 审批人应当根据无形资产业务授权批准制度的规定,在授权范围内进行审批,不得超越审批权限。经办人应当在职责范围内,按照审批人的批准意见办理无形资产业务。对于审批人超越授权范围审批的无形资产业务,经办人有权拒绝办理,并及时向审批人的上级授权部门报告。

(5) 企业应当制订无形资产业务流程,明确无形资产的预算、取得、验收、使用、保全、处置等环节的控制要求,并设置相应的记录或凭证,如实记录各环节业务的开展情况,确保无形资产业务全过程得到有效控制。

(二) 无形资产预算环节的关键控制点

企业编制的无形资产预算,应当符合企业发展战略。此环节的关键控制点包括:

(1) 企业应根据无形资产的使用效果、生产经营发展目标等因素拟订无形资产投资项目,综合考虑无形资产投资方向、规模、资金成本、预计现金净流入等因素;对投资项目的可行性应该进行周密、系统的分析和研究,编制无形资产投资预算,并按规定程序审批。

(2) 对于投资额较大的专案,资本支出预算应有各分项投资预算额,以便日后对投资实际额的控制。

(3) 重大的无形资产投资项目应该考虑聘请独立的中介机构或者专业人士进行可行性研究评价,并实行集体决策和审批,防止出现决策失误。

(三) 无形资产取得与验收环节的关键控制点

无形资产的采购过程应当规范、透明。此环节的关键控制点包括:

(1) 预算内无形资产投资项目应按照预算执行进度办理相关手续,超预算或预算外无形资产投资项目应由相关责任部门提出申请,经审批后再办理相关手续。

(2) 企业对于外购的无形资产应当建立请购与审批制度,明确请购部门(或人员)和审批部门(或人员)的职责权限及相应的请购与审批程序。对于一般无形资产采购,应由采购部门充分了解和掌握产品及供应商情况,采取比质比价的办法确定供应商;对于重大的无形资产采购,应采取招标方式进行;对于非专有技术等具有非公开性的无形资产,还应注意采购过程中的保密保全措施。

(3) 企业应当建立严格的无形资产交付使用验收制度,确保无形资产符合使用要求。无形资产交付验收应成立验收小组并由验收小组进行验收,验收小组一般由无形资产管理部门、使用部门、财务部门、法务部门等相关部门和技术专家组成。对外购的无形资产,验收重点是应确保转让人具有无形资产的所有权,并按国家和行业规定及时办理相关权证的过户手续。验收时要查看有效证明文件,同时仔细审核合同协议等法律文件。全过程应有专业技术人员和法律顾问参加。对自行开发的无形资产,应由研发部门、无形资产管理部门、使用部门共同验收,验收完毕后,应及时办理移交使用手续。企业购入或者以支付土地出让金方式取得的土地使用权,必须取得土地使用权的有效证明文件。企业对投资者投入、接受捐赠、债务重组、政府补助、企业合并、非货币性资产交换、外企业无偿划拨转入以及其他方式取得的无形资产均应办理相应的验收手续。

(4) 对验收合格的无形资产应及时办理编号、建卡、调配等手续。对需要办理产权登记手续的无形资产,企业应及时到相关部门办理。

(四) 无形资产使用与保全环节的关键控制点

企业应当加强无形资产日常管理工作,授权具体部门或人员负责无形资产的日常使用与保全管理,保证无形资产的安全与完整。此环节关键控制点包括:

(1) 企业应根据国家有关无形资产方面的管理制度,结合本企业的实际情况,制订本企业的《无形资产保密管理规定》,采取严格保密措施,严防泄露商业秘密。

(2) 对无形资产各种文件资料(尤其是资产、财务、会计等方面的资料)应妥善保管,避免记录受损、被盗、被毁的可能。重要资料不仅要留有纸质备份,还应有电子备份,以便在遭受意外损失或毁损时得以重新恢复。

(3) 企业应建立无形资产使用管理办法,应当在根据生产经营状况需要使用公司无形资产时,申请部门填写无形资产使用审批单,由资产管理部门、技术部门对申请提出审核建议,经分管领导审核签字后,上报总经理审批签字。申请部门获批可使用无形资产后,确定使用范围、指定责任人、规定保密措施,并在使用期间内严格执行《无形资产保密管理规定》,特殊情况相关责任人应在保密协议上签字确认。

(4) 企业应根据无形资产性质确定无形资产保全范围和政策。保全范围和政策应当足以应对无形资产因各种原因发生损失的风险。企业应当限制未经授权人员直接接触技术资料等无形资产,对技术资料等无形资产的保管及接触应保有记录,对重要的无形资产应及时申请法律保护。

(5) 建立健全无形资产清查制度。无形资产管理部门与技术部门、财务部门每年年末进行无形资产资料、使用状况的全面清查,对专利、专有技术等无形资产的先进性进行评估,淘汰落后技术,加大研发投入,促进技术更新换代,不断提升自主创新能力,努力做到核心技术处于同行业领先水平。

(6) 企业应当重视品牌建设,加强商誉管理,通过提供高质量产品和优质服务等多种方式,不断地调整与创新,适应消费者的需要,使企业生产经营与市场和消费者的需要保持同步,切实维护和提升企业品牌的社会认可度。

(7) 企业应加强无形资产权益保护,防范侵权行为和法律风险,通过法律手段确立无形资产的合法地位,主动配合执法部门整顿市场秩序,依法打假治劣,充分利用媒体揭露侵权行为。

(五) 无形资产处置环节的关键控制点

无形资产处置环节的关键控制点包括:

(1) 企业应当建立无形资产处置的相关管理制度,明确无形资产处置的范围、标准、程序和审批权限等要求。无形资产的处置应由独立于无形资产管理部门和使用部门的其他部门或人员,按照规定的权限和程序办理;应当选择合理的方式确定处置价格,并报经企业授权部门或人员审批;重大的无形资产处置,应当委托具有资质的中介机构进行资产评估,并采取集体审批制度。无形资产变更涉及产权变更的,应及时办理产权变更手续。

(2) 对出租、出借的无形资产应由无形资产管理部门会同财务部门按规定报经批准后予以办理,并签订合同协议,特别应就出租、出借期间的维护保全、税负责任、租金、归还期限、保护商业秘密等内容进行约定。

(3) 对使用期满、正常报废的无形资产,应经企业授权部门或人员批准后,方可对该无形资产进行报废清理。使用期限未满、非正常报废的无形资产,在报废前除应经企业授权部门或人员批准外,还应在批准之前组织有关部门进行技术鉴定,同时审核使用部门提出的报废理由、估计清理费用和可回收残值、预计出售价值等。

(4) 对拟出售或投资转出的无形资产,应由有关部门或人员提出处置申请,列明该项无形资产的原价、已提摊销、预计使用年限、已使用年限、预计出售价格或转让价格等,报经企业授权部门或人员批准后予以出售或转让。

(六) 无形资产核算环节的关键控制点

此环节的关键控制点包括:

(1) 在企业内部统一无形资产的会计政策和会计科目,明确无形资产相关会计凭证、会计账簿和财务报告的处理程序与方法,遵循会计制度规定的各条核算原则。

(2) 引进、外购取得的无形资产,所发生的费用应按规定列入无形资产成本。属于自行开发并依法申请取得的无形资产,其入账价值应按开发阶段符合资本化条件的支出、发生的注册费、聘请律师费等确定;研究阶段支出和不符合资本化条件的开发阶段支出,应于发生时确认为当期费用。各级财务部门会计人员应建立无形资产账表,登记无形资产变动情况。

(3) 无形资产的摊销按照企业内部会计制度及有关规定办理,并计入当期损益。财务部门负责人负责审核摊销数额是否正确。

(4) 财务部门至少每半年对无形资产进行减值分析,需计提减值准备的,及时进行账务处理,减值准备数额上报财务部会同有关部门审核,按规定权限审批后,财务部门按批复数对无形资产价值进行调整。

第四节　在建工程管理的内部控制

一、在建工程管理概述

1. 在建工程的含义

在建工程是指企业自行或者委托其他企业所进行的建造、安装活动。包括企业自行建造房屋、建筑物、各种设施以及进行大型机器设备的安装在建工程、固定资产建筑在建工程、技术改造在建工程、大修理在建工程等。

2. 在建工程管理的特点

在建工程管理是企业管理的重要内容之一，它与可循环、可重复的企业日常经营管理有着显著的区别。这是由在建工程项目的特点决定的。在建工程项目一般规模大、耗资多、周期长、牵涉广、质量要求高、技术和工艺复杂，而且容易受到内、外部环境影响，属于典型的一次性事业，不确定性和风险较高。项目一旦失败，给企业甚至社会都将造成巨大损失。这就要求企业对在建工程管理既要有很强的能力，也要有很高的手段。

3. 在建工程管理的业务流程

在建工程管理的业务流程可划分为工程立项、工程设计及概预算、工程招标、工程建设与工程竣工验收五个主要环节，每个环节具有更细化的业务活动。在建工程管理基本业务流程如图 7.14 所示。

4. 加强在建工程内部控制的意义

（1）加强在建工程内部控制是由在建工程的特殊性决定的。在建工程项目通常投入资金多、开发周期长、技术要求高，而且工艺烦琐，影响因素较多，环境复杂，存在一次性、无法逆转等特点，因此要确保在建工程项目的顺利实施和建设，就必须要加强在建工程的内部控制。

（2）加强在建工程内部控制是实现在建工程项目建设目标的重要保障。企业通过建立和实施完善的在建工程内部控制体系，提高在建工程项目决策的科学性；确保在建工程项目遵循国家法律、法规及相关政策，保证在建工程项目的安全性和合法性；确保在建工程项目建设单位工程管理活动有序进行，提高资金使用效率和在建工程项目的经济效益。

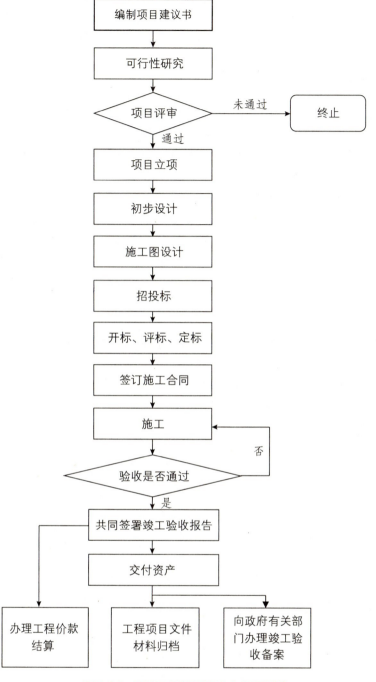

图 7.14 在建工程管理基本业务流程图

二、在建工程项目管理的内部控制目标

(一) 战略目标

(1) 加强在建工程项目建设管理,规范在建工程投资行为,确保在建工程质量与安全,

有效地使用好建设资金,提高投资效益。

(2) 严格执行在建工程建设审批程序,对在建工程项目各个环节进行管理,保证投资计划的完成。

(二) 经营目标

(1) 优化人员配置,执行有效职责分工和权限范围。

(2) 在建工程项目投资决策正确,产生经济效益。

(3) 在建工程建设满足企业扩大再生产的需要,生产技术达标,产品质量合格,安全、高效地生产出市场需要、客户满意的产品。

(4) 施工管理有序,安全质量受控。

(5) 技术入手,经济决策。通过优化方案减少投入,降低成本,保证项目效益。

(6) 防止并及时发现、纠正错误及舞弊行为,保护在建工程资产的安全。

(7) 降低在建工程项目建设的风险。在建工程项目的内部控制应当对风险采取必要的预防和控制措施,确保在建工程项目的健康运行。

(三) 财务目标

(1) 建立健全在建工程台账、档案,保证在建工程核算真实、准确、完整。

(2) 财务账表与实物核对相符。

(3) 在建工程项目的确认、计量和报告应当符合国家统一的会计准则制度。

(四) 合规性目标

(1) 符合国家有关安全、消防、环保等有关基本建设规定及公司内部规章制度。

(2) 遵守合同法等法律、法规的规定,维护公司的合法权益,避免公司面临法律风险。

(3) 遵守公司内部规章制度,避免产生内部舞弊行为。

三、在建工程管理的主要风险点

在建工程管理的风险是指所有对工程项目目标的实现和生产运营产生消极后果的潜在可能性,或可能导致项目受到损失或损害的潜在可能性。根据在建工程的基本业务流程,在建工程管理的主要风险点包括以下几个方面:

(一) 在建工程立项环节的主要风险点

1. 在建工程立项环节的业务流程

在建工程立项环节的一般业务流程如图7.15所示。

2. 在建工程立项环节的主要风险点

在建工程立项是整个在建工程项目开展的第一环节,也是防范风险的最重要阶段。此环节的主要风险点包括:

(1) 在建工程项目建议书内容不合规、不完整,项目性质、用途模糊,拟建规模、标准不明确,项目投资估算和进度安排不协调。

(2) 在建工程项目缺乏可行性研究,或可行性研究流于形式、深度达不到质量标准和实际要求,可能导致无法为项目决策提供充分、可靠的依据,决策不当、盲目上马、预期效益难以实现,甚至项目失败。

(3) 在建工程项目评审流于形式、误导项目决策;权限配置不合理,决策程序不规范导致决策失误,给企业带来巨大损失。

(4) 在建工程项目决策失误,可能造成企业资产损失或资源浪费;未经适当审批或超越授权审批,可能产生重大差错或舞弊、欺诈行为,从而使企业遭受资产损失。

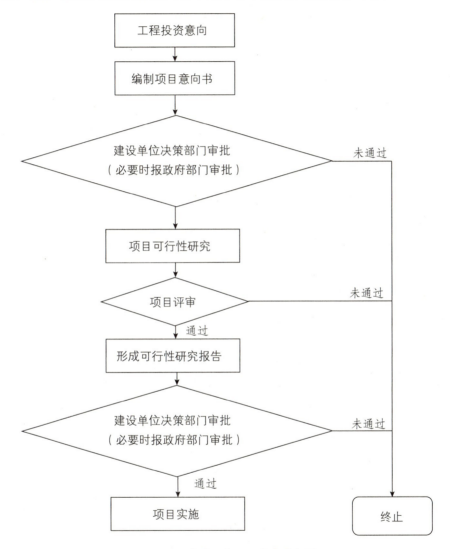

图 7.15　在建工程立项业务流程图

(二) 在建工程设计与概预算环节的主要风险点

1. 在建工程设计与概预算环节的业务流程

在建工程设计与概预算环节的一般业务流程如图 7.16 所示。

2. 在建工程设计与概预算环节的主要风险点

在建工程设计与概预算是在建工程管理的龙头,是在建工程质量的基础,是施工的依据,对在建工程质量、功能、造价有着重大影响。此环节的主要风险点包括:

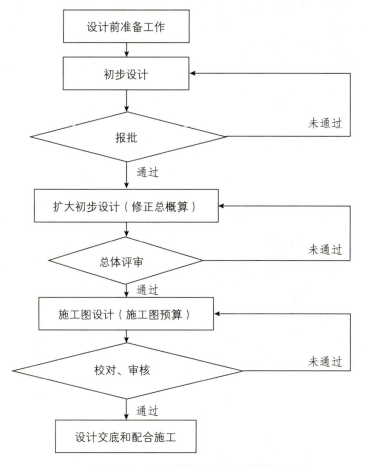

图 7.16　在建工程设计与概预算业务流程

（1）在初步设计阶段表现为设计企业未达到相关资质要求，初步设计未进行多方案比较选择，初步设计出现较大疏漏，设计方案不合理，设计深度不足，导致在建工程质量存在隐患、投资失控以及投产后运行成本过高等。

（2）在施工图设计阶段表现为工程造价信息不对称，概预算脱离实际，技术方案未能有效落实，设计标准引用不当，设计错误或存在缺陷，设计变更频繁等，加重在建工程项目的质量风险和投资风险。

（三）在建工程招标环节的主要风险点

1. 在建工程招标环节的一般业务流程

在建工程招标环节的一般业务流程如图 7.17 所示。

2. 在建工程招标环节的主要风险点

在建工程招标直接影响着在建工程的造价，对在建工程项目建设目标的实现具有深远影响。此环节的主要风险点包括：

（1）招标人未做到公平、合理，如任意分解工程项目致使招标项目不完整，或逃避公开招标；招标人为指定单位设置特殊的资格条件、评标规则等，从而可能导致中标价格失实，中标人实质上难以承担工程项目。

（2）投标人与招标人串通，存在暗箱操作或商业贿赂等舞弊行为；投标人与投标人私下合作围标，以抬高价格或确保中标；投标人资质条件不符合要求或挂靠、冒用他人名义投标等，导致工程质量难以保证。

（3）开标不公开、不透明，损害投标人利益；评标委员会成员缺乏专业水平，或者招标人向评标委员会施加影响，使评标流于形式；评标委员会与投标人串通作弊，损害招标人利益。

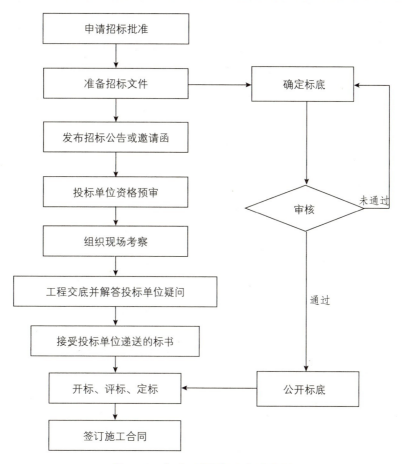

图 7.17　在建工程招标业务流程图

（四）在建工程建设环节的主要风险点

1. 在建工程建设环节的业务流程

在建工程建设环节的一般业务流程如图 7.18 所示。

2. 在建工程建设环节的主要风险点

在建工程建设阶段是工程实体的形成阶段，是人力、物力、财力消耗的主要阶段，是在建工程管理中最为复杂、也最为关键的阶段。企业在此阶段应着力控制好工程造价和工程质量。此环节的主要风险点包括：

（1）任意压缩工期、盲目赶进度，可能导致工程质量低劣、费用增加。

（2）质量、安全监管不到位带来的质量隐患，现场控制不当、项目变更审核不严格、工程变更频繁导致的费用超支、工期延误等风险。

（3）工程物资采购、收发、保管、记录不完整，工程材料质次价高引起的成本风险。

(4) 监理人员不具备职业道德,素质低,工程监理不到位。
(5) 在建工程价款结算管理不严格,价款结算不及时,项目资金不落实、使用管理混乱可能导致工程质量低劣、进度延迟或中断的风险。

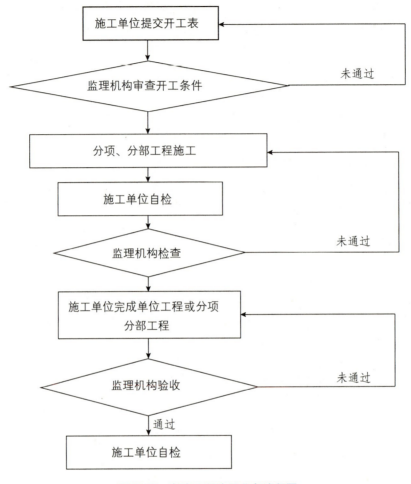

图 7.18 在建工程建设业务流程图

(五) 在建工程竣工验收环节的主要风险点

1. 在建工程竣工验收环节的业务流程

在建工程竣工验收环节的一般业务流程如图 7.19 所示。

2. 在建工程竣工验收环节的主要风险点

此环节的主要风险点包括:
(1) 竣工验收不规范,最终质量检验把关不严,可能导致工程交付使用后存在重大隐患。
(2) 虚报项目投资完成额、虚列建设成本或者隐匿结余资金,竣工决算失真。
(3) 竣工验收权责不明,验收资料不合格,验收资料不齐全,验收资料未按规定审批,验收不及时。
(4) 在建工程达到预定可使用状态后,未及时进行评估、结转。

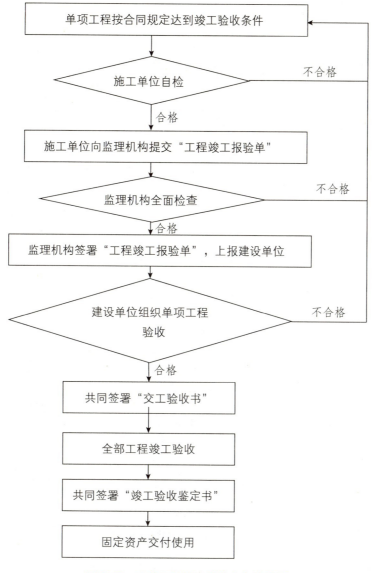

图7.19 在建工程竣工验收业务流程图

四、在建工程管理的关键控制点

企业应当建立和完善在建工程项目各项管理制度,全面梳理各个环节可能存在的风险点,规范各环节的工作流程,明确相关部门和岗位的职责权限,做到可行性研究与决策、概预算编制与审核、项目实施与价款支付、竣工决算与审计等不相容职务相互分离,强化工程建设全过程的监控,确保工程的质量、进度和资金安全。在建工程管理的关键控制点主要包括以下几个方面:

(一)岗位分工与授权批准控制点

(1)企业应当建立在建工程业务的岗位责任制,明确相关部门和岗位的职责、权限,确保办理在建工程业务的不相容岗位相互分离、制约和监督。不得由同一部门或个人办理在建工程的全过程业务。

(2) 企业应当根据在建工程项目的特点，配备有资质的人员办理在建工程业务。办理在建工程业务的人员应当具备良好的职业道德和业务素质。

(3) 企业应当建立在建工程业务的授权批准制度，明确授权批准的方式、程序和相关控制措施，规定审批人的权限、责任以及经办人的职责范围和工作要求。严禁未经授权的机构或人员办理在建工程业务。

(4) 审批人应当根据在建工程业务授权批准制度的规定，在授权范围内进行审批，不得超越审批权限。经办人应当在职责范围内，按照审批人的批准意见办理在建工程业务。对于审批人超越授权范围审批的在建工程业务，经办人有权拒绝办理，并及时向审批人的上级授权部门报告。

(5) 企业应当制订在建工程业务流程，明确在建工程的立项、设计与概预算、招标、建设、竣工验收等环节的控制要求，并设置相应的记录或凭证，如实记载各环节业务的开展情况，确保在建工程业务全过程得到有效控制。

(二) 在建工程立项环节关键控制点

在建工程立项环节的关键控制点包括：

(1) 企业应当建立在建工程项目决策环节的控制制度，对项目建议书和可行性研究报告的编制、项目决策程序等作出明确规定，确保项目决策科学、合理。

(2) 企业应当根据职责分工和审批权限对在建工程项目进行决策，决策过程应有完整的书面记录。重大的在建工程项目，应当报经董事会或者类似决策机构集体审议批准。严禁任何个人单独决策在建工程项目或者擅自改变集体决策意见。企业应当建立在建工程项目决策及实施责任制度，明确相关部门及人员的责任，定期或不定期地进行检查。

(3) 企业应当在在建工程项目立项后、正式施工前，依法取得建设用地、城市规划、环境保护、安全、施工等方面的许可。

(三) 在建工程设计与概预算环节的关键控制点

企业应加强对在建项目施工前各项准备工作的控制，特别是工程设计和概预算工作。这是极大地降低和有效防范在建工程潜在风险扩大和引发风险可能性的重要环节。此环节的关键控制点包括：

(1) 企业应当建立相应的设计企业选择程序和标准，严格审查设计企业证书的等级，择优选取具有相应资质的设计企业，并签订合同。重大工程项目应采用招投标方式选取设计企业。

(2) 企业应加强对在建工程项目设计过程的控制，组织相关部门及专业技术人员对设计方案进行分阶段审核，监督设计工作，确保设计方案的使用经济合理并且与经批准的可行性研究报告所确定的涉及范围一致。

(3) 企业应当建立在建工程项目概预算环节的控制制度，对概预算的编制、审核等作出明确的规定；应当组织工程、技术、财会等部门的相关专业人员对编制的概预算进行审核，重点审查编制依据、项目内容、工程计量的计算、定额套用等是否真实、完整、准确。

(四) 在建工程招标环节的关键控制点

通过招投标程序可以选择到优质优价的建设企业，可以确保工程质量，控制投资成本。因此企业要加强招投标环节的控制。此环节的关键控制点包括：

(1) 企业应当建立在建工程招投标管理办法，根据项目的性质和标底金额，明确招标范围和要求，规范招标程序，不得人为肢解工程项目，规避招标。企业应当采用招标形式确定设计企业和施工企业，遵循公开公正、平等竞争的原则，发布招标公告。

(2) 企业可以根据项目特点决定是否编制标底。标底是招标投标的术语，指内部掌握的建设单位对拟发包的工程项目准备付出全部费用的额度。需要编制标底的可自行或委托具有相应资质的中介机构编制标底。财务部应当审核标底计价内容、计价依据的准确性和合理性，以及标底价格是否在经批准的投资限额内。标底一经审定应密封保存，直至开标时方可启封，所有接触过标底的人员均负有保密责任，不得泄露。一旦出现泄露，不仅要按规定追究有关责任人的法律责任，还要及时中止或延迟开标，重新制订标底后方可再组织开标。

(3) 企业应当组建评标小组负责评标。评标小组应由企业的代表和有关技术、经济方面的专家组成。评标小组应客观、公正地履行职务，遵守职业道德，对所提出的评审意见承担责任。评标小组应采用招标文件规定的评标标准和方法，对投标文件进行评审和比较，择优选择中标候选人。评标小组对评标过程应进行记录，评标结果应有充分的评标记录作为支撑。

(4) 企业应当按照规定的权限和程序从中标候选人中确定中标人，及时向中标人发出中标通知书，在规定的期限内与中标人订立书面合同，明确双方的权利、义务和违约责任。

(五) 在建工程建设环节的关键控制点

企业应当加强在建工程项目建设过程的监控，落实责任制，实行严格的概预算管理，严把质量关，确保在建工程项目达到设计要求。此环节的关键控制点包括：

(1) 企业应当实行严格的在建工程监理制度。在建工程监理人员应当具备相应的资质和良好的职业操守，深入施工现场，做好在建工程进度和质量的监控，及时发现和纠正建设过程中的问题，客观公正地执行各项监理任务。未经工程监理人员签字，工程物资不得在工程上使用或者安装，不得进行下一道工序施工，不得拨付工程价款，不得进行竣工验收。

(2) 企业应当建立在建工程进度价款支付环节的控制制度，对价款支付的条件、方式以及会计核算程序作出明确规定，准确掌握工程进度，根据合同约定，及时、正确地支付工程款。

(3) 对于自行建造的在建工程项目，以及以包工不包料方式委托其他企业承担的在建工程项目，企业应当建立与工程物资采购、验收和付款相关的控制程序；由承包单位采购工程物资的，企业应当加强监督，确保工程物资采购符合设计标准和合同要求。严禁不合格工程物资投入工程项目建设。

(4) 企业应严格控制项目变更，对于必要的项目变更应经过相关部门或中介机构(如在建工程监理、财务监理等)的审核。重大项目变更应比照项目决策和概预算控制的有关程序严格控制。因在建工程变更等原因造成价款支付方式及金额发生变动的，应当提供完整的书面文件和其他相关资料。企业会计人员应当对在建工程变更所涉及的价款支付进行审核。

(5) 企业应当加强对在建工程项目资金筹集与运用、物资采购与使用、财产清理与变现等业务的会计核算,真实、完整地反映在建工程项目成本费用发生情况、资金流入流出情况及财产物资的增减变动情况。

(六) 在建工程竣工验收环节的关键控制点

企业应当及时编制竣工决算,开展决算审计,组织专业人员进行竣工验收,重点关注项目投资额、概预算执行、资金管理、在建工程质量等内容。此环节的关键控制点包括:

(1) 企业应当建立竣工决算环节的控制制度,对竣工清理、竣工决算、决算审计、竣工验收等作出明确规定,确保竣工决算真实、完整、及时。

(2) 企业应依据国家法律、法规的规定及时组织审核竣工决算。重点审查决算依据是否完备,相关文件资料是否齐全,竣工清理是否完成,决算编制是否准确。

(3) 企业应当建立竣工决算审计制度,及时组织竣工决算审计。未实施竣工决算审计的在建工程项目,原则上不得办理竣工验收手续。因生产经营急需组织竣工验收的,应同时组织竣工决算审计。

(4) 企业应当及时组织设计、施工、监理等有关单位对在建工程项目进行竣工验收,确保在建工程质量符合设计要求。应对竣工验收进行审核,重点审查验收人员、验收范围、验收依据、验收程序等是否符合国家有关规定,并可聘请专业人士或中介机构帮助企业验收。验收合格的在建工程项目,应当及时编制财产清单,办理资产移交手续,并加强对资产的管理。

(5) 企业应建立在建工程项目后评估制度,对完工在建工程项目的经济性与项目建议书与可行性研究报告提出的预期经济目标进行对比分析,作为绩效考核和责任追究的基本依据。

(七) 在建工程核算环节的关键控制点

在建工程核算环节的关键控制点包括:

(1) 在企业内部统一在建工程的会计政策和会计科目,明确在建工程相关会计凭证、会计账簿和财务报告的处理程序与方法,遵循会计制度规定的各条核算原则。

(2) 财务部门会计人员应当认真审核在建工程相关手续,根据审核无误的有关单据,及时归集在建工程成本,并进行账务处理。

(3) 财务部门根据相关业务部门提供的资料,至少每半年对在建工程进行减值分析,需计提减值准备的,及时进行账务处理,减值准备数额上报财务部会同有关部门审核,规定权限审批后,财务部门按批复数对在建工程价值进行调整。

(4) 在建工程达到预定可使用状态后,财务部门应依据有关职能部门提供的手续,经主管领导审核后暂估入账。

复习训练题

一、单选题

1. 以下属于固定资产管理的财务目标的是: ( )
   A. 加强公司各类固定资产的管理,防止固定资产流失,维护公司资产的安全和完整,确保各项工作顺利进行。
   B. 优化人员配置,执行有效职责分工和权限范围。
   C. 建立健全固定资产台账、档案,保证固定资产账目真实、准确。
   D. 符合国家有关安全、消防、环保等规定及公司内部规章制度。

2. 以下属于固定资产预算的主要风险点的是: ( )
   A. 固定资产预算不当,不符合企业发展战略,投资规模超出企业生产经营实际需要和筹资能力,盲目上项目,造成半拉子工程,使投资无法发挥经济效益
   B. 固定资产采购申请不符合实际生产经营需要,采购申请不当,固定资产采购决策失误,可能造成资产损失或资源浪费
   C. 因保管不善、操作不当引起固定资产被盗、毁损或发生事故等
   D. 未按规定组织固定资产盘点,固定资产盘点不及时、不准确完整,可能造成固定资产流失

3. 以下不属于无形资产的是: ( )
   A. 专利权   B. 非专利技术   C. 商标权   D. 商誉

4. 外购无形资产的验收重点是: ( )
   A. 应确保转让人具有无形资产的所有权,并按国家和行业规定及时办理相关权证的过户手续。
   B. 应由采购部门充分了解和掌握产品及供应商情况,采取比质比价的办法确定供应商。
   C. 对于重大的无形资产采购,应采取招标方式进行。
   D. 对于非专有技术等具有非公开性的无形资产,还应注意采购过程中的保密保全措施。

5. 无形资产的保全环节的关键控制点包括: ( )
   A. 企业应当建立无形资产业务的岗位责任制,明确相关部门和岗位的职责、权限,确保办理无形资产业务的不相容岗位相互分离、制约和监督
   B. 企业应当加强无形资产日常管理工作,授权具体部门或人员负责无形资产的日常使用与保全管理,保证无形资产的安全与完整
   C. 企业应当建立无形资产处置的相关管理制度,明确无形资产处置的范围、标准、程序和审批权限等要求
   D. 在企业内部统一无形资产的会计政策和会计科目,明确无形资产相关会计凭证、会

计账簿和财务报告的处理程序与方法，遵循会计制度规定的各条核算原则

6. 一般来说，在建工程管理的特点包括： （　　）
   A. 可循环　　B. 可重复　　C. 工艺简单　　D. 耗资多

7. 以下哪一环节是在建工程管理阶段的第一环节： （　　）
   A. 在建工程立项环节　　　　　　B. 在建工程设计和概算环节
   C. 在建工程招标环节　　　　　　D. 在建工程建设环节

8. 以下哪项属于在建工程建设环节的关键控制点： （　　）
   A. 企业应当建立在建工程项目决策环节的控制制度，对项目建议书和可行性研究报告的编制、项目决策程序等作出明确规定，确保项目决策科学、合理
   B. 企业应当建立相应的设计企业选择程序和标准，严格审查设计企业证书的等级，择优选取具有相应资质的设计企业，并签订合同
   C. 企业应当建立在建工程招投标管理办法，根据项目的性质和标的金额，明确招标范围和要求，规范招标程序，不得人为肢解工程项目，规避招标
   D. 企业应严格控制项目变更，对于必要的项目变更应经过相关部门或中介机构（如在建工程监理、财务监理等）的审核

二、多选题

1. 以下属于资产管理的总体目标的是： （　　）
   A. 全面梳理资产管理流程　　　　B. 查找资产管理薄弱环节
   C. 健全和落实资产管控措施　　　D. 控制资产的流动

2. 资产管理可能涉及的部门有： （　　）
   A. 基建部门　　B. 财务部门　　C. 后勤部门　　D. 研发部门

3. 固定资产管理的内部控制目标包括： （　　）
   A. 战略目标　　B. 经营目标　　C. 财务目标　　D. 合规性目标

4. 固定资产管理的不相容职务可以包括： （　　）
   A. 固定资产投资预算的编制与审批
   B. 固定资产的取得、验收与款项支付
   C. 固定资产处置申请、审批与执行
   D. 固定资产业务审批、执行与相关会计记录

5. 无形资产管理的主要风险点包括： （　　）
   A. 无形资产预算环节的风险点
   B. 无形资产取得与验收环节的主要风险点
   C. 无形资产使用与保全环节的主要风险点
   D. 无形资产处置环节的主要风险点

6. 以下属于无形资产处置环节的关键控制点的是： （　　）
   A. 企业应当建立无形资产处置的相关管理制度，明确无形资产处置的范围、标准、程序和审批权限等要求
   B. 对出租、出借的无形资产应由无形资产管理部门会同财务部门按规定报经批准后予以办理，并签订合同协议
   C. 对使用期满、正常报废的无形资产，应经企业授权部门或人员批准后，方可对该无形资产进行报废清理

D. 对拟出售或投资转出的无形资产,应由有关部门或人员提出处置申请

7. 以下属于在建工程招标环节的主要风险点的是: （　　）

A. 招标人未做到公平、合理,如任意分解工程项目致使招标项目不完整,或逃避公开招标
B. 投标人与招标人串通,存在暗箱操作或商业贿赂等舞弊行为
C. 开标不公开、不透明,损害投标人利益
D. 投标人与投标人私下合作围标,以抬高价格或确保中标

三、判断题

1. 对固定资产会计核算是否正确、管理是否到位,不仅直接影响到资产负债表和利润表的质量,并进而影响到会计信息使用者作出的经济决策是否恰当。（　　）

2. 重大的固定资产投资项目应该考虑聘请独立的中介机构或者人士进行可行性研究评价,并实行集体决策和审批,防止出现决策失误。（　　）

3. 对盘点过程中发现的固定资产盘盈、盘亏、毁损、丢失、被盗等情况,盘点人员应当及时查明原因,直接登记在固定资产账簿上。（　　）

4. 固定资产保管人员负责登记固定资产卡片账。（　　）

5. 属于自行开发并依法申请取得的无形资产,其入账价值应按开发阶段符合资本化条件的支出、发生的注册费、聘请律师费等确定。（　　）

6. 建设单位可以在办理竣工验收手续和结算工程价款以后,再进行竣工决算审计。
（　　）

四、案例分析

1. 宝山某公司规定:建造材料一次性采购额超过30万元的应由上级领导审批,低于30万元的由供销科长张某审批。2014年,张某收受贿赂2万元,通过多次采购逃避30万元的限额购买450万元材料,致使固定资产建造项目的材料价格高于市场价格。

根据案例内容,请分析固定资产管理环节的内部控制存在哪些问题。

2. 某外资企业实力雄厚,历经十多年经营,现拥有先进的生产设备、现代化模式的GMP厂房以及遍及沪苏浙的巨大连锁营销网络。该公司定资产管理现状如下:

（1）管理部门行使资产管理职能。该公司拥有的固定资产（单件价值大于200元）超过3 500件,所有的资产购置、验收、建档、管理、调拨、维护、报废、清查等作业活动都由兼职人员管理。设备种类繁多,移动频繁,闲置资产的再利用存在问题。固定资产管理由管理部负责,除下属某工厂有专职资产管理员外,整个公司的资产管理员由仓库管理员兼职。

（2）建立了固定资产管理制度。公司通过ISO9000质量体系认证,也建立了一些固定资产管理制度,但未达到预期的效果或执行流于形式。例如,虽建立了固定资产卡片制度,但企业信息流严重滞后,导致账卡与实物之间存在严重差异（固定资产调拨存在随意性）。

（3）加强资产管理的信息化建设。公司购入了国内某ERP软件,但没有完全发挥其作用。

第一,软件中的固定资产管理模块未包含"调拨"功能。但该公司资产流动性强,调拨频繁,资产调拨频率达到了平均每天1台。对于已调拨的资产,资产表仅通过手工记录进行信息追踪。

第二,该软件的部门接口存在问题。涉及的"财务部"（负责输入资产金额及折旧）、"工程设备部"（负责输入维修记录）及"资产管理部"（负责输入资产编号、名称、所属部门及存

放地点)三个部门各自为政,从账套中调出的信息各不相同,极大地阻碍了资产信息化平台建设。

根据案例内容,请分析该公司固定资产管理存在哪些主要问题。

3. 2016年6月,某企业计划修建一座游泳馆,预算总造价305万元。其中装饰工程100余万元,同年年底,该企业与建筑公司签订有关基建工程合同:只将土建部分分给建筑公司,装饰工程另行发包,而工程造价未将装饰工程部分剥离出来,仍按305万元包给建筑公司,这意味着该企业将白白送给建筑公司100万元。幸亏审计部门及时发现了问题否则企业将产生重大损失。

根据案例内容,请分析该公司在建工程管理存在哪些主要问题。

第八章

采购与付款循环的业务控制

先导案例

具有对外采购权限的公司外协管理员、外购管理员，本应为公司对外采购货物把好入口关，却利用职务便利贪污受贿，最终为自己的贪婪付出了代价。近日，经河南省襄城县检察院立案侦查并提起公诉，许昌烟草机械有限责任公司（国有企业）采购中心原外购管理员杨某因犯贪污罪、受贿罪，被法院数罪并罚，判处有期徒刑十二年。

检察机关指控，2004年下半年至2014年5月间，杨某利用担任许昌烟草机械有限责任公司外协管理员、外购管理员的职务便利，先后收受该公司16家供应商所送的28.9万元钱款和价值1.5万元的购物卡，为这些供应商在分订单、货物入库、挂账时提供便利和帮助。此外，2005年至2011年10月间，杨某利用其担任许昌烟草机械有限责任公司外协管理员的职务便利，以低价在不知名的小厂采购机器零部件，却按照公司与合格供应商签订的采购价格及合格供应商的名义报账，从中赚取差价，套取公款273万余元。①

---

① 胡宽阳,赵亮.手握采购权捞尽好处[N/OL].检察日报,2015-10-13[2020-01-18]. http://newspaper.jcrb.com/html/2015-10/13/content.197347.htm.

第一节　采购与付款循环概述

一、采购业务相关概念

采购是指企业购买物资(或接受劳务)及支付款项等相关活动。其中,物资主要包括企业原材料、商品、工程物资、固定资产等。

采购是企业生产经营的起点,既是企业"实物流"的重要组成部分,又与"资金流"密切关联。采购是公司组织生产和销售产品的前提,直接影响了企业的产品成本,对销售定价有着重要的影响,同时,也直接影响了公司的现金流量。因此,采购与付款这一业务循环历来为企业所重视。

众所周知,采购物资的质量和价格、供应商的选择、采购合同的订立、物资的运输、验收等供应链状况,在很大程度上决定了企业的生存与可持续发展。采购流程的环节虽不太复杂,却蕴藏着较大的风险。一般而言,采购业务流程主要涉及编制需求计划和采购计划、请购、选择供应商、确定采购价格、订立框架协议或采购合同、管理供应过程、验收、退货付款、会计控制等环节,如图8.1所示。

二、采购业务的特点与管控中常见的问题

(一) 采购业务的特点

采购业务是企业支付货币、取得物资或劳务的过程,是企业生产经营管理中的一个重要环节,同时也是薄弱环节。其特点表现为如下几个方面:

1. 采购要在生产和销售计划的指导下进行

作为制造业企业生产的准备阶段,采购原料等活动应以生产需要为依据。材料采购部门必须十分熟悉整个企业的生产经营情况,使采购材料的品种、数量既满足生产需要,又最低限度地占用企业的资金。采购原料或商品的业务应同生产和销售计划密切联系起来,根据这些计划来指导采购业务。

2. 采购业务控制与货币资金控制密切相关

购买商品或劳务后必然有款项的支付流程,企业偿付货款的方式多种多样,但一般会带来货币资金减少。要防止因实物计量、会计计算错误,或者因人为修改实物或劳务的数量而使企业在支付一定的现金后,不能得到相应的物资或劳务;还要防范将企业享有的折扣隐匿起来占为己有的行为。因此,在购买环节,要将采购业务控制与货币资金支出控制结合起来运用。

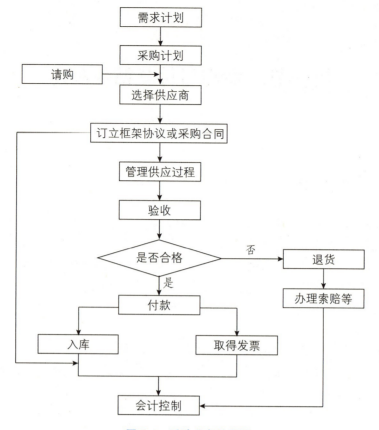

图 8.1 采购业务流程图

3. 采购业务导致的负债在企业全部负债中占有较大比重，可能会影响企业资信度

企业为了扩大销售，往往采取赊销方式。对于采购方来说，如果能够争取到赊购，则意味着在信用期内无偿占用销售方资金。然而，如果赊购业务频繁发生，业务量增大，赊购所产生的负债在企业负债总额中就会占有相当大的比重，从而对企业偿债能力等方面的财务状况产生一定的影响。因此，真实、客观地反映采购业务所导致的负债是采购业务内部控制的目标之一。

（二）采购业务管控中常见的问题

采购业务常见的问题主要表现为：

1. 盲目采购或采购不及时

采购部门没有根据已经批准的采购计划或请购单进行采购，盲目采购或采购不及时，出现超储积压或者供应脱档等情况。

2. 采购合同管理不严

随意签订采购合同，条款不科学，审批不严，合同档案管理混乱。

3. 验收不严

验收人员玩忽职守，对所采购的材料不能严格进行验收，存在以少报多、以次充好、人情过关等现象。

4. 违规结算

企业未建立完善的货款结算制度，审核不严，或在单证不齐的情况下付款，或者应付账款、预付账款管理混乱,导致重复付款、未有实物购进而有资金流出,甚至被骗走货款的事情发生。

5. 利用应付账款骗取回扣

利用应付账款骗取回扣,表现在已支付货款符合现金折扣条件,然后将折扣私分或留存"小金库",或者不及时将现金折扣入账而挪作他用。

三、采购业务控制的内容

采购业务内部控制的目的在于规范采购活动的程序、防范采购业务的风险,在保证企业经营活动所需物料的情况下,最大限度地降低采购成本和付款风险。其控制内容包括:采购计划控制、申请与审批控制、采购业务实施过程控制、验收入库控制、款项支付控制和账务处理控制。按照业务流程,可以将采购业务控制的主要内容划分为事前控制、事中控制和事后控制三个部分。

(一)事前控制

事前控制主要包括采购预算管理控制、采购业务人员管理。事前控制是对整个采购业务流程的全面把握,通过有计划地开展预算、审批等工作,能够提高采购业务的效率,降低业务流程中的潜在风险。

1. 采购预算管理控制

采购预算是企业进行采购活动的依据。当各个业务部门需要购进有关物资时,首先要编制资产购置计划或预算。这种预算的内容有两个方面:一方面是采购物资实物属性的预算,即采购的数量、品种等;另一方面是采购的资金预算。主要是估计物料采购所需花费的资金,并对采购活动的经济性进行简单评价。制订实物预算是为了从总体上反映物料的需求状况和需求结构,保证采购活动的有效性;制订资金预算是为了利用好企业的资金,防止资金闲置和不当使用,实现资金的高效利用。

(1)采购实物预算的控制内容。采购实物预算的编制工作主要由物料需求部门完成,主要包括划分预算权责、制订预算方案和完成审批工作等主要内容。

(2)采购资金管理的控制内容。采购资金管理控制主要由财务部门和请购部门共同完成,主要的控制内容包括采购资金需要量的确定、采购资金来源的确定、采购资金使用的监控和采购资金的收付控制。

2. 采购业务人员管理

在采购活动进行之前,企业的各个相关部门都要进行人员使用计划的编制,以实现对采购活动的主体管理控制。采购人员管理的内容应根据采购活动的主要流程制订,在采购预算、申请购买、采购活动实施、货物验收、资金结算等重要的环节设置人员岗位,并说明采购管理人员的主要任务。

(二)事中控制

事中控制是对实际采购过程中的部门、人员、资金、物料或劳务、业务程序等方面,按照内部控制的方法和原则开展的控制活动。采购活动的事中控制是采购业务循环的最主要内容,也是实现内部控制目标的关键。

1. 采购活动人员岗位和部门管理

为了保证采购业务内部控制有效开展,首先必须进行科学的岗位分工,严格按照审批权限进行业务活动。企业只有通过完善组织结构设置和岗位分工体系,不断提高采购业务活动的质量,才能实现采购业务循环的内部控制目标。具体包括以下三方面:

(1) 组织结构的设置。设置合理有效的组织结构是采购业务活动顺利进行的组织保证,其中最重要的两个部门是采购部门和财务部门。采购部门主要负责采购活动的实施,财务部门主要负责付款业务。除此之外,采购业务还涉及企业的预算和计划部门、物料或劳务的使用部门、验收部门和仓库保管部门。组织结构控制的原则主要是明确责任和权限、岗位适当分离和有效制衡。

(2) 人员分工与岗位责任。企业应该建立采购业务的岗位责任制,明确有关部门和岗位的职责、权限,确保办理采购业务的不相容职务相互分离、制约和监督。任何企业不得由同一部门或人员办理采购业务的全部过程。采购业务不相容职务至少包括:

① 请购与审批。采购业务申请必须由使用部门提出,例如生产、行政管理、仓库等部门。而请购申请的审批由申请部门之外的采购部门或其他授权部门负责实施。

② 询价与确定供应商。采购询价人员负责与采购物资供应商进行讨价还价。如果由询价人员进行供应商的选择,极有可能产生舞弊行为,所以企业应该规定采购询价人员不得负责供应商的选择,决定供应商的人员不能同时负责审批。

③ 采购合同的订立与审定。采购合同是进行采购活动的纲领,采购合同的签订谈判主要由采购部门人员完成,审定业务是对采购合同签订的监督。为了保证采购合同的内容真实合法,合同的订立与审定职责应该相分离。

④ 采购的实施与验收。采购活动的实施主要是对采购物资、资金的管理和控制,验收部门的工作是对采购活动的监督。按照监督和执行业务分离的原则,执行采购的岗位要和验收岗位相分离。

⑤ 采购、验收与相关会计记录。采购业务活动的整个过程都涉及资金的使用和流动,所以需要进行会计记录与核算,从而向内部和外部的管理者提供会计信息。有关的会计记录,例如采购物料的成本记录、验收商品的历史成本信息,都是对采购、验收等环节的监督依据,所以采购、验收及仓库保管人员不得担任会计核算工作。购进劳务的使用部门主管不得兼任会计记录工作。

⑥ 付款审批与付款执行企业采购资金的管理主要是付款的审批与执行,付款审批由使用部门主管和财务主管负责,付款执行由出纳员或采购执行人员负责,付款的审核人员不得实施付款业务。为了保证采购资金的安全使用,付款的审核与执行人员不能同时负责询价和选择供应商的业务。最后,付款执行和记录岗位要分离。

(3) 业务授权审批程序。业务授权审批是对组织结构设置和人员岗位分工的权责管理机制,企业应当建立严格的授权批准制度来规范采购业务操作,明确采购业务的审批人、审批事项、授权批准方式、审批权限、审批程序、责任和有关控制要求,同时还要规定采购业务执行人员的职责范围和行为准则。

2. 请购与审批的控制

采购业务活动的首要环节就是使用部门根据物料或劳务的需要情况向采购部门提出请购要求。使用部门制订采购计划和采购预算,既是事前控制的内容,也是事中控制的内容。事前的计划目的是防止资金的不合理调配,增加采购活动的系统性;而事中的请购和审批的目的是对采购计划和预算进行复核,评估其合理性并监督执行情况。

请购与审批的控制内容主要有两个方面,即请购程序控制和审批程序控制。

(1) 请购程序控制。企业应该将请购活动制度化,按照采购物料或劳务的性质和特点,确定归口管理部门,并给予相应的请购权力,明确使用部门或人员的职责权限及相应的请购程序。另外,企业应该加强对采购预算的申请管理,对于预算内采购项目,具有请购权的部门应当严格按照预算执行进度执行请购程序;对于超预算的采购业务,具有请购权的部门应对使用部门提出的申请进行审核后再执行相应的请购程序。

(2) 审批程序控制。审批程序是请购不可缺少的后续环节,审批的目的有两个:一是对请购活动进行审核,二是明确请购和采购活动的有关责任。各个部门和各个级别的审批目的有所差别,请购部门负责人审批的目的是保证请购商品的品种、质量满足经营活动的需要,仓库管理部门审批的目的是根据库存量核准采购物资的数量,采购部门审批的目的是防止重复采购与控制采购价格和成本。

(三) 事后控制

在采购业务活动过程中会不断发生款项的支付,贯穿于事前、事中、事后整个阶段,但是主要的大额支付都是在事后控制阶段完成的。事后控制的具体内容包括:对付款资料的审查控制、对付款业务程序的监督、往来账户的管理、会计记录控制和建立退货退款管理制度。

1. 对付款资料的审查控制

企业的财会部门进行资金报销业务的主要依据是采购、验收等部门提供的原始凭证,查看单据内容的完整性、业务活动的真实性以及支付金额是否超出了付款权限,这些是审查控制的主要任务。

会计人员在办理报销和付款业务时,应该对采购发票、运输结算单据和验收费用票据等原始凭证的真实性、合法性进行审核,对于有疑点的原始凭证,出纳和会计应该及时与业务部门沟通。

财务部门的稽核人员应该对各个业务部门提交的结算凭证和发票进行复核,审核有关的验收入库报告、出库单、入库单和采购合同,审查这些资料的内容是否完整、业务程序是否齐全、计算是否准确。同时,会计人员的审核还要经过财务部门主管的复核。

2. 对付款业务程序的监督

企业的内部控制框架中包括了有关付款业务的执行程序,特别是财务部门的付款环节,是重要的风险点,企业应该保证付款业务按照规定的程序进行,这样能够有效降低业务风险。

3. 往来账户的管理

企业的采购业务有很大一部分都利用了商业信用,采取了应付账款和预付账款等形式,所以建立往来账户管理制度是付款控制的重要部分。企业应该加强预付账款和订金的授权审批管理,使其规范化。企业还要定期核对应付账款、应付票据等往来账的明细账,对各个供应商的账户余额等信息进行分析和控制。另外,企业的财务部门还要分析供应商的信用政策,充分利用信用杠杆,延长付款期限,降低资金使用成本。

4. 会计记录控制

会计部门主管付款管理的会计,应该及时根据收到的付款或其他原始凭证编制记账凭证。经过审核和复核的记账凭证应及时登记银行存款或现金日记账、往来账款明细账和总账,并对账簿记录进行分析,编制有关的付款分析报表。

5. 建立退货退款管理制度

企业的采购和验收部门在检查购入商品时,如果发现采购的商品出现数量、规格种类和质量不符合合同要求等问题,应该及时和供应商取得联系,决定是否退货或者要求供应商给予一定的折扣,并制订有关退货条件、退货手续和退货货款回收的执行程序和制度,使退货退款业务规范化。

第二节 采购与付款循环业务流程

一、采购与付款循环业务流程

(一) 请购商品和劳务

仓库负责对需要购买的已列入存货清单的项目填写请购单,其他部门也可以对所需要购买的未列入存货清单的项目编制请购单。大多数企业对正常经营所需的物资购买均作一般授权。例如,仓库在现有库存达到再订购点时就可以直接提出采购申请,其他部门也可为正常的维修工作和其他类似工作直接申请采购有关物品。但对资本支出和租赁合同,企业内控制度则通常要求作特别授权,只允许指定人员提出请购。请购单可手工编制或计算机编制。由于企业内不少部门都可以填列请购单,不便事先编号,为加强控制,每张请购单必须经过对这类支出预算负责的主管人员签字批准。

(二) 编制订购单

采购部门在收到请购单后,只能对经过批准的请购单发出订购单。对每张订购单,采购部门应确定最佳的供应来源。对一些大额、重要的采购项目,应采取竞价方式来确定供应商,以保证供货的质量、及时性和成本的低廉。

订购单应正确填写所需要的商品品名、数量、价格、厂商名称和地址等,预先予以编号并经过被授权的采购人员签名。其正联应送交供应商,副联则送至企业内部的验收部门、应付凭单部门和编制请购单的部门。

(三) 验收商品

有效的订购单代表企业已授权验收部门接受供应商发运来的商品。验收部门首先应比较所收商品与订购单上的要求是否相符,如商品的品名、说明、数量、到货时间等,然后再盘点商品并检查商品有无损坏。验收后,验收部门应对已收货的每张订购单编制一式多联、预先编号的验收单,作为验收和检验商品的依据。验收人员将商品送交仓库或其他请购部门时,应取得经过签字的收据,或要求其在验收单的副联上签收,以确定他们对所采购的资产应负的保管责任。验收人员还应将其中的一联验收单送交应付凭单部门。

(四) 储存已验收的商品存货

将已验收商品的保管与采购的其他职责相分离,可减少未经授权的采购和盗用商品的风险。存放商品的仓储区应相对独立,限制无关人员的接近。

(五) 编制付款凭单

记录采购交易之前,应付凭单部门应编制付款凭单。这项功能的控制包括:

(1) 确定供应商发票的内容与相关的验收单、订购单的一致性。

(2) 确定供应商发票计算的正确性。

(3) 编制有预先编号的付款凭单,并附上支持性凭证(如订购单、验收单和供应商发票等)。这些支持性凭证的种类,因交易对象的不同而名称不同。

(4) 独立检查付款凭单计算的正确性。

(5) 在付款凭单上填入应借记的资产或费用账户。

(6) 由被授权人员在凭单上签字,以示批准照此凭单要求付款。所有未付凭单的副联应保存在未付凭单档案中,以待日后付款。

(六) 确认与记录负债

正确确认已验收货物和已接受劳务的债务,要求准确、及时地记录负债。该记录对企业财务报表所反映和企业实际现金支出有重大影响。因此,必须特别注意,按正确的数额记录企业确实已发生的购货和接受的劳务事项。

应付账款确认与记录相关部门一般有责任核查购置的财产并在应付凭单登记簿或应付账款明细账中加以记录。在收到供应商发票时,应付账款部门应将发票上所记载的品名、规格、价格、数量、条件及运费与订货单上的有关资料核对,如有可能,还应与验收单上的资料进行比较。应付账款确认与记录的一项重要控制是要求记录现金支出的人员不得经手现金、有价证券和其他资产。恰当的凭证、记录与恰当的记账手续,对业绩的独立考核和应付账款职能而言是必不可少的控制。

在手工系统下,应将已批准的未付款凭单送达会计部门,据以编制有关记账凭证和登记有关账簿。会计主管应监督为采购交易而编制的记账凭证中账户分类的适当性;通过定期核对编制记账凭证的日期与凭单副联的日期,监督入账的及时性。而独立检查会计人员则应核对所记录的凭单总数与应付凭单部门送来的每日凭单汇总表是否一致,并定期独立检查应付账款总账余额与应付凭单部门未付款凭单档案中的总金额是否一致。

(七) 付款

通常是由应付凭单部门负责确定未付凭单在到期日付款。企业有多种款项结算方式,以支票结算方式为例,编制和签署支票的有关控制包括:

(1) 独立检查已签发支票的总额与所处理的付款凭单总额的一致性。

(2) 应由被授权的财务部门的人员负责签署支票。

(3) 被授权签署支票的人员应确定每张支票都附有一张已经妥当批准的未付款凭单,并确定支票收款人姓名和金额与凭单内容相一致。

(4) 支票一经签署就应在其凭单和支持性凭证上用加盖印戳或打洞等方式将其注销,

以免重复付款。

(5) 支票签署人不应签发无记名甚至空白的支票。

(6) 支票应预先连续编号,保证支出支票存根的完整性和作废支票处理的恰当性。

(7) 应确保只有被授权的人员才能接近未经使用的空白支票。

(八) 记录现金、银行存款支出

以支票结算方式为例,在手工系统下,会计部门应根据已签发的支票编制付款记账凭证,并据以登记银行存款日记账及其他相关账簿。以记录银行存款支出为例,有关控制包括:

(1) 会计主管应独立检查记入银行存款日记账和应付账款明细账的金额的一致性,以及与支票汇总记录的一致性。

(2) 通过定期比较银行存款日记账记录的日期与支票副本的日期,检查入账的及时性。

(3) 独立编制银行存款余额调节表。

二、常见采购业务中主要的环节

(一) 请购审批业务流程

请购审批业务流程如图 8.2 所示。

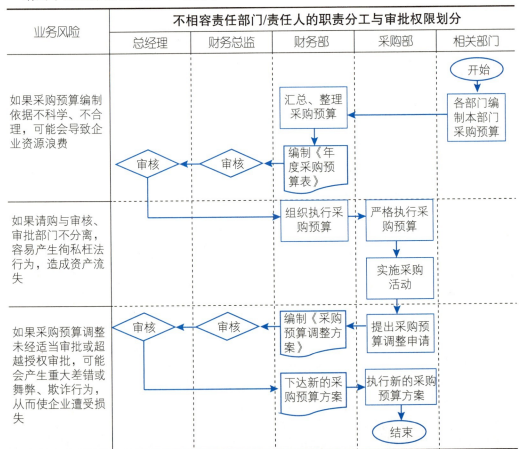

图 8.2 请购审批业务流程图

(1) 生产部和仓储部等物资需求部门根据企业相关规定及实际需求提出采购申请。

(2) 请购人员应根据库存量基准、用料预算及库存情况填写《采购申请单》，需要说明请购物资的名称、数量、需求日期、质量要求以及预算金额等内容。

(3) 采购部核查需要采购物资的库存情况，检查该项请购是否在执行后又重复提出，以及是否存在不合理的请购品种和数量。

(4) 如果采购专员认为采购申请合理，则根据所掌握的市场价格，在采购申请单上填写采购金额后呈交相关领导审批。

(5) 如果采购事项在申请范围之外，应由采购部经理、财务总监逐级审核，最终由总经理审批；如果采购事项在申请范围之内但实际采购金额超出预算，经采购部经理审核后，财务总监和总经理根据审批权限进行采购审批。在采购预算之内的，采购部按照预算执行进度办理请购手续。

（二）采购预算业务流程

采购预算业务流程如图 8.3 所示。

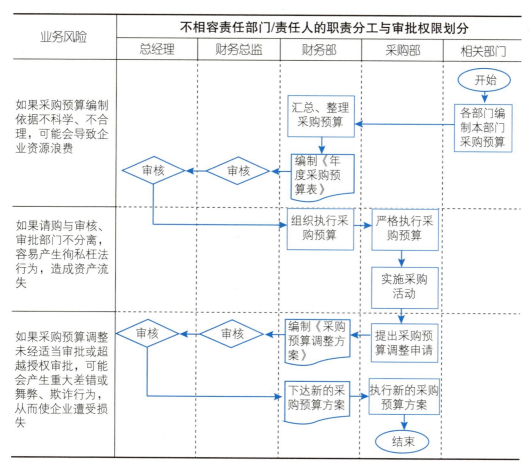

图 8.3　采购预算业务流程图

（1）各生产单位根据年度营业目标预测生产计划，据此编制年度物资需求计划并编制采购预算；仓储部根据企业相关规定和生产用料计划编制采购预算；研发部、行政部根据实际需求编制采购预算。

（2）财务部预算专员负责汇总、整理各部门提交的采购预算。

（3）财务部预算专员根据上一年度材料单价、次年度汇率、利率等各项预算基准编制企业《年度采购预算表》，财务部经理签字确认后，报财务总监审核、总经理审批后严格执行。

（4）请购部门根据实际需求提出采购申请，采购部采购专员应根据市场价格填写采购金额，依据企业相关规定以及生产需求情况，判断采购是否合理，如果采购申请合理，提交相关领导审批；不合理的采购申请，则退回请购部门。

（5）调整采购预算的原因包括超范围采购或超预算采购两种，由于市场环境变化，如采购物资的价格上涨，导致实际采购金额超出采购预算或生产突发事件导致采购预算外支出等，此时，采购部必须提出采购预算调整申请，即追加采购预算。

（6）财务部接到采购部的预算调整申请后，根据实际情况，参照企业的相关规定进行核对，并编制《采购预算调整方案》，提交财务总监审核、总经理审批。

（三）采购业务招标流程

采购业务招标流程如图 8.4 所示。

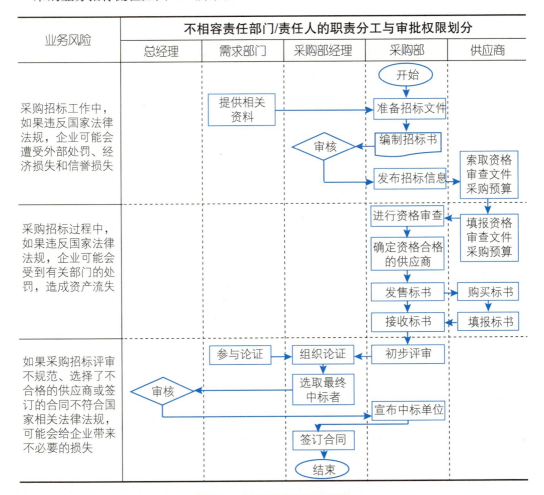

图 8.4 采购业务招标流程图

（1）针对需要进行招标的采购业务，采购部准备采购招标文件，编制《采购招标书》，报采购部经理审核。

（2）采购部发布招标信息，包括招标方式、招标项目（含名称、用途、规格、质量要求及数量或规模）、履行合同期限与地点、投标保证金、投标截止时间及标书投递地点、开标的时间与地点、对投标单位的资质要求以及其他必要的内容。

（3）采购部收到供应商的资格审查文件后，对供应商资质、信誉等方面进行审查。

（4）采购部通过审查供应商各方面指标，确定合格的供应商。

（5）采购部向合格的供应商发售标书，供应商填写完毕后递交到采购部。

（6）采购部对供应商的标书进行初步审核，淘汰明显不符合要求的供应商。

（7）采购部经理组织需求部门、技术部门、财务部门等相关人员或专家对筛选通过的标书进行论证，选出最终的中标者。

（8）最终中标者经总经理签字确认后，由采购部相关人员宣布中标单位。

（9）采购部经理代表招标方与中标者签订采购合同。

第三节　采购与付款的内部控制要点

一、采购与付款的主要控制目标

一般而言，采购与付款的主要控制目标如下：

（1）需求计划和采购计划是按照规定的权限和程序获得审批的。

（2）请购是经过适当授权或审批的，符合企业实际需求。

（3）供应商的选择及其评价有利于公司获取"质优价廉"的货物或劳务。

（4）每次的采购价格应当是"性价比"最优的。

（5）同供应商订立框架协议或采购合同符合法律、法规的要求。

（6）采购的过程应当是可控的。

（7）所记录的购货都已收到货物或已接受劳务，并符合企业的需求。

（8）已发生的购货业务均已记录。

（9）所记录的购货业务估价正确。

（10）购货业务的分类正确。

（11）购货业务按正确的日期记录。

（12）采购的付款是经过授权审批和按照企业规定办理的。

（13）购货业务被正确记入应付账款和存货等明细账中，并被准确汇总。

二、采购与付款循环各环节的主要风险点

(一) 编制需求计划和采购计划环节的主要风险点

采购业务从计划（或预算）开始,包括需求计划和采购计划。企业实务中,需求部门一般根据生产经营需要向采购部门提出物资需求计划,采购部门根据该需求计划归类汇总平衡现有库存物资后,统筹安排采购计划,并按规定的权限和程序审批后执行。此环节的主要风险包括：

(1) 需求或采购计划不合理、不按实际需求安排采购或随意超计划采购,甚至与企业生产经营计划不协调等,造成企业资源短缺或者库存成本上升,从而影响企业正常生产经营。

(2) 不按规定维护安全库存、未按照要求及时调整采购计划,影响企业正常运行。

(二) 请购环节的主要风险点

请购是指企业生产经营部门根据采购计划和实际需要提出的采购申请。此环节的主要风险包括：

(1) 缺乏采购申请制度,造成企业管理混乱。

(2) 请购未经适当审批或超越授权审批,可能导致采购物资过量或短缺,影响企业正常生产经营。

(三) 选择供应商环节的主要风险点

选择供应商,也就是确定采购渠道。它是企业采购业务流程中非常重要的环节。该环节的主要风险包括：

(1) 缺乏完善的供应商管理办法,无法及时考核供应商,若供应商选择不当,则会影响企业利润。

(2) 大额采购未实行招投标制度,可能导致采购物资质次价高,甚至出现舞弊行为。

(四) 确定采购价格环节的主要风险点

如何以最优"性价比"采购到符合需求的物资,是采购部门的永恒主题。此环节的主要风险包括：

(1) 采购定价机制不科学,采购定价方式选择不当,缺乏对重要物资品种价格的跟踪监控,引起采购价格不合理,可能造成企业资金损失。

(2) 内部稽核制度不完善,导致因回扣等现象造成企业损失。

(五) 订立框架协议或采购合同环节的主要风险点

框架协议是企业与供应商之间为建立长期物资购销关系而作出的一种约定。采购合同是指企业根据采购需要、确定的供应商、采购方式、采购价格等情况与供应商签订的具有法律约束力的协议。

此环节的主要风险包括：

(1) 框架协议签订不当,可能导致物资采购不顺畅。

(2) 未经授权对外订立采购合同,合同对方主体资格、履约能力等未达要求,合同内容存在重大疏漏和欺诈,可能导致企业合法权益受到侵害。

(3) 未能及时根据市场状况调整合同内容,造成企业采购行为脱离市场供需状况。

(六) 管理供应过程环节的主要风险点

管理供应过程主要是指企业建立严格的采购合同跟踪制度,科学评价供应商的供货情况,并根据合理选择的运输工具和运输方式,办理运输、投保等事宜,实时掌握物资采购供应过程的情况。此环节的主要风险包括:

(1) 缺乏对采购合同履行情况的有效跟踪,运输方式选择不合理,忽视运输过程中保险风险,可能导致采购物资损失甚至无法保证供应。

(2) 无法对供应商的供应过程做好记录,导致供应商过程评价缺少原始资料。

(七) 验收环节的主要风险点

验收是指企业对采购物资或劳务的检验接收,以确保其符合合同规定或产品质量要求。此环节的主要风险包括:

(1) 验收标准不明确、验收程序不规范,导致不合格品流入企业。

(2) 对验收中存在的异常情况不作及时处理,可能造成账实不符、采购物资损失。

(八) 付款环节的主要风险点

付款是指企业在对采购预算、合同、相关单据凭证、审批程序等内容审核无误后,按照采购合同规定及时向供应商办理支付款项的过程。此环节的主要风险包括:

(1) 付款审核不严格、付款方式不恰当、付款金额控制不严,可能导致企业资金损失或信用受损。

(2) 退货管理不规范,导致企业产生财务损失。

(九) 会计控制环节的主要风险点

会计控制主要指采购业务会计系统控制。此环节的主要风险包括:

(1) 缺乏有效的采购会计系统控制,未能全面真实地记录和反映企业采购各环节的资金流和实物流情况。相关会计记录与相关采购记录、仓储记录不一致,可能导致企业采购业务未能如实反映,以及采购物资和资金受损。

(2) 对退货以及待检物料处理不当,导致账实不一致,影响企业财务状况的真实性。

三、采购与付款循环各环节的关键控制要点

(一) 编制需求计划和采购计划环节的关键控制要点

(1) 生产、经营、项目建设等部门,应当根据实际需求准确、及时编制需求计划。需求部门提报需求计划时,不能指定或变相指定供应商。对独家代理、专有、专利等特殊产品应提供相应的独家、专有资料,经专业技术部门研讨后,由具备相应审批权限的部门或人员审批。

(2) 采购计划是企业年度生产经营计划的一部分,在制订年度生产经营计划过程中,企

业应当根据发展目标实际需要,结合库存和在途情况,科学安排采购计划,防止采购过高或过低。

(3) 采购计划应纳入采购预算管理,经相关负责人审批后,作为企业刚性指令严格执行。

(二) 请购环节的关键控制要点

(1) 建立采购申请制度,依据购买物资或接受劳务的类型,确定归口管理部门,授予相应的请购权,明确相关部门或人员的职责权限及相应的请购程序。企业可以根据实际需要设置专门的请购部门,对需求部门提出的采购需求进行审核,并进行归类汇总,统筹安排企业的采购计划。

(2) 具有请购权的部门对于预算内采购项目,应当严格按照预算执行进度办理请购手续,并根据市场变化提出合理的采购申请。对于超预算和预算外采购项目,应先履行预算调整程序,经具备相应审批权限的部门或人员审批后,再办理请购手续。

(3) 具备相应审批权限的部门或人员审批采购申请时,应重点关注采购申请内容是否准确、完整,是否符合生产经营需要,是否符合采购计划,是否在采购预算范围内等。对不符合规定的采购申请,应要求请购部门调整请购内容或拒绝批准。

(三) 选择供应商环节的关键控制要点

(1) 建立科学的供应商评估和准入制度,对供应商资质信誉情况的真实性和合法性进行审查,确定合格的供应商清单,健全企业统一的供应商网络。企业新增供应商的市场准入、供应商新增服务关系以及调整供应商物资目录,都要由采购部门根据需要提出申请,并按规定的权限和程序审核批准后,纳入供应商网络。必要时,企业可委托具有相应资质的中介机构对供应商进行资信调查。

(2) 采购部门应当按照公平、公正和竞争的原则,择优确定供应商,在切实防范舞弊风险的基础上,与供应商签订质量保证协议。

(3) 建立供应商管理信息系统和供应商淘汰制度,对供应商提供物资或劳务的质量、价格、交货及时性、供货条件及其资信、经营状况等进行实时管理和考核评价,根据考核评价结果,提出供应商淘汰和更换名单,经审批后对供应商进行合理选择和调整,并在供应商管理系统中作出相应记录。

(四) 确定采购价格环节的关键控制要点

(1) 健全采购定价机制,采取协议采购、招标采购、比价采购动态竞价采购等多种方式,科学合理地确定采购价格。对标准化程度高、需求计划性强、价格相对稳定的物资,通过招标、联合谈判等公开、竞争方式签订框架协议。

(2) 采购部门应当定期研究大宗通用重要物资的成本构成与市场价格变动趋势,确定重要物资品种的采购执行价格或参考价格。建立采购价格数据库,定期开展重要物资的市场供求形势及价格走势商情分析并合理利用。

(五) 订立框架协议或采购合同环节的关键控制要点

(1) 对拟签订框架协议的供应商的主体资格、信用状况等进行风险评估;框架协议的签订应引入竞争制度,确保供应商具备履约能力。

（2）根据确定的供应商、采购方式、采购价格等情况,拟订采购合同,准确描述合同条款,明确双方权利、义务和违约责任,按照规定权限签署采购合同。对于影响重大、涉及较高深专业技术或法律关系复杂的合同,应当组织法律、技术、财会等专业人员参与谈判,必要时可聘请外部专家参与相关工作。

（3）对重要物资验收量与合同量之间允许的差异,应当作出统一规定。

（六）管理供应过程环节的关键控制要点

（1）依据采购合同中确定的主要条款跟踪合同履行情况,对有可能影响生产或工程进度的异常情况,应出具书面报告并及时提出解决方案,采取必要措施,保证需求物资的及时供应。

（2）对重要物资建立并执行合同履约过程中的巡视、点检和监造制度。对需要监造的物资,择优确定监造单位,签订监造合同,落实监造责任人,审核确认监造大纲,审定监造报告,并及时向技术等部门通报。

（3）根据生产建设进度和采购物资特性等因素,选择合理的运输工具和运输方式,办理运输、投保等事宜。

（4）实行全过程的采购登记制度或信息化管理,确保采购过程的可追溯性。

（七）验收环节的关键控制要点

（1）制订明确的采购验收标准,结合物资特性确定必检物资目录,规定此类物资出具质量检验报告后方可入库。

（2）验收机构或人员应当根据采购合同及质量检验部门出具的质量检验证明,重点关注采购合同、发票等原始单据与采购物资的数量、质量、规格型号等是否一致。对验收合格的物资,填制入库凭证,加盖物资"收讫章",登记实物账,及时将入库凭证传递给财会部门。物资入库前,采购部门须检查质量保证书、商检证书或合格证等证明文件。

验收时涉及技术性强的、大宗的和新特物资,还应进行专业测试,必要时可委托具有检验资质的机构或聘请外部专家协助验收。

（3）对于验收过程中发现的异常情况,比如,无采购合同或大额超采购合同的物资、超采购预算采购的物资、毁损的物资等,验收机构或人员应当立即向企业有权管理的相关机构报告,相关机构应当查明原因并及时处理。对于不合格的物资,采购部门应依据检验结果办理让步接收、退货、索赔等事宜。对延迟交货造成生产建设损失的,采购部门要按照合同约定索赔。

（八）付款环节的关键控制要点

（1）严格审查采购发票等票据的真实性、合法性和有效性,判断采购款项是否确实应予以支付。如审查发票填制的内容是否与发票种类相符合、发票加盖的印章是否与票据的种类相符合等。企业应当重视采购付款的过程控制和跟踪管理,如果发现有异常情况,应当拒绝向供应商付款,避免出现资金和信用损失。

（2）根据国家有关支付结算的相关规定和企业生产经营的实际,合理选择付款方式,并严格遵循合同规定,防范付款方式不当带来的法律风险,保证资金安全。除了不足转账起点金额的采购可以支付现金外,采购价款应通过银行办理转账。

(3) 加强预付账款和定金的管理,涉及大额或长期的预付款项,应当定期进行追踪核查,综合分析预付账款的期限、占用款项的合理性、不可收回风险等情况,发现有疑问的预付款项,应当及时采取措施,尽快收回款项。

(九) 会计控制环节的关键控制要点

(1) 企业应当加强对购买、验收、付款业务的会计系统控制,详细记录供应商情况、采购申请、采购合同、采购通知、验收证明、入库凭证、退货情况、商业票据、款项支付等情况,做好采购业务各环节的记录,确保会计记录、采购记录与仓储记录核对一致。

(2) 企业应指定专人通过函证等方式,定期向供应商寄发对账函,核对应付账款、应付票据、预付账款等往来款项,对供应商提出的异议应及时查明原因,报有权管理的部门或人员批准后,作出相应调整。

另外,由于采购业务对企业生存与发展具有重要影响,强调企业应当建立采购业务后的评估制度。即企业应当定期对物资需求计划、采购计划、采购渠道、采购价格、采购质量、采购成本、协调或合同签约与履行情况等物资采购供应活动进行专项评估和综合分析,及时发现采购业务薄弱环节,优化采购流程。同时,将物资需求计划管理、供应商管理、储备管理等方面的关键指标纳入业绩考核体系,促进物资采购与生产、销售等环节的有效衔接,不断防范采购风险,全面提升采购效能。

复习训练题

一、单选题

1. 企业生产经营的起点是: ( )
   A. 采购业务　　　B. 生产业务　　　C. 销售业务　　　D. 投资业务
2. 属于采购业务的事前控制包括: ( )
   A. 采购预算管理控制　　　　　　　B. 请购与审批的控制
   C. 付款资料的审查控制　　　　　　D. 核实付款业务的程序
3. 以下各项中,预防员工贪污、挪用资金的最有效手段是: ( )
   A. 记录应付账款总账和明细账的人员分离
   B. 建立付款审批制度
   C. 记录应付账款与应付票据人员分离
   D. 货款到期立即付款
4. ( )是采购与付款业务流程的第一步。
   A. 请购商品和劳务　　　　　　　　B. 编制订购单
   C. 验收商品　　　　　　　　　　　D. 编制付款凭单
5. 以下承担具体采购业务的是: ( )

A. 请购部门　　　B. 财务部门　　　C. 采购部门　　　D. 销售部门

6. 以下可以作为常规授权的采购是：（　　）
A. 正常经营所需的物资　　　B. 大额的资本支出
C. 重要的租赁合同　　　D. 重要的维修支出

7. 下列采购业务中的单据,除了(　　)都可以预先连续编号。
A. 请购单　　　B. 采购订单　　　C. 验收单　　　D. 付款凭单

8. 在确定未付凭单在到期日付款时,下列说法错误的是：（　　）
A. 独立检查已签发支票的总额与所处理的付款凭单总额的一致性
B. 应由被授权的财务部门的人员负责签署支票
C. 支票签署人可以签发无记名甚至空白的支票
D. 支票一经签署就应在其凭单和支持性凭证上用加盖印戳或打洞等方式将其注销

9. 以下属于验收环节的主要风险点是：（　　）
A. 需求或采购计划不合理、不按实际需求安排采购或随意超计划采购
B. 采购定价机制不科学,采购定价方式选择不当
C. 缺乏完善的供应商管理办法,无法及时考核供应商
D. 验收标准不明确、验收程序不规范,导致不合格品流入企业

二、多选题

1. 采购业务常见的问题包括：（　　）
A. 盲目采购　　　B. 采购合同管理不严
C. 验收不严　　　D. 违规结算

2. 采购资金管理的控制内容包括：（　　）
A. 采购资金需要量的确定　　　B. 采购资金来源的确定
C. 采购资金使用的监控　　　D. 采购资金的收付控制

3. 以下属于采购业务不相容职务的有：（　　）
A. 请购与审批　　　B. 询价与确定供应商
C. 采购合同的订立与审定　　　D. 采购的实施与验收

4. 采购与付款内部控制的主要职责分工有：（　　）
A. 提出采购申请与批准采购申请相互独立
B. 采购审批、合同的签订、复核之间相互独立
C. 采购与验收相互独立
D. 应付账款的记账员不能接触现金等资产

5. 以下违反内部控制要求的是：（　　）
A. 仓储部门根据库存原材料变化提出采购申请,填写请购单
B. 采购部门根据经过批准的请购单签发订购单,送交供应商
C. 仓库保管人员对采购材料的数量和质量进行验收
D. 仓库保管员负责定期盘点存货

6. 应付凭单部门编制付款凭单时,应当注意哪些内容：（　　）
A. 确定供应商发票的内容与相关的验收单、订购单的一致性
B. 确定供应商发票计算的正确性
C. 编制有预先编号的付款凭单,并附上支持性凭证

D. 独立检查付款凭单计算的正确性

7. 以下属于请购环节主要风险的是： （　）

A. 缺乏采购申请制度，造成企业管理混乱
B. 请购未经适当审批或超越授权审批，可能导致采购物资过量或短缺
C. 框架协议签订不当，可能导致物资采购不顺畅
D. 验收标准不明确、验收程序不规范，导致不合格品流入企业

8. 付款环节的关键控制要点包括： （　）

A. 严格审查采购发票等票据的真实性、合法性和有效性，判断采购款项是否确实应予以支付
B. 根据国家有关支付结算的相关规定和企业生产经营的实际，合理选择付款方式
C. 加强预付账款和定金的管理，涉及大额或长期的预付款项，应当定期进行追踪核查
D. 企业应指定专人通过函证等方式，定期向供应商寄发对账函

三、判断题

1. 在单证不齐的情况下付款，可能会导致重复付款、未有实物购进而有资金流出，甚至被骗走货款的事情发生。 （　）
2. 任何企业不得由同一部门或人员办理采购业务的全部过程。 （　）
3. 采购询价人员负责与采购物资供应商进行讨价还价，同时负责供应商的选择。 （　）
4. 采购、验收及仓库保管人员可以担任存货的核算工作。 （　）
5. 对于超预算的采购业务，具有请购权的部门应对使用部门提出的申请进行审核后再执行相应的请购程序。 （　）
6. 会计人员在办理报销和付款业务时，应该对采购发票、运输结算单据和验收费用票据等原始凭证的真实性、合法性进行审核。 （　）
7. 验收机构或人员应当根据采购合同及质量检验部门出具的质量检验证明，重点关注采购合同、发票等原始单据与采购物资的数量、质量、规格型号等是否一致。 （　）

四、案例分析

根据以下某企业的采购与付款业务流程描述，逐条分析该企业在采购与付款流程中存在的问题，并提出改进建议。

（1）某企业仓库保管员负责登记存货明细账，以便对仓库中所有存货项目的收发存数量以及价值等进行永续记录。

（2）当收到验收部门送交的存货和验收单后，根据验收单登记存货明细账。

（3）平时，各车间或其他部门如果需要领取原材料，都可以填写领料单，仓库保管员直接根据领料单发出原材料。

（4）公司的辅助材料用量很少，因此领取辅助材料时，没有要求使用领料单。各车间经常有辅助材料剩余（根据每天特定工作购买而未消耗掉，但其实还可以为其他工作所用），这些材料由车间自行保管，无须通知仓库。

第九章

销售与收款循环的业务控制

先导案例

2018年8月1日上午，在位于北京建国门的万达总部，两名万达高管尹某某、金某因涉嫌利用职务便利谋取私利被朝阳警方带走。此次案件发生在万达中区，是一起在项目包销中，由于临时授权机制不完善导致的职务侵权案。这两名处于案件中心的万达高管尹某某、金某分别系万达集团中区营销副总经理、总经理，负责万达中部区域的房产销售业务。该案共牵涉万达区域公司、集团公司20余人，集团高管个人非法所得金额高达千万元。

这起高管利用职权徇私舞弊案的发生与目前我国房地产行业的销售模式有关。目前，我国很多房地产商仍将包销作为去库存的一种主要方法，万达也在此列。在进行房地产销售时，万达下属项目公司管理人员以销售困难为由，向集团高管申请房地产项目的临时定价权限。值得注意的是，该申请并未经过正常的审核审批流程。然而，在尹某某、金某收到这份未经正常审核的授权申请时，却依然使其顺利通过了。在项目公司获取临时授权后，立马将房产低价转售给了另一家销售公司。这家销售公司的人员构成与万达的项目公司涉案人员基本一致，实际上是一家空壳公司。涉案人员通过该空壳公司，将房产从项目公司以低价买入，再在市场上以正常价格卖出，从而大肆赚取购销差价。①

---

① 万达销售舞弊窝案，给我们哪些启示？[EB/OL]. (2018-11-08)[2020-01-18]. http://www.sohu.com/a/273946620_653379.

第一节　销售与收款循环业务概述

一、销售业务的相关概念及可能存在的主要风险

销售与收款业务是指企业出售商品(或提供劳务)及收取款项等相关活动。本节分别从企业战略层面与具体运营层面介绍销售与收款循环业务的具体内容、业务特点以及具体业务流程。

企业以价值创造为目标,而销售管理是保证企业生产的商品、劳务的内在价值实现的重要活动,关系企业资金的回收和持续再生产。企业运营管理者非常清楚,没有销售就没有生产经营,销售是企业运营的龙头。因此,所有企业无不对销售和市场开发给予极大的关注。销售业务也成为企业管理中非常复杂且较难控制的领域,其发生风险的概率在不断增加。

(一) 营销管理与销售管理

科特勒的《营销管理》一书对营销管理的定义如下:营销管理是为了实现各种组织目标,创造、建立和保持与目标市场之间的有益交换和联系而设计的方案的分析、计划、执行和控制。

根据上述定义,营销管理是企业管理中非常重要的一个工作环节。

市场营销工作必须与企业的产品开发、生产、销售、财务等工作环节协调。只有这样,企业的整体经营目标才能够得以达成,企业的总体经营策略才能够得以有效的贯彻落实。而且营销管理工作是在企业的经营目标、战略经营计划的总体战略之下,根据对经营环境的分析结果,对市场进行细分,选定希望进入的目标市场。然后据此制订市场营销计划和营销组合,并且推动计划的落实执行和对执行计划的过程进行监督控制、评估、反思和修订。

对于销售管理,美国印第安纳大学的达林普教授定义如下:销售管理是计划、执行及控制企业的销售活动,以达到企业的销售目标。由此可见,销售管理是从市场营销计划的制订开始,销售管理工作是市场营销战略计划中的一个组成部分,其目的是执行企业的市场营销战略计划,其工作的重点是制订和执行企业的销售策略,对销售活动进行管理。从内部控制的角度来看,销售与收款循环是由同客户交换商品或劳务,以及收到现金收入等有关业务活动组成的,与上述营销管理和销售管理的主要内容密不可分。

(二) 销售与收款循环业务的基本特点

1. 销售业务是企业价值链的核心环节

销售业务是企业赚取利润的手段,是企业价值创造的实现途径。一般而言,企业的价值增长最终是依靠销售方式将产品(服务)与外部市场进行交换而获得的。在整个企业价值链上,研发、采购、生产、销售和售后服务等各主要环节互为呼应,有机协作。销售业务处于这

个价值链上的相对主导地位。离开市场搞生产会形成大量产品滞压难以销售；研发的新产品如果无法销售，就只能是实验室里的成果而不能带来经济价值。销售环节一旦出现问题就是攸关企业利益的大问题。例如，销售定价和信用政策的恰当与否会直接影响创造利润的能力，销售业务的回款出现问题甚至会导致企业迫于资金断流而停产歇业。

2. 销售业务具有市场的变化性和灵活性

这一特点是由销售活动必须在市场里实现所决定的。离开了市场，企业的产品自产自用，就没有了真实的销售业务发生。同样，没有销售活动也就没有了市场赖以存在的基本元素。所以，销售活动与市场是互为依存的关系，市场天生所具有的灵活性与不断发展变化的特性，成为销售业务的一个鲜明特点。

企业的销售活动要认真分析市场环境和竞争对手情况，密切关注市场动向，适时地改变价格水平、产品结构、生产与供货能力、回款政策。相应地，与此相关的内部控制也需要因循规律，动态地适应销售业务的变化性，防止因墨守成规，而束缚了业务的发展变化，疏忽了变化所产生的新的关键控制点。

3. 销售业务是企业利益与外部对接的通道

正是由于企业的销售业务与外部的市场密不可分，它成为创造企业利润的必然活动。从价值创造角度来看，企业利益与外部对接最为频繁和密切的活动就是销售业务。投资业务也具有与此相似的特点，但它在日常持续经营中的影响范围和程度都远远小于销售业务。销售业务与外部高度相关性的特点，决定了其内部控制要充分考虑所涉及企业外部的环节。例如，对外谈判确定销售条件和销售价格的环节、发货与开具销售发票环节、回款与对账环节等。这项业务循环在最重要的利益环节与企业外部密切关联，为企业内外串通舞弊行为提供了良好的条件。所以，其内部控制内容尤为复杂，难度因此也增加。

4. 销售业务过程较为复杂

通俗且概括而言，销售业务是卖出商品并收回货款。实际上，它是一项多步骤的、过程较为复杂的系统工程。从收到客户订单开始（有些企业是从制订销售计划开始），经过与对方洽谈业务，安排生产和发货与客户之间交接货物，到进行相应的会计处理，再到结算和收取货款，还有销售折让与折扣的处理，甚至发生销售退回并办理入库。这样一个长链条、多环节的过程，反映出销售业务的复杂性，因而其内部控制环节相应复杂多样，要格外注意其发生风险的可能性大大增加。例如，发货控制不当可能带来企业财产流失，会计处理不当可能造成企业收入确认不实或者债权反映不完整。

(三) 销售业务中可能存在的风险

(1) 销售政策和策略不当，市场预测不准确，销售渠道管理不当等，可能导致销售不畅、库存积压、经营难以为继。

(2) 客户信用管理不到位，结算方式选择不当，账款回收不力等，可能导致销售款项不能收回或遭受欺诈。

(3) 销售过程存在舞弊行为，可能导致企业利益受损。

二、销售与收款循环的主要内容

一般来说，销售与收款循环主要由销售计划管理与销售合同订立、组织发货与装运、收

款三大部分构成,进一步细化则依次为:

(1) 从制订销售计划开始,在计划指引下有针对性地实施客户开发与信用管理(在市场形势有利于卖方的情况下,往往可以从接受客户订单开始)。

(2) 根据销售定价和取得的赊销授权进行销售谈判并订立销售合同,在此基础上组织发货(有些情况下需要安排生产),并开具销售账单(发票)。

(3) 根据内外部凭据完成会计系统核算(包括记录销售收入、应收账款或现金、银行存款日记账、计提坏账准备等),在赊销的情况下跟踪收款并完成会计处理或核销坏账;特殊情况下若发生销售退回业务,则需增加办理退货和验收入库程序。

在 ERP 环境下的销售业务流程原理基本相同,从取得客户订单开始,经主管部门审批赊销,然后按照 ERP 系统设定的销售价格录入订单,依据订单流转至仓储物流部门首先请求供货,在获得合理匹配的货物供应安排后,流转至库管岗位由其开具出库单,向客户发出货物。完成发货程序后,系统就自动对发货过账,记录销售收入或者分期收款发出商品并生成系统虚拟销售发票,在财务核算模块中予以分类汇总,销售业务主管会计对虚拟发票过账,并催收货款、回款销账。图 9.1 是综合不同类型企业的业务特征后形成的销售与收款循环的整体业务流程,具有通用性。

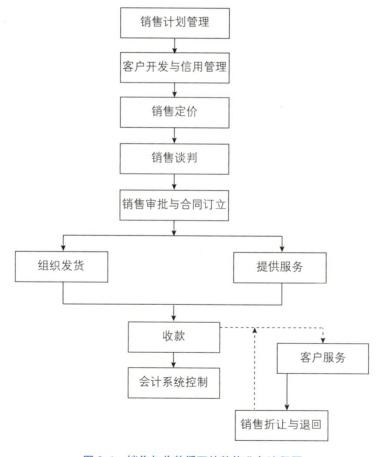

图 9.1　销售与收款循环的整体业务流程图

第二节　销售与收款循环业务流程

一、销售与收款循环业务流程

1. 制订销售业务计划

企业要结合自身生产能力和市场形势进行销售预测,在此基础上设定总体销售目标和分产品类型的分项销售目标额,进而为实现该目标设定具体营销方案和实施计划,以支持未来一定期间内销售额的实现。这可以看作是整个销售与收款循环的起点。

2. 市场开拓与开展信用管理

在制订销售计划后,首要任务就是加强维护现有客户和加大力度开发潜在新客户,以开拓市场份额确保实现销售目标。同时,对有销售意向的客户进行资信评估,根据企业自身风险接受程度确定具体的信用等级,这是以战略为导向的销售管理的基本要求。

3. 接受客户订单

接受客户订单流程是指由客户提出订货要求,企业销售部门在符合授权批准的情况下接受客户订单。这实际上可以看作是严格意义上的销售业务开始。

4. 销售定价

销售定价是指商品价格的确定、调整及相应审批。企业必须根据客户订单需求、市场状况和自身产品成本等要素,确定销售定价并作出审批授权。

5. 销售谈判与订立销售合同

依据销售定价以及赊销政策,企业在销售合同订立前,应当指定专门人员就销售价格、信用政策、发货及收款方式等具体事项与客户进行谈判。在谈判达成一致的基础上且在正式签署销售合同前,由有权审批的人员对销售价格、信用政策、发货及收款方式等执行审批程序,由企业授权人员与客户遵循《中华人民共和国合同法》的相关规定签订销售合同,明确双方权利和义务,以此作为开展销售活动的基本依据。

6. 组织发货

企业一旦成功订立销售合同,立即进入根据销售合同的约定向客户提供商品的环节,即由销售部门按照经批准的销售合同编制销售计划,向发货部门下达销售通知单,发货部门则对销售发货单据进行审核,严格按照销售通知单所列的发货品种和规格、发货数量、发货时间、发货方式组织发货。

7. 向客户开具销售发票(账单)

开具账单是为客户填写、寄送销售发票的过程,销售发票应连续编号。在完成发货后,根据销售部门开具的销售发票通知单向客户开具销售发票。在 ERP 系统里,销售发票由系统根据已发运的装运凭据、已标注的发运销售单自动生成。

8. 会计系统控制

会计系统控制是指利用记账、核对、岗位职责落实和相互分离、档案管理、工作交接程序等会计控制方法,完成发货和开具销售发票以后企业财会部门依据收到的销售合同、销售通知单、发货凭证、运输单据等内外部证据进行会计核算,包括记录主营业务收入明细账、现金、银行存款日记账或应收账款明细账、销售折让与折扣、计提坏账准备等。如果发生销售退回情况,则进行相应冲销主营业务收入、主营业务成本应收账款的会计处理;发生无法收回货款的情况,则履行内部审批程序后进行坏账核销的会计处理。

9. 收款

收款是企业销售成果的兑现。销售业务按照发货时是否收到货款区分为现销和赊销两种形式。现销(现金销售)业务是发货即收款或者收到预收款后发货,这种形式的销售业务的收款较为简单,按程序认真办理相关收款入账手续即可。赊销业务是发出商品后给予客户一定的付款信用期,到期后才与客户结算收款,其收款是一个动态跟踪和管理的过程,在货款到期前要定期对账,一旦到期要及时催收,谨防形成坏账风险。

10. 客户服务

客户服务是在企业与客户之间建立信息沟通机制,对客户提出的问题,企业应予以及时解答或反馈、处理,不断改进商品质量和服务水平以提升客户满意度和忠诚度。客户服务包括产品维修、销售退回、维护升级等。

二、销售与收款循环所涉及的主要凭证和会计记录

销售与收款循环所涉及的主要凭证和会计记录包括客户订货单、销售通知单、销售发票通知单、发运凭证、销售发票、商品价目表、贷项通知单、主营业务收入明细账、折扣与折让明细账、现金日记账和银行存款日记账、应收账款明细账、应收账款对账单、汇款通知书、坏账损失报告书、坏账审批表、转账凭证、收款凭证等。

在 ERP 系统中,部分凭证和记录根据信息技术特点会被重新设计,通过采用适合 ERP 系统特点的形式,简捷、高效地达成各种凭证和记录存在目的。例如,手工会计系统中对部分内部凭证的联次编号设计,在 ERP 系统中则可利用信息系统的实时性,通过不同权限的人员联签同一个文件记录的形式实现。这样,既能避免凭证多联次传递造成的流程烦琐、冗长和效率低下问题,又能堵塞凭证多联次造成的舞弊漏洞。又如,手工系统的凭证连续编号控制,在 ERP 系统中则被相应设计成编号授权使用范围和短号管理两项控制内容。

无论是手工系统控制还是 ERP 系统管理,在销售业务流程的控制原理上是一致的,只不过 ERP 系统会整合简化了部分凭证和记录,手工控制系统的主要凭证和会计记录则相对更全面。为了便于读者全面、直观地了解销售业务流程控制中的主要凭证和会计记录,这里以手工控制系统的流程为依托,阐述销售业务所涉及的主要凭证和会计记录。在实务应用中,ERP 系统的设计可以在此基础上适当予以整合。

1. 客户订货单

客户订货单即客户提出的书面购货要求。企业可以通过销售人员或其他途径,如采用电话、信函和向现有的及潜在的客户发送订货单等方式接受订货,取得客户订货单。

2. 销售通知单

销售通知单是列示客户所订商品的名称、规格、数量以及其他与客户订货单有关信息的

凭证,作为销售方内部处理客户订货单的依据。很多企业在批准了客户订单之后,下一步就应编制一式多联的销售单,它是企业内部某项销售交易过程的起点。

3. 发运凭证

发运凭证即在发运货物时编制的,用于反映发出货物的规格、数量和其他有关内容的凭据。发运凭证的一联寄送给客户,其余联(一联或数联)由企业保留。这种凭证可用作向客户开具账单的依据。

4. 销售发票

销售发票是一种用来表明已销售商品的规格、数量、价格、销售金额运费、保险费、开票日期、付款条件等内容的凭证。销售发票的一联寄送给客户,其余各联由企业保留。销售发票也是在会计账簿中登记销售交易的基本凭证。

5. 商品价目表

商品价目表是列示已经授权批准的、可供销售的各种商品的价格清单。

6. 贷项通知单

贷项通知单是一种用来表示由于销售退回或经批准的折让而引起的应收销货款减少的凭证。这种凭证的格式通常与销售发票的格式相同,只不过它不是用来证明应收账款的增加,而是用来证明应收账款的减少。

7. 主营业务收入明细账

主营业务收入明细账是一种用来记录销售交易的明细账。它通常记载和反映不同类别产品或劳务的销售总额。

8. 折扣与折让明细账

折扣与折让明细账是一种用来核算企业销售商品时,按销售合同规定为了及早收回货款而给予客户的销售折扣和因商品品种、质量等原因而给予客户的销售折让情况的明细账。当然,企业也可以不设置折扣与折让明细账,将该类业务记录于主营业务收入明细账。

9. 现金日记账和银行存款日记账

现金日记账和银行存款日记账是用来记录应收账款的收回或现销收入以及其他各种现金、银行存款收入和支出的日记账。

10. 应收账款明细账

应收账款明细账是用来记录每个客户各项赊销、还款、销售退回及折让的明细账。各应收账款明细账的余额合计数应与应收账款总账的余额相等。

11. 客户对账单

客户对账单即应收账款对账单,一般是按月定期寄送给客户的用于购销双方定期核对账目的凭证。对账单上应注明应收账款的月初余额、本月各项销售交易的金额、本月已收到的货款、各贷项通知单的数额以及月末余额等内容。

12. 汇款通知书

汇款通知书是一种与销售发票一起寄给客户,由客户在付款时再寄回销售单位的凭证。这种凭证注明了客户的姓名、销售发票号码、销售单位开户银行账号以及金额等内容。如果客户没有将汇款通知书随同货款一并寄回,一般应由收受邮件的人员在开拆邮件时再代编一份汇款通知书。用汇款通知书能使现金立即存入银行,可以改善资产保管的控制。

13. 销售台账和应收账款明细表

这两个凭证一般由企业销售部门建立,销售台账是为了掌握和控制销售进度,依据销售通知单和发运凭证核对无误后,由销售部门记录的销售业务登记表。

应收账款明细表是销售部门记录的每个客户每笔赊销业务的明细表,是用来定期检查赊销款项收回、销售折让、销售退回等内容的登记表。

应收账款明细表应定期对内与财务部门核对一致,对外作为与客户对账的复查依据。

14. 坏账损失报告书

坏账损失报告书是一种用来批准将某些无法回收的应收款项注销为坏账且仅在企业内部使用的凭证。在坏账损失报告书中,要注明申请坏账的原因(或理由),企业应对此严加控制。

15. 坏账审批表

坏账审批表是一种用来批准将某些应收款项注销为坏账且仅在企业内部使用的凭证。

16. 转账凭证

转账凭证是指记录转账业务的记账凭证,它是根据有关转账业务(即不涉及现金、银行存款收付的各项业务)的原始凭证编制的。

17. 收款凭证

收款凭证是指用来记录现金和银行存款收入业务的记账凭证。

第三节 销售与收款循环的控制目标

销售与收款循环业务控制的总体目标就是规范销售与收款行为,防范销售活动与收款过程中的差错和舞弊情况发生。本节从合同订立、发货装运、销售收入确认、销售折扣与折让、收款等几个方面,全面分析了销售与收款循环所涉及的主要内部控制目标。通过了解这些控制目标,有助于理解做好销售与收款循环内部控制对企业价值创造的贡献,明确该业务循环的控制方向和重点。

一、确保合同订立的合理性和有效性

销售合同是企业销售业务的实施基础。企业组织采购和生产活动,甚至包括为某项合同专门组织的研发活动,如果具有相应的合同支撑,就会最大限度地降低无效资源投入。一个内部控制相对健全的企业应当建立制度,要求销售业务必须签订合同,这是防范业务风险的最低保障措施。

1. 合理性目标

合同内容要公允、合理、有效,特别是在合理性方面的考虑,既要体现合同条款本身符合市场规则,又要符合企业的战略发展要求。例如,为了打开某个区域市场或者建立客户关系,签订具有一定程度优惠条件的合同是必要的,也是合理的。确定销售合同的合理性目标,要求合同订立程序合理,是经过双方的平等协商与谈判确定的。合同内容合理遵循商业规范和惯例,合同条件合理切合企业实际经营状况等。

2. 有效性目标

有效性目标要求签订合同的形式要件完整、内容合法，而且履行了完备的内部审批程序。例如，合同中约定的赊销条件或者提供的销售折让与折扣是获得内部授权批准的。合同有效性是保护合同双方合法权益和商业利益的根本要求。以销售方为例，只有有效合同才会受到法律保护，才能保证企业投入的各项资源是为真实的商业交易而发生的；一旦发生法律纠纷，因为合同的合法有效性，才能将损失降到最低。

二、确保发货装运的准确性和时效性

组织发货和装运是销售业务中一个承上启下的环节，确切地讲就是连接企业产品与外部市场的直接环节。若发货与装运的内部控制缺失，对内则可能导致企业资产失窃遭损，对外则可能因为发货品种、规格或数量不符，导致对客户的违约损失，某些重要的或特殊的销售业务甚至会让企业蒙受信用损失和客户流失。

准确性和时效性目标的内容主要包括：

（1）要确保经过审批的发货指令内容与客户订单和销售合同一致。
（2）装运时严格执行发货指令要求，不重发不漏发，出库时要作独立验证。
（3）坚决保证到货时间符合合同约定，货物发给指定地点的指定接收人。既要做到向客户如实、如期履约，又要防止在装运环节窜改发货指令内容以侵吞资产的行为。

三、确保销售收入的真实性和完整性

收入的真实性和完整性目标，不仅仅是会计信息控制系统的一个核算要求，更是能够正确衡量企业销售业务所带来的真实经济利益流入的根本保证。这是企业确定产业战略、选择产品方向和制订经营计划的重要依据。

具体而言，实现销售收入真实性和完整性的控制目标体现在以下几个方面：

（1）登记入账的销售交易，确系已经发货给真实且正确的客户。
（2）所有销售交易都已及时、完整地登记入账。
（3）登记入账的销售数量与实际发货数量一致，已经正确开具销售发票（账单）并登记入账。
（4）所有销售交易已经正确地记入主营业务收入明细账，并被完整正确地予以汇总。

总之，确保销售收入的真实性和完整性，就是要将所有真实的销售业务都及时、准确地加以记录，完整地反映企业每一项销售业务的全过程，防止少记、漏记或有意不记所实现的销售收入或者虚增销售收入，防范因此导致的销售货款被挪用或贪污的风险。

四、确保销售折扣与折让的适度性和适宜性

销售折扣与折让是销售业务中，无论主观或者客观上随时都可能发生的行为。这是企业在销售业务中扩大促销、加速回款，或者建立友善客户关系、树立良好市场形象的必要营销手段。

1. 销售折扣的适度性和适宜性目标

销售折扣是企业根据买方的购货数量、付款时间以及商品的实际情况,放弃一部分销售收入让利于购买方的一种价格优惠,它是信用经济条件下的必然产物。对销售折扣的内部控制主要是确定销售折扣的度,使销售折扣政策达到既能促进销售又能及时收回货款的目的。同时,要有选择性地向适宜的销售对象提供适度的销售折扣,要防止利用销售折扣以权谋私行为的发生。

2. 销售折让的适度性和适宜性目标

销售折让是企业由于售出货物的质量等原因给予购货方的一种价格减让(即少付货款)。销售过程中可能发生货物因运输损坏、变质,或者装运数量与规格错误等情况,相应给予客户一定的折让予以补偿是必要的。销售折让直接导致企业经济利益的减少,是销售业务内部控制的重点环节,要严格审查销售折让原因的真实性、合理性,通过内部控制确保给予销售折让的适度性和金额计算的正确性,既要维护良好的企业形象和客户关系,又要防止恶意欺诈和内外串谋行为。

五、确保货款回收的安全性和及时性

销售业务的完成不只是售出商品,收回全部货款才是销售业务的目标实现和结束。因此,销售货款回收的内部控制是销售业务控制的最后一道关节,是企业售出商品实现价值的最终保障。尽量缩短回款周期以减少货币时间价值损失和形成坏账的风险,确保及时、安全地收回全部货款,是销售业务控制的核心目标。

1. 安全性目标

确保销售货款的安全收回是收款环节内部控制的首要目标,只有确保货款完整、安全地收回,才能确认此项产品销售业务的真实实现。有了销售货款的安全收回,企业才能开始下一个经营循环,不断实现价值创造。所以,销售货款回收的安全性是企业可持续发展并不断实现价值增长的必然要求。确保货款回收安全性的目标,涉及企业销售与收款循环整个业务流程的各环节,包括客户的审慎选择、客户信用恰当评定、合理的赊销政策、及时有效地组织发货等,均会直接影响到此项目标的顺利实现。

2. 及时性目标

销售货款回收的及时性目标,要求企业要重视货币时间管理,赊销是企业让渡一定利益给客户。这种利益让渡不同于销售折扣或者销售赠送,它是将企业的销售货款无偿提供给客户使用一段时间(即信用期)。显而易见,资金既是有成本的,也是有时间价值的。销售货款实际上就是企业资金的转化形式,及时收回就意味着降低企业资金成本和提高资金周转效率。

企业只有加强对货款回收环节的控制,及时办理结算手续,而且要充分地做好事前客户信用调查与评定和事后对应收账款的催收工作,才能保证货款及时足额地收回。

第四节　销售与收款循环的主要风险点

销售业务包含实物流和资金流两条主线,是企业经营活动中最容易出现徇私舞弊的环节,所以其业务风险程度也相对比较高。概括而言,销售业务风险主要涉及市场风险、经营风险、管理风险和信用风险。从销售业务流程内容来看,这些风险分别在不同环节有所显现。例如,在销售计划环节因决策不当致使市场定位错误和市场策略失败,从而带来市场风险和经营风险;或者由于客户信用管理不完善所带来的信用风险。

一、销售策略制订不当带来的经营风险

销售策略制订不当所带来的经营风险,会对企业的持续发展产生深远影响,在后果严重的情况下甚至会导致企业经营失败。这个环节的风险主要体现在两个方面:

1. 销售计划管理不当

首先,企业可能存在未制订销售计划的风险。其次,由于缺乏对市场现状和未来趋势、竞争对手状况的正确认识,以及对自身能力的客观评估不足,企业制订的销售计划不切合环境或者与接受的客户订单偏离较大,未经管理层审批即付诸实施,实施过程中缺乏动态管理,导致产品结构和生产安排不合理,难以实现企业生产经营的良性循环。

2. 客户开发不当

在客户开发上,有维护现有优质客户和积极寻求新的潜在客户两方面。企业可能因为对市场预测不准确而制订了不适当的市场策略造成市场定位和方向的选择错误,对销售渠道产生破坏性影响,致使现有优质客户丢失而新客户的开发不利或者收效甚微,直接带来的不良后果就是销售不畅、库存积压、经营难以为继。

二、信用管理不足产生的信用风险

在正式签订销售合同以及办理销售发货业务之前,企业必须履行一个非常重要的控制环节即客户信用评估,这必须建立在日常有效的客户信用管理基础之上。如果企业未建立客户档案或者主要客户档案不健全,缺乏日常的信用积累记录和合理的资信评估,同时为了占领市场而盲目扩大客户源,则可能导致客户选择不当或者赊销政策的受益对象选择错误、未经信用审批给予赊销;更有甚者,一些销售人员趁机利用信用管理的漏洞,违规向某些"特殊利益客户"大量赊销发货。这些都会导致销售货款不能收回或者遭受欺诈形成坏账损失,从而影响企业的资金流转与正常经营。

三、销售定价风险

企业的销售定价合理与否是影响其产品市场竞争力的一个重要因素。在销售定价方面存在的风险主要表现为以下几种情形。销售定价流程具体如图 9.2 所示。

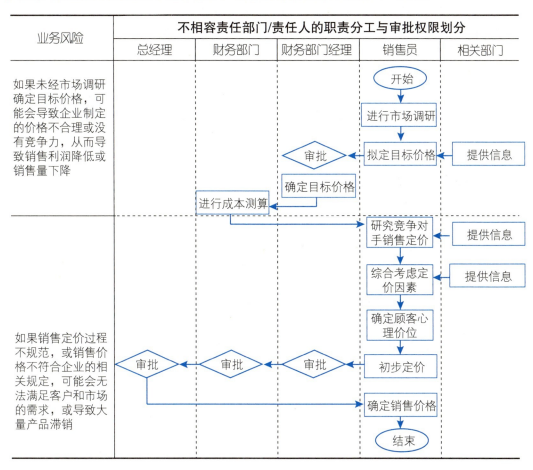

图 9.2　销售定价业务流程图

1. 销售定价与企业市场战略不符

现有产品调价或者新产品定价,既未经过价格决策机构审批又不遵守企业的价格政策,由此可能导致产品定价不符合企业市场战略,从而在市场竞争和以后长期经营中处于劣势地位,带来企业利益损失。

2. 利用销售定价损害企业利益

产品价格高低影响着企业所赚取销售利润的多少。纵使企业审定的销售价格合理,如果在执行具体销售业务过程中,对单项业务的定价调整没有严格履行内部审批程序,则可能给销售人员利用一定的价格浮动权内外串通舞弊以可乘之机,不仅造成企业经济利益的直接损失,甚至会扰乱市场,给企业形象带来极大的负面影响。

四、订立合同产生的法律风险和利益受损风险

现代市场经济环境下,契约经济是市场经济的一个鲜明特征,签订合同是契约关系中明确双方权利和义务的必要手段。在销售业务中,销售方是物质资源的组织者和提供者,特别是在以赊销为主的销售业务中,销售方要依据合同先期投入大量资源,一旦发生商业纠纷,则销售合同是其借助法律武器保护公司利益的最有力证据。因此,订立销售合同过程中也就相应隐藏着法律风险和利益风险。

法律风险具体表现为:销售方拓展市场卖出商品以增加收入是首要任务,所以接到客户订货单或者收到市场信息以后,为了节约时间促成交易,往往疏于对所签订销售合同条款的审查以及业务背景的调查,或者未经授权批准擅自签署合同,对合同中的欺诈陷阱或重大遗漏未能发现,在签订合同阶段产生巨大法律风险,进而带来企业直接或间接的利益损失。

五、发货环节产生的管理风险

对外发货由独立于销售部门的发货部门组织,发货环节的内部控制不严就会带来企业内部管理风险。发货业务流程如图9.3所示。

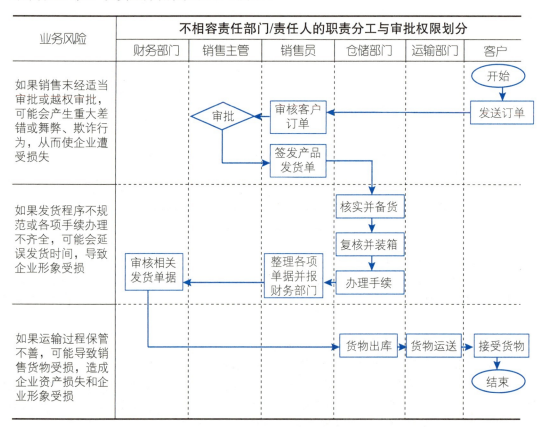

图9.3 发货业务流程图

1. 未按时按规定发货的风险

经过内部审批的销售通知单,是销售业务的发货指令,载明需发出货物的品名、规格、数量、装运时间、发运地点等。如果发货部门未根据经过批准的销售通知单发货,可能出现装运错误、与销售合同预定不符、私自发货等情形,既缺少了对销售审批环节的复核,又增加了不能按时按规定内容和对象发货的风险,进而损害企业的商业信誉、导致销售争端,最终损伤企业商业利益、损失货款等。

2. 发生商品被盗风险

企业对发货与开票、记账等职责不独立分设岗位,缺乏对发货后的监督管理(例如定期或不定期的盘点),则存在发货人员利用职务之便监守自盗、发货给虚假客户、重复发货等风险,这些都会造成企业财产损失。

六、收款过程中的财务风险

收款环节之前各环节的内部控制缺陷,会不同程度地传递到此环节来承接,例如信用管理不善致使赊销失误、发货错误带来客户纠纷,其直接后果就是形成坏账;收款环节自身也存在内部控制不严而形成坏账的情形,例如,长期不对账、逾期应收账款不及时催收、现金收款私设"小金库"等。经常性的坏账损失严重威胁到企业的经营活动现金流,最终体现为企业资金"断流"的高度财务风险。

因收款相关的内部控制活动而引起的具体风险主要表现为:一是企业信用管理不到位而盲目赊销;二是结算方式选择不当形成回款困难;三是未按销售发票通知开具发票、丢失发票或者重复开票而增加税务风险;四是票据管理不善导致逾期无法兑现或遭受欺诈;五是私设账户截留回款的舞弊行为等。

七、客户后续服务带来的市场风险

提供售后客户服务是提升产品附加值的重要手段,尤其是同质化竞争激烈的产品对售后服务的要求更高。相应地,如果企业在销售业务内部控制中忽视客户服务环节,则会带来难以估量的市场风险。这些风险主要表现为:

(1) 对客户需求响应不及时或者因为缺乏了解未能响应而错失市场良机。

(2) 产品售后质量问题处理不当对企业的市场形象造成负面影响。

(3) 削弱客户对企业的信赖度和依存度,令客户满意度大幅度下降,继而带来客户流失的严重后果。

八、会计控制系统所导致的会计核算风险

正确计量销售收入、提供的销售折让与折扣、应收账款(含应收票据)、收到的销售回款、计提的坏账准备、销售退回、形成的坏账损失等销售业务价值内容,是企业销售与收款循环相关的重要会计控制系统。它是企业调整产品战略、市场定位和营销策略,分析销售业务价值创造能力等重大决策行为的基础和唯一的依据。

若企业缺乏有效的销售与循环会计控制系统,则会产生下列主要会计核算风险:

1. 会计信息失真

企业因为会计核算中错、漏、少、虚计销售业务收入，无法正确提供真实的市场变化情况和企业自身市场地位信息，难以作出正确的销售决策。

2. 造成企业财产损失

由于缺乏正确的会计核算记录，企业的会计资料可能发生账实不符、账证不符、账账不符、账表不符等基础性会计核算问题，所带来的后果则是给舞弊带来可乘之机，造成企业财产损失，主要反映为应收账款核算与管理混乱，从而可能造成账外资金或者发生坏账损失、虚计收入造成虚假发货、少计收入设立账外账而截留资金。

第五节 销售与收款循环的关键控制点

销售与收款循环的关键控制点可以概括为适当的不相容职务分离、正确的授权审批、充分的凭证和记录且凭证预先编号、内部复核程序等。从战略管理层面来看，销售与收款循环在内部控制上需注重销售计划管理、信用管理与赊销、授权与批准；从操作层面来看，销售前的谈判与订立合同、组织发货、会计核算、开票与收款、销售退回等环节是销售与收款循环的控制重点。

本节主要按照销售业务流程的内容梳理各环节的关键控制点，这些控制点不同程度地体现或涵盖销售与收款循环关键环节的基本控制活动。

一、在组织机构上分设职责部门

销售与收款循环按照内容可划分为组织销售（即"销售"）、组织发货（即"发货"）、售后与收款（即"收款"）三个阶段。组织销售阶段的主要活动包括制订销售计划、接受客户订单、信用调查与批准赊销、销售谈判和签订销售合同等；组织发货阶段是指从签订完成销售合同开始，根据销售通知单组织发出货物、完成销售业务会计核算等活动；收款阶段的主要活动包括催收回款、售后管理与服务、办理销售退回等。企业应对销售、发货、收款三大环节分设不同部门共同完成，各部门专司执行、职责分离。这是有效实施销售业务内部控制的组织基础，是首要的关键控制点。

销售与收款循环涉及销售部门、信用管理部门、发货部门（仓储部门）、财务部门。一般而言，销售部门主要负责处理客户订单、执行销售政策、签订销售合同、催收货款，信用管理部门主要负责客户信用档案管理、信用调查和评定、信用审核和批准赊销，发货部门主要负责审核发货单据是否齐全并据以办理具体的发货事项，财务部门主要负责销售业务实现的结算和会计处理、监督收款等。

二、销售计划环节的关键控制点

企业的销售业务控制活动中,对销售计划的有效控制是明确销售业务方向、确保符合企业发展战略的保障。它对促进企业持续经营发展具有基础性重要意义。关键控制点就是计划的制订与调整。

1. 制订销售计划并经过审批

企业应根据发展战略和年度生产经营计划,结合自身产能情况和资金供应能力、市场需求预测、竞争对手情况等内外部因素,制订年度销售计划。在此基础上,进一步结合客户订单情况,分解制订月度销售计划并按规定的权限和程序审批后下达执行。

2. 销售计划应适时适宜地作出调整

企业应由专门部门定期对各产品(商品)的区域销售额、进销差价销售计划与实际销售情况等进行分析,结合生产现状,及时调整销售计划,调整后的销售计划仍需履行相应的审批程序。

三、信用管理环节的关键控制点

赊销是企业在现代信用社会里实现销售的最主要方式。健全有效的信用管理是企业赊销恰当与否的关键所在,它决定了销售最终能否顺利完成。所以,信用管理是销售业务内部控制活动不可或缺的内容。企业应当在进行充分市场调查的基础上,合理细分市场并确定目标市场,根据不同目标群体的具体需求,确定定价机制和信用方式,灵活运用销售折扣、销售折让、信用销售、代销和广告宣传等多种策略和营销方式,促进销售目标实现,不断提高市场占有率。

信用管理环节的关键控制点主要包括:

(1) 设立独立于销售部门的信用管理部门,由其负责收集主要客户信息,建立客户档案并实施动态更新管理,企业以此确定客户信用等级、赊销限额和采用的销售方式,并经销售部门和财务部门具有相关权限的人员审批。

(2) 对于境外客户和新开发客户,应当建立严格的信用保证制度。

(3) 订立销售合同前,事先由信用管理部门进行调查和风险评估。

(4) 销售部门在与客户洽谈中提出的赊销额,必须获得信用管理部门的审核并经主管人员批准。

(5) 在发货环节之前,销售部门向信用管理部门申请核查,以确保相应客户的发货额度控制在已经批准的赊销额度之内。

四、销售定价环节的关键控制点

销售定价的关键控制主要是指价格确定与调整均应设置内部控制权限,不能由销售人员直接擅自实施。关键控制点主要包括:

(1) 根据市场营销策略、财务目标、产品成本和竞争对手情况等多方面因素,最终由公司管理层审批确定产品的基准定价,并定期评价产品基准价格的合理性,在每次定价或调价时均需具有相应权限的人员审批核准。

（2）对于特殊情形，可以授权销售部门以基准定价为基础，结合产品市场特点实施一定限度的价格浮动，对经批准的价格浮动权可向下逐级递减分配，不得擅自突破。

（3）在销售业务中，从价格上给予客户销售折扣与折让应由具有相应权限的人员审批，且授予的实际金额、数量、原因及对象应予以记录，并归档备案。

五、谈判与订立销售合同环节的关键控制点

销售谈判与订立销售合同环节直接决定每项单笔销售业务的收益水平，因此对其内部控制活动显得尤为重要。这个环节的关键控制点主要包括不相容职务分离、处理订单、授权与批准、销售谈判、订立合同等。

1. 不相容职务分离

不相容职务分离是企业内部控制活动的核心控制思想，会不同程度地应用在各主要业务环节。销售谈判与订立合同环节的关键控制点主要体现为以下几个方面：

（1）合同谈判人员与合同签订人员相分离。

（2）正式签订合同之前，由经过授权的专门人员就销售价格、信用政策、发货及收款方式等具体事项与客户进行谈判。

（3）销售审批与赊销政策审批由不同部门的不同人员来执行。

（4）编制销售发票通知单、开具销售发票、复核发票应分设三个岗位相互分离。

2. 处理订单环节

健康的企业应该建立客户订单的内部控制程序。接受客户订单是企业销售实现的开始，没有订单的企业将无以为继，但并非凡是订单都一概接受，因为如果处理客户订单不慎甚至会拖垮一个企业。因此，处理订单环节要把握三个关键控制点：

（1）收到订单后结合企业自身生产能力、销售政策、存货情况以及客户的财务状况等因素，审核是否可以接受该订单。

（2）确定客户是否在已批准的客户清单上。

（3）每次销售都应有已批准的销售单。

3. 授权与批准环节

企业应当对销售与收款业务建立严格的授权批准制度，明确审批人员对销售与收款业务的授权批准方式、权限、程序、责任和相关控制措施，规定经办人的职责范围和工作要求。销售环节的审批流程如图9.4所示。

在订立销售合同环节的授权与批准涉及四个关键控制点：

（1）合同对方是企业信用部门批准赊销的客户，合同签署的赊销额是经过信用管理部门在授权范围内批准的。

（2）合同确定的销售价格、付款条件、运费和销售折扣的确定已经由销售部门之外的有权部门和人员进行了适当的授权批准。

（3）审批人应当根据销售与收款授权批准制度的规定，在授权范围内对正式签订前的合同进行审批，不得超越审批权限。对于审批人超越审批权限的审批行为，经办人有权拒绝办理并及时向审批人的上级授权部门报告。

（4）因特殊情形需要超出企业既定销售政策和信用政策规定范围的销售业务，企业应

当进行集体决策。

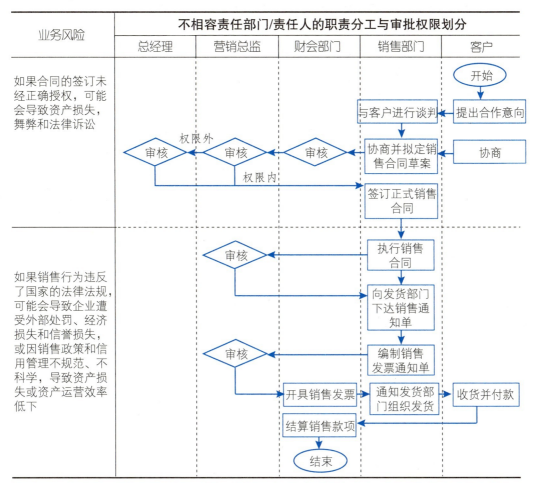

图 9.4 销售业务的审批流程图

4. 销售谈判环节

销售谈判过程中的关键控制点主要是：参与谈判的人员应至少有两人以上，并与订立合同的人员分离，对销售谈判的全过程应有完整的书面记录和重大事项报告制度。

5. 订立合同环节

确保订立合同合理保障企业合法权益和商业利益，必须做好以下三个关键控制点：

（1）所订立的合同首先必须严格遵守《中华人民共和国合同法》的规定，金额重大的合同应该征求外部法律顾问或者专家的意见。

（2）企业应当建立健全销售合同订立及审批管理制度，必须明确签订合同的范围，规范合同订立程序，确定具体的审核、审批程序和所涉及的部门人员及相应权责。审核、审批应当重点关注销售合同草案中提出的销售价格、信用政策、发货及收款方式等。

（3）销售合同草案经审批同意后，企业应授权有关人员与客户签订正式销售合同。

六、发货环节的关键控制点

发货是实物资产流出企业的直接环节,也是销售业务的中心环节。只有实现正确的发货,才具备收取货款的基础。关键控制点如下:

1. 开具销售通知单和销售发票通知单

销售部门依据审核后的销售合同和销售订单,开具载明与合同内容相一致的发货品种、规格、数量、客户、发货时间和方式、接受地点等信息的销售通知单,交仓储部门和财务部门。同时,开具销售发票通知单给财务部门。

2. 仓储部门按销售通知单备货

仓储部门应当建立出库、计量、运输等环节的岗位责任制,分别对销售通知单进行审核。在此基础上,严格按照销售通知单所列的需要发运货物的内容,在规定的时间内备货并与运输部门办理手续,组织发货。

3. 装运与交接确认

运输部门对照销售通知单装运货物并填写装车凭据,按照合同规定的时间、地点和对象履行运输任务,与客户在货物交接环节办好装卸和检验工作,确保货物准时、安全地交给客户并得到验收确认,取得收货确认凭据和收到发票的确认凭据,交由销售部门整理和保存。

4. 充分的凭证和记录

在货物组织发运离开企业环节,仓储部门在货物装运完成后,应形成相应的发货凭据并连续编号,做好库房的出库记录;销售部门在发货完成后设置销售台账,反映各次商品销售的开单、发货、收款等情况,并将客户订单、销售合同、客户确认证据等作为台账附件归档,形成全过程的销售登记制度。

七、收款环节的关键控制点

收款环节是体现销售业务成果之所在。如果收款环节的内部控制薄弱或者缺失,则可能令销售业务功亏一篑。主要的关键控制点如下:

1. 建立客户访问制度

企业可建立管理层分管领导针对主要客户的定期或不定期访问制度,内部控制人员和内审人员在条件许可的情况下,也要建立对客户的访问机制,掌握背景信息分析客户付款风险。

2. 实施严格的销售回款政策

(1) 企业必须明确规定禁止销售业务人员收取现金货款,同时尽可能要求客户与公司实行货款的票据或转账结算。

(2) 若客户只能提供现金付款方式,企业应制订内部控制程序,明确要求业务人员提前报告具体的付款时间、金额、方式以及携带现金的安全措施,不能坐支现金。

(3) 企业财务部门和销售部门应当密切配合,共同对销售回款情况进行定期检查,抽查核对企业与客户的往来账务真实性。

3. 及时开具销售发票

开具发票的关键控制点如下:

（1）在开具每张销售发票之前，开票人员应独立检查是否存在装运凭证和相应的经批准的销售通知单。

（2）应依据已授权的批准的商品价目表编制销售发票。

（3）独立检查销售发票计价和计算的正确性。

（4）将装运凭证上的商品总数与相应的销售发票上的商品总数进行核对。

4. 每月对账

在完成销售并取得客户确认证据后，企业在内控安排上应指定不负责现金出纳和销货及应收账款记录的人员，每月寄送客户对账单，将任何例外情况直接向指定的未涉及执行或记录销货交易循环的会计主管报告，对发现的差异要及时查明原因。

5. 建立应收票据管理制度

（1）明确规定票据的取得、贴现、背书、保管等环节的审批流程和职责要求。

（2）严格审查票据的真实性和合法性，防止票据欺诈。

（3）由专人负责应收票据保管，严格限制其他人员接触票据。

（4）动态管理应收票据信息，定期核对盘点，及时办理即将到期的应收票据托收业务。

（5）开具发票必须严格执行发票管理规定，严禁开具虚假发票。

6. 加强代销业务回款管理，及时与代理商结算销售款项

代销是企业在销售活动中借助市场力量扩大货物销售的一种积极行为。它是指企业将商品委托他人进行销售，但商品所有权仍归本企业的销售方式。委托代销商品销售后，受托方与企业进行结算并开具正式销售发票。代销业务的控制活动主要是代销商的选择与管理和代销货款的回收管理。企业应与受托方订立代销合同，规定受托方于代销商品后应及时、定期或至少按月报送已销商品清单。清单中载明售出商品的名称、数量、销售单价、销售金额及应扣的代交税金和代销手续费等，并将代销货款净额及时汇交委托方。

7. 催收到期款项

（1）销售部门按照客户设置应收账款台账，及时维护每个客户的应收账款信息及其信用额度使用情况，负责应收款项的催收工作。

（2）企业财务部门应定期分析应收账款账龄，建立风险预警程序，向货款清收部门预警接近诉讼时效的应收账款。

（3）对催收无效的逾期应收账款通过法律程序解决，最低程度降低应收账款形成坏账的风险。

8. 核销坏账与管理

（1）对于确信无法收回的应收账款，获取货款无法收回的确凿证据及时按照企业内部坏账核销程序履行审批，核销已形成损失的坏账。

（2）已作财务核销的应收账款应当建立备查登记簿，做到账销案存仍定期寄送客户对账单和询证函。若发生回款的情况时，应当及时入账防止形成账外资金。

八、客户后续服务环节的关键控制点

为了防范或降低客户服务可能带来的风险，从内部控制角度应把握好以下几个关键控制点：

1. 建立售后客户服务制度

在充分市场调查的基础上,结合竞争对手客户服务水平,建立和完善企业客户服务制度,明确规范的客户服务内容、标准、方式等。

2. 设置专门部门

企业应设立专职部门或人员进行客户服务和跟踪。有条件的企业可以按产品线或地理区域建立客户服务中心。加强售前、售中和售后技术服务,实行客户服务人员的薪酬与客户满意度挂钩。

3. 做好客户回访和投诉制度

为了及时掌握客户需求和信息反馈,企业应做好客户回访工作,定期或不定期开展客户满意度调查;建立客户投诉制度,记录所有的客户投诉,并分析产生原因及解决措施。

九、会计信息系统的关键控制点

1. 完整正确的会计记录

企业应加强对销售业务的会计系统控制,详细记录销售客户、销售合同、销售通知、发运凭证、商业票据、款项收回等情况,确保会计记录、销售记录与仓储记录核对一致。特别是财务部门对销售报表等原始凭证审核销售价格、数量等,并根据国家统一的会计准则制度确认销售收入并登记入账。

2. 跟踪应收账款,促进及时回收

会计控制系统应及时收集应收账款相关凭证资料并妥善保管;对未按时还款的客户,采取申请支付令、申请诉前保全和起诉等方式及时清收欠款。对收回的非货币性资产应进行评估和恰当审批。

十、销售退回环节的关键控制点

销售退回属于售后客户服务的范畴,也与应收账款管理密切关联。在控制活动中,销售退回是个相对独立完整的环节,其关键控制点如下:

1. 鉴定环节

企业内部专门机构或部门(一般是质量部门或售后服务部门)对发生退回的货物进行严格鉴定和验收,这是实施销售退回的必要条件。属于退赔范围则报经销售业务主管审批后及时予以执行,谨防销售业务人员利用产品"三包"政策从事舞弊活动。

2. 验收环节

仓储部门应当在清点货物、注明退回货物的品种和数量后,填制退货接受报告,取得审批以后才能办理入库。

3. 会计处理环节

财务部门应当对检验证明、退货接受报告和退货方出具的退货凭证等进行审核无误后,方可办理相应的退款事宜和会计处理。

企业发展到一定规模后,必须建立严密的控制体系,依靠各部门或岗位之间相互牵制、监督,依靠固化的流程去控制运行,减少主观臆断,这样才能保证企业总体风险最小,整体运营质量最高。企业销售业务流程的主要内容是固化的,但是针对流程的控制活动和关键控制点因不同环境、不同阶段、不同的执行者,相应的重点会有所区别。因此,在销售业务控制活动中,保障销售业务健康实现的关键在于建立控制制度后要分析性地认真贯彻执行,防止照搬硬套和流于形式。

复习训练题

一、单选题

1. (　　)是企业价值链的核心环节。
   A. 资产管理业务 B. 采购与付款业务
   C. 销售与收款业务 D. 生产与存货业务

2. (　　)是销售与收款循环的起点。
   A. 制订销售业务计划 B. 市场开拓与开展信用管理
   C. 接受客户订单 D. 销售谈判与订立销售合同

3. 以下哪个单据是企业内部某项销售交易过程的起点: (　　)
   A. 客户订货单 B. 销售通知单 C. 发运凭证 D. 销售发票

4. 贷项通知单是指: (　　)
   A. 列示客户所订商品的名称、规格、数量以及其他与客户订货单有关信息的凭证,作为销售方内部处理客户订货单的依据。
   B. 在发运货物时编制的,用于反映发出货物的规格、数量和其他有关内容的凭据。
   C. 表明已销售商品的规格、数量、价格、销售金额运费和保险费、开票日期、付款条件等内容的凭证。
   D. 由于销售退回或经批准的折让而引起的应收销货款减少的凭证。

5. 销售折扣是指: (　　)
   A. 企业根据买方的购货数量、付款时间以及商品的实际情况,放弃一部分销售收入让利于购买方的一种价格优惠
   B. 企业由于售出货物的质量等原因给予购货方的一种价格减让
   C. 为敦促顾客尽早付清货款而提供的一种价格优惠
   D. 发生在确认销售收入之前,在确认销售收入时以扣除折让之前的金额确认

6. 下列属于信用管理不足产生的风险是: (　　)
   A. 由于缺乏对市场现状和未来趋势、竞争对手状况的正确认识,企业制订的销售计划不切合环境
   B. 一些销售人员趁机利用信用管理的漏洞,冒险向某些"特殊利益客户"大量赊销发货
   C. 对单项业务的定价调整没有履行严格的内部审批程序,则可能给销售人员利用一定的价格浮动权内外串通舞弊以可乘之机
   D. 未经授权批准擅自签署合同,对合同中的欺诈陷阱或重大遗漏未能发现,在签订合同阶段产生巨大法律风险

7. 审计人员对应收账款进行审查时发现，甲公司核销了丁公司 100 万元应收账款，甲公司解释说丁公司已经不存在。经过进一步调查，审计人员发现丁公司于 2010 年 12 月经有关部门批准变更了企业名称，目前经营情况良好，且始终保持与甲公司的往来。

甲公司将应收丁公司的 100 万元作为坏账核销的账务处理造成的影响是： (　　)

A. 少计应收账款　　　　　　　B. 多计应付账款
C. 少计营业成本　　　　　　　D. 多计营业收入

8. 企业应当建立逾期应收账款的催收制度，(　　)应当负责应收账款的催收。

A. 会计部门　　　　　　　　　B. 销售部门
C. 仓储部门　　　　　　　　　D. 信用管理部门

9. 具体的产品销售折扣由销售人员根据客户情况谈判决定，违反内部控制哪项要求： (　　)

A. 实物控制　　　　　　　　　B. 授权审批
C. 独立检查　　　　　　　　　D. 凭证与记录控制

10. 财务部在开具发票时未核对产品发运单，仅根据销售人员签字的产品销售单开具发票。违反内部控制哪项要求： (　　)

A. 实物控制　　　　　　　　　B. 业务授权控制
C. 独立检查　　　　　　　　　D. 凭证与记录控制

二、多选题

1. 销售与收款循环业务的特点包括： (　　)

A. 销售业务是企业价值链的核心环节
B. 销售业务具有市场的变化性和灵活性
C. 销售业务是企业利益与外部对接的通道
D. 销售业务过程较为复杂

2. 以下属于销售策略制订不当带来的经营风险的是： (　　)

A. 销售计划管理不当　　　　　B. 客户开发不当
C. 信用管理不足　　　　　　　D. 销售定价与企业市场战略不符

3. 销售与收款循环主要涉及部门包括： (　　)

A. 销售部门　　　　　　　　　B. 信用管理部门
C. 发货部门　　　　　　　　　D. 财务部门

4. 关于谈判与订立销售合同环节的关键控制点包括： (　　)

A. 合同谈判人员与签订合同的人员相分离
B. 正式签订合同之前，由经过授权的专门人员就销售价格、信用政策、发货及收款方式等具体事项与客户进行谈判
C. 销售审批与赊销政策审批由不同部门的不同人员来执行
D. 编制销售发票通知单、开具销售发票、复核发票应分设三个岗位相互分离

5. 开具发票的关键控制点包括： (　　)

A. 在开具每张销售发票之前，开票人员应独立检查是否存在装运凭证和相应的经批准的销售通知单
B. 应依据已授权的批准的商品价目表编制销售发票
C. 独立检查销售发票计价和计算的正确性

D. 将装运凭证上的商品总数与相应的销售发票上的商品总数进行核对

6. 审计人员在对销售与收款业务内部控制调查中发现：销售人员接到客户订货单并调查客户信用后，编制一式多联的销货单报本部门负责人批准，经同意后与客户签订销售合同。销货单、销售发票、发运凭证事先连续编号，公司很少寄发客户对账单，对逾期一年以上的货款，由销售人员直接到客户所在地现场对账和催收货款。

以上违反内部控制要求的是： （　　）

A. 销售部门负责调查和审批赊销信用
B. 销售单、发票与发运凭证事先顺序编号
C. 很少与客户寄发对账单
D. 销售人员直接到客户所在地催收货款

7. 以下各项不能由销售人员承担的职责有： （　　）

A. 处理客户订单　　　　　　　B. 批准赊销信用
C. 签订销售合同　　　　　　　D. 收取销售货款

三、判断题

1. 企业的价值增长最终是依靠销售方式将产品（服务）与外部市场进行交换而获得的。
（　　）

2. 商品价目表是在发运货物时编制的，用于反映发出货物的规格、数量和其他有关内容的凭据。 （　　）

3. 销售通知单是销售业务的发货指令，载明需发出货物的品名、规格、数量、装运时间、发运地点等。 （　　）

4. 销售部门可以负责客户信用档案管理、信用调查和评定、信用审核和批准赊销。
（　　）

5. 编制销售发票通知单的人可以开具销售发票。 （　　）

6. 销售业务人员可以收取现金货款。 （　　）

7. 对于确定无法收回的应收账款，应当建立备查登记簿，做到账销案存仍定期寄送客户对账单和询证函。 （　　）

8. 企业内部专门机构或部门对发生退回的货物进行严格鉴定和验收，这是实施销售退回的必要条件。 （　　）

四、案例分析

1. 根据下列事项，分析判断某企业销售与收款循环的内部控制存在哪些问题。

某企业在实际执行销售业务时，为了提高销售过程中的灵活性，授予销售业务人员比较大的折扣政策、赊销信用付款政策等权限。为了提高效率，销售业务人员可以单独与客户进行谈判。对金额重大的销售合同，由销售经理根据销售政策作出正式决策。

每年末，会计主管根据以往的经验、债务单位的实际财务状况和现金流量的情况，以及其他相关信息，编写应收账款可收回性分析报告，交财务部复核。应收账款记账员根据应收账款可收回性分析报告，分析坏账准备计提比例，如发生较大变化，编写会计估计变更建议，经销售经理复核后报董事会批准。

2. 注册会计师于2006年12月1日至7日对甲公司销售和收款循环的内部会计控制进行了了解和测试，并在相关工作底稿中记录了了解和测试的事项，摘录如下：

（1）甲公司产成品发出时，由销售部填制一式四联的出库单，仓库发出产成品后，将第

一联出库单留存登记产成品卡片,第二联交销售部留存,第三、四联交会计部会计人员 A 登记产成品总账和明细账。

（2）会计人员 B 负责开具销售发票。在开具销售发票之前,先取得销售通知单,然后填写销售发票的数量、单价和金额。

要求:根据上述摘录,请指出甲公司在销售和收款循环内部会计控制方面的缺陷,并提出改进建议。

第十章

存货与生产循环业务控制

先导案例

Zara是西班牙企业Inditex集团旗下拥有的子公司之一，是专门经营Zara品牌服装的一家全球连锁服装销售企业。Zara于1975年在拉科鲁尼亚开设了其第一家店铺，自开创以来，Zara的定位就是提供中低档价格、中等质量的时尚产品。Zara的目标群体广泛，销售类目包括男装、女装、童装以及时尚服装饰品。它的母公司Inditex集团是在西班牙排名第一的服装零售商，在88个国家开设了7 000多家不同品牌专卖店。Inditex旗下拥有Zara、Massimo Dutti、Bershka等多个品牌，而Zara是其中最优秀的品牌，仅Zara的销售额就可以达到Inditex集团的65%。沃顿商学院将Zara品牌视为未来制造业的典范。Zara作为一家引领时尚趋势的公司，绝对可以称为服装行业的标杆企业。而笼罩着这么多光环的Zara绝不是虚有其表。

尽管Zara拥有的专卖店数量只有母公司Inditex集团专卖店数量的三分之一左右，但是它的销售额却达到了母公司总销售额的65%。Zara的成功在于它建立了一个完整的产业结构，包含了整个时装商品化的周期，从设计到供应，从生产到物流运输再到门店销售。一条垂直整合并且反应迅速的供应链正是Zara获得成功的关键所在。而这种成功的具体表现之一就在于存货大量减少，存货周转率大大提高。Zara的存货周转率比其他服装企业要高两到三倍，新品服装上架前的库存量在行业内的标准一般是压缩到50%，而Zara的标准是可以压缩到25%。Zara集团平均库存量是600万~1 000万件，但相对于服装业巨大的流动量，这个数字不值一提。在每年的活动季开始时，Zara的平均库存时间是37天，而到了活动季的高峰时，平均库存时间要低于15天。而每季结束后，Zara平均每季需要打折的服装只有15%，其他品牌则高达50%。[①]

[①] 吴双. Zara供应链模式下的存货管理经验与启示[D]. 保定：河北大学, 2017.

第一节 存货与生产循环概述

一、存货与生产循环概述

存货是指企业在日常活动中持有的以备出售的产成品或商品、处在生产过程中的在产品、在生产过程或提供劳务过程中使用的材料和物料等。企业购入的原材料经过生产环节形成企业的在产品或产成品,仍然形成存货。由于存货与生产环节存货之间关系密切,故将其作为一个生产循环。同时,这个生产循环同其他业务循环的关系也较为密切。原材料经过采购与付款循环之后进入本循环,而它又随着销售与收款循环中产成品的销售环节而结束。存货与生产循环主要涉及存货的管理和生产成本的管理等。

存货是企业资产中流动性较强的部分,存货状况将直接影响到资产质量。而资产作为企业重要的经济资源,是企业从事生产经营活动并实现发展战略的物质基础。资产管理贯穿于企业生产经营全过程,也就是通常所说的"实物流"管控。在现代企业制度下,资产业务内部控制已从如何防范资金挪用、非法占用和实物资产被盗拓展到重点关注资产效能,充分发挥资产资源的物质基础作用。就存货而言,要求企业加强各项存货管控,全面梳理存货管理流程,及时发现存货管理中的薄弱环节,采取有效措施及时加以改进,确保存货安全,提高其资产效能。

存货主要包括原材料、在产品、产成品、半成品、商品及周转材料等;企业代销、代管、代修受托加工的存货,虽不归企业所有,也应纳入企业存货管理范畴。不同类型的企业有不同的存货业务特征和管理模式;即使同一企业,不同类型存货的业务流程和管控方法也可能不尽相同。企业建立和完善存货内部控制制度,必须结合本企业的生产经营特点,针对业务流程中的主要风险点和关键环节,制订有效的控制措施;同时,充分利用计算机信息管理系统,强化会计、出入库等相关记录,确保存货管理全过程的风险得到有效控制。

而对于生产循环而言,成本管理是其中重要的一环。随着会计实务的发展和新的经济环境与技术水平的变化,成本管理不断被赋予新的内容。在传统的标准成本计算方法的基础上,作业成本法(ABC)或者目标成本法的出现,都在试图寻找资源消耗和产品成本之间的关系。现在战略成本管理已经成为趋势。战略成本管理的基本要求在于通过企业价值链的分析,找出影响企业成本关键的作业活动并针对其采取适当的措施,从而适当地对企业的整个成本链条进行控制,建立一套现代成本管理系统。

二、存货与生产循环的主要业务活动

以工业制造业为例,存货与生产循环所涉及的主要业务活动包括:计划和安排生产、发出原材料、生产产品、核算产品成本、储存产成品、发出产成品、存货管理等。上述业务活动通常会涉及以下几个部门:生产计划部门、仓库部门、生产部门、人力资源部门、财务部门、销售部门等。

1. 计划和安排生产

生产管理部门的职责主要是在根据客户订单、综合考虑销售预测以及存货需求分析的基础上制订生产计划。如决定授权生产时，即签发预先编号的生产通知单。该生产通知单一般由生产管理部门预先按照既定规则编号并加以记录和控制。在签发经批准的生产计划时，还同时编制一份材料需求报告，列示其所需的材料清单，以供采购部门决定其当期原材料的采购数量和品种。

2. 发出原材料

仓库部门的职责主要是根据生产部门签发的领料通知单发出原材料。领料单上一般列示领料部门的名称以及所需原材料的数量、规格和型号及其用途，以便归集成本核算对象。领料单一般一式三联，其中一联返还给领料部门，另一联送财务部门进行会计核算，最后一联留存仓库部门备查。

3. 生产产品

生产部门在收到生产通知单以及领取原材料后，及时组织生产并分解具体的生产任务到工序以及生产工人。生产工人接收任务后即执行生产的工序，将在产品移交下一步工序或将产成品转交质控部门验收并办理入库手续。

4. 核算产品成本

为了正确核算并有效控制产品成本，必须建立健全成本管理办法，以便将成本核算和成本管理有机结合。一方面，生产成本中的各项记录，如生产通知单、领料单、计工单、入库单等需要及时汇总到财务部门，由其对生产过程进行监督和核算；另一方面，财务部门无论采用标准成本制度还是实际成本办法，需要根据企业实际情况设置相应的会计科目进行核算，以准确反映实物的流转，据以编制成本分析报告，为持续改进成本做好会计核算基础。

5. 储存产成品

产成品入库，应由仓库部门进行点验和检查，然后才能予以签收，并予以分类整理并摆放。同时，仓库部门将签收单返回生产部门并通知财务部门。

6. 发出产成品

仓库部门根据销售部门签发的经授权的发货通知单填制出库单，根据出库单安排货物的发出，同时提交给质控部门进行出厂检验。出库单一般不少于四联，一联仓库部门留存备查，一联交销售部门，一联送交财务部门，一联随货递交给客户。

7. 存货管理

仓库部门应当采取适当的措施保证库存物资的安全、完整和质量。同时，根据公司管理需要，定期或不定期会同财务部门及其他相关部门进行存货盘点。如果出现差异，应当提交存货盘点报告。经审批后，调整差异，最终保持账实一致。

第二节 存货与生产循环的主要控制目标

无论是工业企业或是商业企业，其存货与生产循环的主要目标为：

(1) 各项存货和生产业务均符合国家相关法律、法规有关的规定。
(2) 存货的采购经过适当授权审批。
(3) 存货采购的请购依据充分,采购渠道合适。
(4) 存货验收手续完备、程序规范。
(5) 生产业务是根据管理层一般规定或特别规定的授权进行的。
(6) 记录的采购和生产成本为实际发生的而非虚构的。
(7) 所有的耗费或物化劳动均已反映在合适期间的成本中。
(8) 成本以正确的金额,在恰当的会计期间记录在适当的会计账户中。
(9) 各项存货的成本核算及时、准确、完整。
(10) 对存货实施保护措施,保管人员与记录、批准人相互独立。
(11) 账面存货与实际存货定期核对相符。

存货与生产主要控制目标及其常用控制活动如表10.1所示。

表 10.1 存货与生产主要控制目标及其常用控制活动

主要业务活动	主要控制目标	常用控制活动
计划和安排生产	管理层授权进行生产	生产指令应经适当管理层批准
发出原材料	① 发出材料均已准确记录; ② 发出材料均记录于适当时期	① 管理层定期复核以确保记录的正确性; ② 定期由不负责日常存货保管或存货记录的人员盘点实地存货,发现差异予调整
生产产品	① 记录的生产信息与实际一致; ② 存货流转均已准确地记录于适当时期	① 由具体生产人员之外的监管人员复核生产订单的准确性; ② 管理层定期复核以确保生产成本与其支持性文件一致
核算产品成本	① 已记录的成本均真实发生且与实际成本一致; ② 已发生的生产成本已记录; ③ 已发生的生产成本均记录于适当时期	管理层定期复核以确保生产成本与其支持性文件一致
储存产成品	完工产品均已准确记录于适当时期	验收单均预先连续编号并已记录入账
发出产成品	① 产成品发运均已记录; ② 产成品发运均已准确记录; ③ 已发运产成品均附有有效销售订单; ④ 产成品发运均记录于适当的期间	① 出库单均事先连续编号并已记录入账; ② 管理层定期复核以确保记录的准确性; ③ 货物发出之前应由独立人员核对销售订单和发运货物; ④ 定期由不负责日常存货保管或存货记录的人员来盘点实地存货,发现差异予以调整

主要业务活动	主要控制目标	常用控制活动
存货管理	① 适当调整存货； ② 准确记录存货价值； ③ 存货价值调整已于适当期间记录； ④ 存货价值调整是真实发生的； ⑤ 存货价值调整均已记录	① 适当保管存货并限制无关人员接近； ② 对存货库龄进行分析； ③ 管理层复核并批准存货价值调整

第三节 存货与生产循环的主要风险

一、取得存货环节的主要风险点

存货的取得有诸如外购、委托加工或自行生产等多种方式，企业应根据行业特点、生产经营计划和市场因素等综合考虑，本着成本效益原则，确定不同类型的存货取得方式。

此环节的主要风险：存货预算编制不科学，采购计划不合理，都可能导致存货积压或短缺。

二、验收入库环节的主要风险点

不论是外购原材料或商品，还是本企业生产的产品，都必须经过验收（质检）环节，以保证存货的数量和质量符合合同等有关规定或产品质量要求。

此环节的主要风险：验收程序不规范，标准不明确，可能导致数量克扣、以次充好、账实不符。

三、仓储保管环节的主要风险点

一般而言，生产企业为保证生产过程的连续性，需要对存货进行仓储保管。

此环节的主要风险：存货仓储保管方法不适当，监管不严密，可能导致损坏变质、价值贬损、资源浪费。

四、领用发出环节的主要风险点

生产企业、生产部门领用原材料、辅料、燃料和零部件等用于生产加工，仓储部门根据销售部门开出的发货单向经销商或用户发出产成品。

此环节的主要风险:存货领用发出审核不严格,手续不完备,可能导致货物流失。

五、盘点清查环节的主要风险点

存货盘点清查,一方面要核对实物的数量,看其是否账账相符、账实相符;另一方面也要注意检查实物的质量,看其是否有明显的损坏。

此环节的主要风险:存货盘点清查制度不完善,计划不可行,可能导致工作流于形式,无法查清存货的真实状况。

六、存货处置环节的主要风险点

存货销售处置是存货退出企业生产经营活动的环节,包括产成品的正常对外销售以及存货因变质、毁损等进行的处置。

此环节的主要风险:存货报废处置责任不明确,审批不到位,可能导致企业利益受损。

七、生产环节的主要风险点

生产环节是将原材料转化为公司产成品的重要环节,包括生产计划的签发、产品成本的核算、在产品和产成品的入库等。

此环节的主要风险:生产计划未得到授权批准或随意变更,成本归集不完整,反映不及时、不真实,从而造成成本错误,可能会误导企业产品定价,盈利核算不准确,受到监管部门的处罚等。

第四节　存货与生产循环的关键控制要点

针对以上环节可能存在的风险,除了常用控制活动之外,还存在以下关键控制点:

一、采购环节的关键控制点

企业在存货管理实务中,应当根据各种存货采购间隔期和当前库存,综合考虑企业生产经营计划、市场供求等因素,充分利用信息系统合理确定存货采购日期和数量,确保存货处于最佳库存状态。关键控制点如下:

(1) 企业的生产计划作为采购的源头,其合理与否直接影响到后续的采购与存货。因此,生产计划需要经过适当的审批。

(2) 采购时向合适的供应商询价并确认。

（3）请购单、订货单、验收单和供应商发票核对一致。

二、验收环节的关键控制点

企业应当重视存货验收工作，规范存货验收程序和方法，着力做好以下工作：

（1）外购存货的验收应当重点关注合同、发票等原始单据与存货的数量、质量、规格型号等核对一致。涉及技术含量较高的货物，必要时可委托具有检验资质的机构或聘请外部专家协助验收。

（2）自制存货的验收，应当重点关注产品质量，通过检验合格的半成品、产成品才能办理入库手续，不合格品应及时查明原因、落实责任并报告处理。

（3）其他方式取得存货的验收，应当重点关注存货来源、质量状况、价值是否符合有关合同或协议的约定。

经验收合格的存货进入入库环节。仓储部门对于入库的存货，应根据入库单的内容对存货的数量、质量、品种规格等进行检查，符合要求的予以入库；不符合要求的，应当及时办理退换货等相关事宜。入库记录要真实、完整，定期与财务等相关部门核对，不得擅自修改。

三、仓储环节的关键控制点

（1）存货在不同仓库之间流动时，也应当办理出入库手续。

（2）存货仓储期间要按照仓储物资所要求的储存条件妥善储存，做好防火、防洪、防盗、防潮病虫害、防变质等保管工作，不同批次、型号和用途的产品要分类存放。生产现场的在加工原料、周转材料半成品等要按照有助于提高生产效率的方式摆放，同时防止浪费、被盗和流失。

（3）对代管、代销、暂存、受托加工的存货，应单独存放和记录，避免与本单位的存货混淆。

（4）加强存货的保险投保，保证存货安全，合理降低存货意外损失的风险。

（5）仓储部门应对库存物料和产品进行每日巡查和定期抽检，详细记录库存情况；发现毁损、存在跌价迹象的，应及时与生产、采购财务等相关部门沟通。对于进入仓库的人员应办理进出登记手续，未经授权的人员不得接触存货。

四、领用环节的关键控制点

企业应当根据自身的业务特点，确定适用的存货发出管理模式，制订严格的存货准出制度，明确存货发出和领用的审批权限，健全存货出库手续，加强存货领用记录。

通常情况下，对于一般的生产企业，仓储部门应核对经过审核的领料单或发货通知单的内容，做到单据齐全，名称、规格、计量单位准确符合条件的准予领用或发出，并与领用人当面核对、点清交付。对于大批存货、贵重商品或危险品的发出，均应当实行特别授权；仓储部门应当根据经审批的销售（出库）通知单发出货物。

五、盘点环节的关键控制点

企业应当建立存货盘点清查工作规程，确定盘点周期、盘点流程、盘点方法等相关内容，定期盘点和不定期抽查相结合。

盘点清查时，应拟定详细的盘点计划，合理安排相关人员，使用科学的盘点方法，保持盘点记录的完整，以保证盘点的真实性、有效性。盘点清查结果要及时编制盘点表，形成书面报告，包括盘点人员、时间地点、实际所盘点存货名称、品种、数量、存放情况以及盘点过程中发现的账实不符情况等内容。

对盘点清查中发现的问题，应及时查明原因，落实责任，按照规定权限报经批准后处理。多部门人员共同盘点，应当充分体现相互制衡。严格按照盘点计划，认真记录盘点情况。此外，企业至少应当于每年年度终了开展全面的存货盘点清查，及时发现存货减值迹象，将盘点清查结果形成书面报告。

六、存货处置环节的关键控制点

对于存货变质、毁损、报废或流失的处理要分清责任、分析原因、及时处理。

七、生产环节的关键控制点

生产环节的关键控制点如下：

(1) 生产指令、领料单、工时或工作量的分配等得到适当的授权审批。

(2) 成本核算的方法是以经过审批的生产通知单、领发料凭证、产量和工时记录、人工费用分配表、制造费用分配表等为依据。标准成本应定期根据市场价格进行调整。

(3) 生产通知单、领发料凭证、产量和工时记录、人工费用分配表、制造费用分配表等均经过连续编号并已经登记入账。

(4) 标准成本的核算方法经过内部审查，成本差异经过合理的分摊。

(5) 采用适当的成本计算方法，无论是实际成本法或者是标准成本法，前后各期应当一致。如有变更，应取得适当的授权。应当建立成本核算流程和账务处理流程。

复习训练题

一、单选题

1. 仓库部门的职责主要是根据生产部门签发的（　　）发出原材料。

A. 领料通知单　　　　　　　　　　B. 生产通知单
C. 计工单　　　　　　　　　　　　D. 入库单

2. 在计划和安排生产阶段,主要控制目标是: ( )
A. 管理层授权进行生产
B. 发出材料均已准确记录
C. 发出材料均记录于适当时期
D. 记录的生产信息与实际一致

3. 以下属于存货在验收环节存在的风险是: ( )
A. 存货预算编制不科学、采购计划不合理,可能导致存货积压或短缺
B. 验收程序不规范、标准不明确,可能导致数扣、以次充好、账实不符
C. 存货仓储保管方法不适当、监管不严密,可能导致损坏变质、价值贬损、资源浪费
D. 存货领用发出审核不严格、手续不完备,可能导致货物流失

4. 以下属于存货处置环节的关键控制点的是: ( )
A. 对于存货变质、毁损、报废或流失的处理要分清责任、分析原因、及时处理
B. 生产指令、领料单、工时或工作量的分配等得到适当的授权审批
C. 成本核算的方法是以经过审批的生产通知单、领发料凭证产量和工时记录、人工费用分配表、制造费用分配表等为依据
D. 生产通知单、领发料凭证、产量和工时记录、人工费用分配表、制造费用分配表等均经过连续编号并已经登记入账

二、多选题

1. 存货与生产循环涉及的部门可能包括: ( )
A. 生产计划部门　　　　　　　　B. 仓库部门
C. 生产部门　　　　　　　　　　D. 财务部门

2. 以下应纳入存货管理范畴的有: ( )
A. 原材料　　　　　　　　　　　B. 在产品
C. 产成品　　　　　　　　　　　D. 代销、代管、代修受托加工的存货

3. 存货与生产循环所涉及的主要业务活动包括: ( )
A. 计划和安排生产　　　　　　　B. 发出原材料、生产产品
C. 核算产品成本、储存成品　　　D. 发出产成品、存货管理

4. 仓储环节的关键控制点包括: ( )
A. 存货在不同仓库之间流动时,应当办理出入库手续
B. 对代管、代销、暂存、受托加工的存货,应单独存放和记录避免与本单位的存货混淆
C. 加强存货的保险投保,保证存货安全,合理降低存货意外损失风险
D. 仓储部门应对库存物料和产品进行每日巡查和定期抽检,详细记录库存情况

5. 生产环节的关键控制点包括: ( )
A. 生产指令、领料单、工时或工作量的分配等得到适当的授权审批
B. 成本核算的方法是以经过审批的生产通知单、领发料凭证产量和工时记录、人工费用分配表、制造费用分配表等为依据
C. 生产通知单、领发料凭证、产量和工时记录、人工费用分配表、制造费用分配表等均经过连续编号并已经登记入账
D. 标准成本的核算方法经过内部审查,成本差异经过合理的分摊

三、判断题

1. 存货是企业资产中流动性较强的部分,存货状况将直接影响到资产质量。（　）
2. 领料单一般由生产管理部门预先按照既定规则编号并加以记录和控制。（　）
3. 生产成本中的各项记录,如生产通知单、领料单、计工单、入库单等需要及时汇总到财务部门,由其对生产过程进行监督和核算。（　）
4. 仓库部门可根据客户需要直接填制出库单。（　）

四、案例分析

某公司的存货管理中出现了下述情形,请逐项判断是否符合内部控制要求。

（1）公司除了对自有的存货进行管理以外,对代销货物不进行系统管理,理由是代销货物不属于公司的自有财产。

（2）仓储部门在接到生产部门签发的领料通知单后,发出原材料并填制出库单,然后领料单需返还给领料部门。

（3）为了便于管理,仓库保管员填写存货明细账。

（4）每年末由仓库保管员进行存货盘点工作。

第十一章

内部控制与审计

先导案例

某国有制药厂为了促进销售、扩展市场，在药品销售方面制定如下制度：销售人员自己联系销售渠道，自找购药客户，谁销售药品谁负责收款，工资与销售金额挂钩。这项制度的实施，确实调动了销售人员的积极性，促进了销售额的增长，同时也引起了有关审计部门的注意，公司的应收账款随销售额的增加而大幅增加。

某审计局派出的审计小组对该制药厂2003年度的财务收支进行了审计。审计人员首先对收入及应收账款等重点内部控制制度进行了符合性测试，仔细分析了该厂的促销制度，并注意到促销制度实行后虽然销售额增加，但应收账款也大幅度增长的情况，认为该厂的促销制度在设计上存在一定的缺陷，销售和收款集中于销售人员一人办理，违背了内部控制制度中不相容职务分离的原则，增大了发生重大错弊的可能性。基于这种分析，审计人员把应收账款作为审计重点，对账龄较长、金额较大的应收账款进行了函证。在对某医院欠药厂的应收账款函证中，医院会计说已在半年前就将一张58 900元的支票交给该制药厂的销售员冯某，并出具了支票存根和收据，审计人员随即找到冯某询问。在大量证据面前，冯某不得不交代了将支票的资金存入自己的一个私人账户并用于经商的事实。[1]

---

[1] 白协建.审计案例教程[M].北京:中国财政经济出版社,2000:37-38.

第一节　内部控制在财务报表审计中的运用

一、内部控制的含义和要素

根据COSO委员会发布的内部控制框架定义,内部控制是被审计单位为了合理保证财务报告的可靠性、经营的效率和效果以及对法律、法规的遵守,由治理层、管理层和其他人员设计与执行的政策及程序。本节对内部控制的解读是站在注册会计师进行财务报表审计的角度阐述内部控制与财务报表审计之间的关系。

可以从以下几方面理解内部控制:

(1) 内部控制的目标是对以下几方面的合理保证:① 保证财务报告的可靠性,这一目标与管理层履行财务报告编制责任密切相关;② 保证经营的效率和效果,即经济有效地利用企业资源,以最优方法实现企业的目标;③ 遵守适用的法律法规的要求,即在法律法规的框架下合法地从事经营活动。

(2) 设计和实施内部控制的责任主体是治理层、管理层和其他人员,组织中的每一个人都对内部控制负有责任。

(3) 实现内部控制目标的手段是设计和执行控制政策及程序。

内部控制包括下列要素:① 控制环境;② 风险评估过程;③ 与财务报告相关的信息系统和沟通;④ 控制活动;⑤ 对控制的监督。

以上说法采用了COSO委员会发布的内部控制框架。被审计单位可能并不一定采用这种分类方式来设计和执行内部控制,但对内部控制要素的分类有助于了解内部控制的框架。无论对内部控制要素如何进行分类,注册会计师都应当重点考虑,被审计单位的某项控制是否有效,如何发现或防止并纠正各类交易、账户余额和披露存在的重大错报。也就是说,在了解和评价内部控制时,采用的具体分析框架及控制要素的分类可能并不唯一,重要的是控制能否实现控制目标。注册会计师可以使用不同的框架和术语描述内部控制的不同方面,但必须涵盖上述内部控制五个要素所涉及的各个方面。

被审计单位用来设计、执行和维护内部控制的方式,会因被审计单位的规模和复杂程度的不同而不同。小型被审计单位可能采用非正式和简单的流程与程序实现内部控制的目标,参与日常经营管理的业主(以下简称业主)可能同时承担多项职能,内部控制要素没有得到清晰区分。注册会计师应当综合考虑小型被审计单位的内部控制要素能否实现其目标。

二、与审计相关的控制

内部控制的目标旨在合理保证财务报告的可靠性、经营的效率和效果以及对法律法规的遵守。注册会计师审计的目标是对财务报表是否存在重大错报发表审计意见,尽管注会计师被要求在财务报表审计中考虑与审计相关的内部控制,但其目的并非是对被审计单位内部控制的有效性发表意见。因此,注册会计师需要了解和评价的内部控制只是与财务报表审计相关的内部控制,并非被审计单位所有的内部控制。

被审计单位的目标与为实现目标提供合理保证的控制之间存在直接关系。被审计单位的目标和控制,与财务报告、经营及合规有关。但这些目标和控制并非都与注册会计师的风险评估相关。被审计单位通常有一些与目标相关但与审计无关的控制,注册会计师无须对其加以关注。例如,被审计单位可能依靠某一复杂的自动化控制提高经营活动的效率和效果(如航空公司用于维护航班时间表的自动化控制系统),但这些控制通常与审计无关。所以说,虽然内部控制应用于整个被审计单位或所有经营部门或业务流程,但了解与每个经营部门和业务流程相关的内部控制,有些可能与审计无关。

三、对内部控制了解的深度

对内部控制了解的深度,是指在了解被审计单位及其环境时对内部控制了解的程度,包括评价控制的设计,并确定其是否得到执行,但不包括对控制是否得到一贯执行的测试。

(一)评价控制的设计

注册会计师在了解内部控制时,应当评价控制的设计,并确定其是否得到执行。评价控制的设计,涉及考虑该控制单独或连同其他控制是否能够有效防止或发现并纠正重大错报。控制得到执行是指某项控制存在且被审计单位正在使用。评估一项无效控制的运行没有什么意义,因此,需要首先考虑控制的设计。设计不当的控制可能表明存在值得关注的内部控制缺陷。

(二)获取控制设计和执行的审计证据

注册会计师通常实施下列风险评估程序,以获取有关控制设计和执行的审计证据:
① 询问被审计单位人员。
② 观察特定控制的运用。
③ 检查文件和报告。
④ 追踪交易在财务报告信息系统中的处理过程(穿行测试)。

这些程序是风险评估程序在了解被审计单位内部控制方面的具体运用。

询问本身并不足以评价控制的设计以及确定其是否得到执行,注册会计师应当将询问与其他风险评估程序结合使用。

(三)了解内部控制与测试控制运行有效性的关系

除非存在某些可以使控制得到一贯运行的自动化控制,否则注册会计师对控制的了解并不足以测试控制运行的有效性。

例如,获取某一人工控制在某一时点得到执行的审计证据,并不能证明该控制在所审计期间内的其他时点也有效运行。但是,信息技术可以使被审计单位持续一贯地对大量数据进行处理,提高了被审计单位监督控制活动运行情况的能力,信息技术还可以通过对应用软件、数据库、操作系统设置安全控制来实现有效的职责划分。由于信息技术处理流程的内在一贯性,实施审计程序确定某项自动控制是否得到执行,也可能实现对控制运行有效性测试的目标,这取决于注册会计师对控制(如针对程序变更的控制)的评估和测试。

四、内部控制的人工和自动化成分

(一) 考虑内部控制的人工和自动化特征及其影响

大多数被审计单位出于编制财务报告和实现经营目标的需要使用信息技术。然而,即使信息技术得到广泛使用,人工因素仍然会存在于这些系统之中。不同的被审计单位采用的控制系统中人工控制和自动化控制的比例是不同的。在一些小型的、生产经营不太复杂的被审计单位,可能以人工控制为主;而在另外一些单位,可能以自动化控制为主。内部控制可能既包括人工成分,又包括自动化成分,在风险评估以及设计和实施进一步审计程序时,注册会计师应当考虑内部控制的人工和自动化特征及其影响。

内部控制采用人工系统还是自动化系统,将影响交易生成、记录、处理和报告的方式。在以人工为主的系统中,内部控制一般包括批准和复核业务活动,编制调节表并对调节项目进行跟踪。当采用信息技术系统生成、记录、处理和报告交易时,交易的记录形式(如订购单、发票、装运单及相关的会计记录)可能是电子文档而不是纸质文件。信息技术系统中的控制可能既有自动控制(如嵌入计算机程序的控制),又有人工控制。人工控制可能独立于信息技术系统,利用信息技术系统生成的信息,也可用于监督信息技术系统和自动控制的有效运行或者处理例外事项。如果采用信息技术系统处理交易和其他数据,系统和程序可能包括与财务报表重大账户认定相关的控制,或可能对依赖于信息技术的人工控制的有效运行非常信赖。被审计单位的性质和经营的复杂程度会对采用人工控制和自动化控制的成分组合有所影响。

(二) 信息技术的优势及相关内部控制风险

信息技术通常能在下列方面提高被审计单位内部控制的效率和效果:
① 提高信息的及时性、可获得性及准确性。
② 有利于对信息的深入分析。
③ 提高对被审计单位的经营业绩及其政策和程序执行情况进行监督的能力。
④ 降低控制被规避的风险。
⑤ 通过对应用程序系统、数据库系统和操作系统执行安全控制,提高不兼容职务分离的有效性。

但是,信息技术也可能对内部控制产生特定风险。注册会计师应当从下列方面了解信息技术对内部控制产生的特定风险:
① 所依赖的系统或程序不能正确处理数据,或处理了不正确的数据,或两种情况并存。
② 未经授权访问数据,可能导致数据的毁损或对数据不恰当的修改,包括记录未经授权或不存在的交易,或不正确地记录了交易,多个用户同时访问同一数据库可能会造成特定风险。
③ 信息技术人员可能会获得超越其职责范围的数据访问权限,因此,破坏了系统应有的职责分工。

④ 未经授权改变主文档的数据。
⑤ 未经授权改变系统或程序。
⑥ 未能对系统或程序作出必要的修改。
⑦ 不恰当的人为干预。
⑧ 可能丢失数据或不能访问所需要的数据。

（三）人工控制的适用范围及相关内部控制风险

内部控制的人工成分在处理下列需要主观判断或酌情处理的情形时可能更为适当：
① 存在大额、异常或偶发的交易。
② 存在难以界定、预计或预测的错误的情况。
③ 针对变化的情况，需要对现有的自动化控制进行人工干预。
④ 监督自动化控制的有效性。

但是，由于人工控制由人执行，受人为因素的影响，必定会产生特定风险，注册会计师应当从下列方面了解人工控制产生的特定风险：
① 人工控制可能更容易被规避、忽视或凌驾。
② 人工控制可能不具备一贯性。
③ 人工控制可能更容易产生简单错误或失误。

相对于自动化控制，人工控制的可靠性较低。为此，注册会计师应当考虑人工控制在下列情形中可能是不适当的：
① 存在大量或重复发生的交易。
② 事先可预计或预测的错误能够通过自动化控制参数得以防止或发现并纠正。
③ 用特定方法实施控制的控制活动可得到适当设计和自动化处理。

内部控制风险的程度和性质取决于被审计单位信息系统的性质和特征。考虑到信息系统的特征，被审计单位可以通过建立有效的控制，应对由于采用信息技术或人工成分而产生的风险。

五、内部控制的局限性

（一）内部控制的固有局限性

不论内部控制如何有效，都只能为被审计单位实现财务报告目标提供合理保证。内部控制实现目标的可能性受其固有限制的影响。这些限制包括：

（1）在决策时人为判断可能出现错误和因人为失误而导致内部控制失效。例如，控制的设计和修改可能存在失误。同样的，控制的运行可能无效。例如，由于负责复核信息的人员不了解复核的目的或没有采取适当的措施，内部控制生成的信息（如例外报告）没有得到有效使用。

（2）控制可能由于两个或更多人员的串通或管理层不当地凌驾于内部控制之上而被规避。例如，管理层可能与客户签订"背后协议"，修改标准的销售合同条款和条件，从而导致不适当的收入确认。再如，软件中的编辑控制旨在识别和报告超过赊销信用额度的交易，但这一控制可能被凌驾或不能得到执行。

此外,如果被审计单位内部行使控制职能的人员素质不适应岗位要求,也会影响内部控制功能的正常发挥。被审计单位实施内部控制的成本效益问题也会影响其效能,当实施某项控制由于控制成本大于控制效果而产生损失时,就没有必要设置该控制环节或控制措施。内部控制一般都是针对经常且重复发生的业务而设置的,如果出现不经常发生或未预计到的业务,原有控制就可能会不适用。

(二) 对小型被审计单位的考虑

小型被审计单位拥有的员工通常较少,限制了其职责分离的程度。但是,在业主管理的小型被审计单位,业主兼经理可以实施比大型被审计单位更有效的监督,这种监督可以弥补职责分离有限的局限性。另外,由于内部控制系统较为简单,业主兼经理更有可能凌驾于控制之上,注册会计师在识别由于舞弊导致的重大错报风险时需要考虑这一问题。

六、在整体层面和业务流程层面了解内部控制

内部控制的某些要素(如控制环境)更多地对被审计单位整体层面产生影响,而其他要素(如信息系统与沟通、控制活动)则可能更多地与特定业务流程相关。在实务中,注册会计师应当从被审计单位整体层面和业务流程层面分别了解和评价被审计单位的内部控制。整体层面的控制(包括对管理层凌驾于内部控制之上的控制)和信息技术一般控制通常在所有业务活动中普遍存在。业务流程层面的控制主要是对工薪、销售和采购等交易的控制。整体层面的控制对内部控制在所有业务流程中得到严格的设计和执行具有重要影响。整体层面的控制较差甚至可能使最好的业务流程层面的控制失效。例如,被审计单位可能有一个有效的采购系统,但如果会计人员不能胜任,仍然会发生大量错误,且其中一些错误可能导致财务报表存在重大错误。而且,管理层凌驾于内部控制之上(它们经常在企业整体层面出现)也是不好的公司行为中的普遍问题。

在初步计划审计工作时,注册会计师需要确定在被审计单位财务报表中可能存在重大错报风险的重大账户及其相关认定。为实现此目的,通常采取下列步骤:
① 确定被审计单位的重要业务流程和重要交易类别。
② 了解重要交易流程,并记录获得的了解。
③ 确定可能发生错报的环节。
④ 识别和了解相关控制。
⑤ 进行穿行测试,证实对交易流程和相关控制的了解。
⑥ 进行初步评价和风险评估。

在实务中,上述步骤可能同时进行。例如,在询问相关人员的过程中,同时了解重要交易的流程和相关控制。

(一) 确定可能发生错报的环节

注册会计师需要确认和了解被审计单位应在哪些环节设置控制,以防止或发现并纠正各重要业务流程可能发生的错报。注册会计师所关注的控制,是那些能通过防止错报的发生,或者通过发现和纠正已有错报,从而确保每个流程中业务活动的具体流程能够顺利运转的人工或自动化控制程序。

尽管不同的被审计单位会为确保会计信息的可靠性而对业务流程设计和实施不同的控制，但设计控制的目的是为实现某些控制目标，如表11.1所示。实际上，这些控制目标与财务报表重大账户的相关认定相联系。但注册会计师在此时通常不考虑列报认定，而是将在审计财务报告流程时考虑该认定。

表 11.1 控制目标

控制目标	解释
完整性：所有的有效交易都已记录	必须有程序确保没有漏记实际发生的交易
存在和发生：每项已记录的交易均真实	必须有程序确保会计记录中没有虚构的或重复入账的项目
适当计量交易	必须有程序确保交易以适当的金额入账
恰当确定交易生成的会计期间（截止性）	必须有程序确保交易在适当的会计期间内入账
恰当分类	必须有程序确保将交易记入正确的总分类账，必要时，记入相应的明细账内
正确汇总和过账	必须有程序确保所有作为账簿记录中的借贷方余额都正确地归集（加总），确保加总后的金额正确过入总账和明细分类账

（二）识别和了解相关控制

通过对被审计单位的了解，包括在被审计单位整体层面对内部控制各要素的了解，以及在上述程序中对重要业务流程的了解，注册会计师可以确定是否有必要进一步了解在业务流程层面的控制。在某些情况下，注册会计师之前的了解可能表明被审计单位在业务流程层面针对某些重要交易所设计的控制是无效的，或者注册会计师并不打算信赖控制，这时注册会计师没有必要进一步了解在业务流程层面的控制。特别需要注意的是，如果认为仅通过实质性程序无法将认定层次的检查风险降至可接受的水平，或者针对特别风险，注册会计师应当了解和评估相关的控制活动。

通常将业务流程中的控制划分为预防性控制和检查性控制，下面分别予以说明。

1. 预防性控制

预防性控制通常用于正常业务流程的每一项交易，以防止错报的发生。在流程中防止错报是信息系统的重要目标。

预防性控制可能是人工的，也可能是自动化的。表11.2是预防性控制及其能防止错报的例子。

表 11.2 预防性控制示例

对控制的描述	控制需防止的错报
计算机程序自动生成收货报告，同时也更新采购档案	防止出现购货漏记账的情况
在更新采购档案之前要有收货报告	防止记录了未收到购货的情况
销货发票上的价格根据价格清单上的信息确定	防止销货计价错误
系统将各凭证上的账户号码与会计科目表对比，然后进行一系列的逻辑测试	防止出现分类错报

2. 检查性控制

建立检查性控制的目的是发现流程中可能发生的错报(尽管有预防性控制还是会发生的错报)。被审计单位通过检查性控制,监督其流程和相应的预防性控制能否有效地发挥作用。检查性控制通常是管理层用来监督实现流程目标的控制。检查性控制可以由人工执行,也可以由信息系统自动执行。

表 11.3 是检查性控制及其可能查出的错报的例子。

表 11.3 检查性控制示例

对控制的描述	控制可预期查出的错报
定期编制银行存款余额调节表,跟踪调查挂账的项目	在对其他项目进行审核的同时,查找存入银行但没有记入日记账的现金收入、未记录的银行现金支付或虚构入账的不真实的银行现金收入或支付,未及时入账或未正确汇总分类的银行现金收入或支付
将预算与实际费用间的差异列入计算机编制的报告中并由部门经理复核。记录所有超过预算2%的差异情况和解决措施	在对其他项目进行审核的同时,查找本月发生的重大分类错报或没有记录及没有发生的大笔收入、支出以及相关联的资产和负债项目
系统每天比对运出货物的数量和开票数量。如果发现差异,产生报告,由开票主管复核和追查	查找没有开票和记录的出库货物,以及与真实发货无关的发票
每季度复核应收账款贷方余额并找出原因	查找未予入账的发票和销售与现金收入中的分类错误

七、控制测试

控制测试是为了获取关于控制防止或发现并纠正认定层次重大错报的有效性而实施的测试。注册会计师应当选择为相关认定提供证据的控制进行测试。

(一) 控制测试的含义

控制测试是指用于评价内部控制在防止或发现并纠正认定层次重大错报方面的运行有效性的审计程序,这一概念需要与"了解内部控制"进行区分。"了解内部控制"包含两层含义:一是评价控制的设计;二是确定控制是否得到执行。由此可知测试控制运行的有效性与确定控制是否得到执行所需获取的审计证据是不同的。

在实施风险评估程序以获取控制是否得到执行的审计证据时,注册会计师应当确定某项控制是否存在,被审计单位是否正在使用。

在测试控制运行的有效性时,注册会计师应当从下列方面获取关于控制是否有效运行的审计证据:

① 控制在所审计期间的相关时点是如何运行的。
② 控制是否得到一贯执行。
③ 控制由谁或以何种方式执行。

从以上三个方面来看,控制运行有效性强调的是控制能够在各个不同时点按照既定设计得以一贯执行。因此,在了解控制是否得到执行时,注册会计师只需抽取少量的交易进行检查或观察某几个时点。但在测试控制运行的有效性时,注册会计师需要抽取足够数量的交易进行检查或对多个不同时点进行审查。

例如,某被审计单位针对销售收入和销售费用的业绩评价控制如下:财务经理每月审核实际销售收入(按产品细分)和销售费用(按费用项目细分),并与预算数和上年同期数比较,对于差异金额超过5%的项目进行分析并编制分析报告;销售经理审阅该报告并采取适当跟进措施。注册会计师抽查了最近3个月的分析报告,并看到上述管理人员在报告上签字确认,证明该控制已经得到执行。然而,注册会计师在与销售经理的讨论中发现其对分析报告中明显异常的数据并不了解原因,也无法作出合理解释,从而显示该控制并未得到有效的运行。

(二) 控制测试的要求

作为进一步审计程序的类型之一,控制测试并非在任何情况下都需要实施。当存在下列情形之一时,注册会计师应当实施控制测试:

① 在评估认定层次重大错报风险时,预期控制的运行是有效的。
② 仅实施实质性程序并不能够提供认定层次充分、适当的审计证据。

如果在评估认定层次重大错报风险时预期控制的运行是有效的,注册会计师应当实施控制测试,就控制在相关期间或时点的运行有效性获取充分、适当的审计证据。

注册会计师通过实施风险评估程序,可能发现某项控制的设计是存在的,也是合理的,同时得到了执行。在这种情况下,出于成本效益的考虑,注册会计师可能会预期如果相关控制在不同时点都得到了一贯执行,与该项控制有关的财务报表认定发生重大错报的可能性就不会很大,也就不需要实施很多的实质性程序。为此,注册会计师可能会认为值得对相关控制在不同时点是否得到了一贯执行进行测试,即实施控制测试。这种测试主要是出于成本效益的考虑,其前提是注册会计师通过了解内部控制以后认为某项控制存在着被信赖和利用的可能。因此,只有认为控制设计合理、能够防止或发现并纠正认定层次的重大错报,注册会计师才有必要对控制运行的有效性实施测试。

如果认为仅实施实质性程序获取的审计证据无法将认定层次重大错报风险降至可接受的低水平,注册会计师应当实施相关的控制测试,以获取控制运行有效性的审计证据。

例如,在被审计单位对日常交易或与财务报表相关的其他数据(包括信息的生成、记录、处理、报告)采用高度自动化处理的情况下,审计证据可能仅以电子形式存在,此时审计证据是否充分和适当通常取决于自动化信息系统相关控制的有效性。如果信息的生成、记录、处理和报告均通过电子格式进行而没有适当有效的控制,则生成不正确信息或信息被不恰当修改的可能性就会大大增加。在认为仅通过实施实质性程序不能获取充分、适当的审计证据的情况下,注册会计师必须实施控制测试,且这种测试已经不再是单纯出于成本效益的考虑,而是必须执行的。

(三) 控制测试的性质

控制测试的性质是指控制测试所使用的审计程序的类型及其组合。控制测试采用的审计程序有询问、观察、检查和重新执行。

1. 询问

注册会计师可以向被审计单位适当员工进行询问,获取与内部控制运行情况相关的信息。例如,询问信息系统管理人员有无未经授权接触计算机硬件和软件,向负责复核银行存款余额调节表的人员询问如何进行复核,包括复核的要点是什么、发现不符事项如何处理等。然而,仅仅通过询问不能为控制运行的有效性提供充分的证据,注册会计师通常需要印证被询问者的答复,如向其他人员询问和检查执行控制时所使用的报告、手册或其他文件等。因此,虽然询问是一种有用的手段,但它必须和其他测试手段结合使用才能发挥作用。在询问过程中,注册会计师应当保持职业怀疑。

2. 观察

观察是测试不留下书面记录的控制(如职责分离)的运行情况的有效方法。例如,观察存货盘点控制的执行情况。观察也可运用于实物控制,如查看仓库门是否锁好,或空白支票是否妥善保管。通常情况下,注册会计师通过观察直接获取的证据比间接获取的证据更加可靠。但是,注册会计师还要考虑其所观察到的控制在注册会计师不在场时可能未被执行的情况。

3. 检查

对运行情况留有书面证据的控制,检查非常适用。书面说明、复核时留下的记号,或其他记录在偏差报告中的标志,都可以当作控制运行情况的证据。例如,检查销售发票是否有复核人员签字,检查销售发票是否附有客户订购单和出库单等。

4. 重新执行

例如,为了合理保证计价认定的准确性,被审计单位的一项控制是由复核人员核对销售发票上的价格与统一价格单上的价格是否一致。但是,要检查复核人员有没有认真执行核对,仅仅检查复核人员是否在相关文件上签字是不够的,注册会计师还需要自己抽取一部分销售发票进行核对,这就是重新执行程序。如果需要进行大量的重新执行,注册会计师就要考虑通过实施控制测试以缩小实质性程序的范围是否有效率。

询问本身并不足以测试控制运行的有效性。因此,注册会计师需要将询问与其他审计程序结合使用。而观察提供的证据仅限于观察发生的时点,因此,将询问与检查或重新执行结合使用,可能比仅实施询问和观察获取更高水平的保证。例如,被审计单位针对处理收到的邮政汇款单设计和执行了相关的内部控制,注册会计师通过询问和观察程序往往不足以测试此类控制的运行有效性,还需要检查能够证明此类控制在所审计期间的其他时段有效运行的文件和凭证,以获取充分、适当的审计证据。

(四)实施控制测试时对双重目的的实现

控制测试的目的是评价控制是否有效运行,细节测试的目的是发现认定层次的重大错报。尽管两者目的不同,但注册会计师可以考虑针对同一交易同时实施控制测试和细节测试,以实现双重目的。例如,注册会计师通过检查某笔交易的发票可以确定其是否经过适当的授权,也可以获取关于该交易的金额、发生时间等细节证据。当然,如果拟实施双重目的的测试,注册会计师应当仔细设计和评价测试程序。

(五)实施实质性程序的结果对控制测试结果的影响

如果通过实施实质性程序未发现某项认定存在错报,这本身并不能说明与该认定有关的控制是有效运行的;但如果通过实施实质性程序发现某项认定存在错报,注册会计师应当在评价相关控制的运行有效性时予以考虑。因此,注册会计师应当考虑实施实质性程序发现的错报对评价相关控制运行有效性的影响(如降低对相关控制的信赖程度、调整实质性程序的性质、扩大实质性程序的范围等)。如果实施实质性程序发现被审计单位没有识别出的重大错误,通常表明内部控制存在重大缺陷,注册会计师应当就这些缺陷与管理层和治理层进行沟通。

第二节 内部控制审计

一、内部控制审计的背景

2002年7月,美国国会通过萨班斯法案(Sarbanes-Oxley Act),其中第404款要求发行者管理层对其内部控制进行自我评估,并要求由出具财务报表审计报告的会计师事务所对管理层的自我评估进行独立鉴证并出具报告。2004年3月,美国公众公司会计监督委员会(PCAOB)发布第2号审计准则《与财务报表审计一同实施的财务报告内部控制审计》,对萨班斯法案的原则性规定作出更加明确的要求,为注册会计师执业提供可操作性的标准。2006年10月,美国公众公司会计监督委员会提出新的第5号审计准则,取代第2号审计准则。2008年7月,我国财政部会同证监会等五部门发布《企业内部控制基本规范》。2010年4月26日,财政部会同证监会等五部门发布《企业内部控制应用指引》《企业内部控制评价指引》和《企业内部控制审计指引》,要求执行企业内部控制规范体系的企业,应当对本企业内部控制的有效性进行自我评价,披露年度自我评价报告,同时聘请具有证券期货业务资格的会计师事务所依照相关审计标准对其财务报告内部控制的有效性进行审计,出具审计报告。上述要求自2011年1月1日起首先在境内外同时上市的公司施行,自2012年1月1日起扩大到在上海证券交易所、深圳证券交易所主板上市的公司施行;在此基础上,择机在中小板和创业板上市公司施行;同时,鼓励非上市大中型企业提前执行。

二、内部控制审计的范围

内部控制审计,是指会计师事务所接受委托,对特定基准日内部控制设计与运行的有效性进行审计。

尽管这里提及的是内部控制审计,但无论是从国外审计的规定和实践看,还是从我国的相关规定看,注册会计师执行的内部控制审计严格限定在财务报告内部控制审计。从注册会计师的专业胜任能力、审计成本效益的约束,以及投资者对财务信息质量的需求看,财务报告内部控制审计是服务的核心要求。因此,审计意见覆盖的范围是针对财务报告内部控制,注册会计师对其有效性发表审计意见;针对非财务报告内部控制,注册会计师针对内部控制审计过程中注意到的非财务报告内部控制的重大缺陷,在内部控制审计报告中增加"非财务报告内部控制重大缺陷描述段"予以披露。

财务报告内部控制,是指公司的董事会、监事会、经理层及全体员工实施的旨在合理保证财务报告及相关信息真实、完整而设计和运行的内部控制,以及用于保护资产安全的内部控制中与财务报告可靠性目标相关的控制。

从注册会计师审计的角度,财务报告内部控制包括以下内容:

1. 企业层面的内部控制

(1) 与控制环境相关的控制(例如对诚信和道德价值的沟通和落实、对胜任能力的重视、治理层的参与程度、管理层的理念和经营风格、组织结构、职权与责任的分配、人力资源政策与实务等)。

(2) 针对管理层和治理层凌驾于内部控制之上的风险而设计的内部控制(例如针对重大非常规交易的控制、针对关联方交易的控制、减弱伪造或不恰当操作财务结果的动机和压力的控制)。

(3) 被审计单位的风险评估过程(如何识别经营风险、估计其重要性,如何评估其发生的可能性,怎样采取措施应对和管理风险及其结果)。

(4) 对内部信息传递和期末财务报告流程的控制(例如与会计政策选择和运用的程序、调整分录和合并分录的编制和批准、编制财务报表的流程相关的)。

(5) 对控制有效性的内部监督(即监督其他控制的控制)和内部控制评价。

(6) 集中化的处理和控制、监控经营成果的控制,以及重大经营控制和风险管理实务。

2. 业务流程、应用系统或交易层面的内部控制

(1) 授权与审批。

(2) 信息技术应用控制。

(3) 实物控制(如保护资产的实物安全、对接触计算机程序和数据文档设置授权、定期盘点并将盘点记录与控制记录相核对)。

(4) 复核和调节。

三、内部控制审计基准日

内部控制审计基准日,是指注册会计师评价内部控制在某一时日是否有效所涉及的基准日,也是被审计单位评价基准日,即最近一个会计期间截止日。

注册会计师不可能对企业内部控制在某个期间段(如一年)内每天的运行情况进行描述,然后发表审计意见,这样做不切实际,无法向信息使用者提供准确清晰的信息(考虑到中间对内部控制缺陷的纠正),甚至会误导使用者。

注册会计师对特定基准日内部控制的有效性发表意见,并不意味着注册会计师只测试基准日这一天的内部控制,而是需要考察足够长一段时间内部控制设计和运行的情况。对控制有效性的测试涵盖的期间越长,所提供的控制有效性的审计证据就越多。单就内部控制审计业务而言,注册会计师应当获取内部控制在基准日之前一段足够长的期间内有效运行的审计证据。在整合审计中,控制测试所涵盖的期间应当尽量与财务报表审计中拟信赖内部控制的期间保持一致。

四、内部控制审计过程

内部控制审计过程包括:计划审计工作,采用自上而下的方法选择拟测试的控制,测试控制的有效性,内部控制缺陷评价和出具审计报告。

(一) 计划审计工作

内部控制审计计划分为总体审计策略和具体审计计划。

1. 总体审计策略

总体审计策略用以总结计划阶段的成果,确定审计的范围、时间和方向,并指导具体审计计划的制订。制订总体审计策略的过程有助于注册会计师结合风险评估程序的结果确定下列事项:

(1) 向具体审计领域分配资源的类别和数量,包括向高风险领域分派经验丰富的项目组成员,向高风险领域分配的审计时间预算等。

(2) 何时分配这些资源,包括是在期中审计阶段还是在关键日期调配资源等。

(3) 如何管理、指导和监督这些资源,包括预期何时召开项目组预备会和总结会,预期项目合伙人和经理如何进行复核,是否需要实施项目质量控制复核等。

2. 具体审计计划

具体审计计划比总体审计策略更加详细具体,主要包括审计程序的性质、时间安排和范围。它会随着具体审计计划的制订逐步深入,并贯穿于审计的整个过程。注册会计师应当在具体审计计划中体现下列内容:

(1) 了解和识别内部控制的程序的性质、时间安排和范围。

(2) 测试控制设计有效性的程序的性质、时间安排和范围。

(3) 测试控制运行有效性的程序的性质、时间安排和范围。

(二) 自上而下的方法

注册会计师应当采用自上而下的方法选择拟测试的控制。

自上而下的方法始于财务报表层次,以注册会计师对财务报告内部控制整体风险的了解开始,将关注重点放在企业层面的控制上,并将工作逐渐下移至重要账户、列报及其相关认定。随后,确认其对被审计单位业务流程中风险的了解,并选择能足以应对评估的每个相关认定的重大错报风险的控制进行测试。

1. 自上而下方法的实施步骤

(1) 从财务报表层次初步了解内部控制整体风险。
(2) 识别、了解和测试企业层面控制。
(3) 识别重要账户、列报及其相关认定。
(4) 了解潜在错报的来源并识别相应的控制。
(5) 选择拟测试的控制。

注册会计师在选取拟测试的控制时,通常不会选取整个流程中的所有控制,而是选择关键控制,即能够为一个或多个重要账户、列报的一个或多个相关认定提供最有效果或最有效率的证据的控制。每个重要账户、认定或重大错报风险至少应当有一个对应的关键控制。

2. 在选择关键控制时需要考虑的问题
(1) 哪些控制是不可缺少的。
(2) 哪些控制直接针对相关认定。
(3) 哪些控制可以应对错误或舞弊导致的重大错报风险。
(4) 控制的运行是否足够精确。

选取关键控制需要注册会计师作出职业判断。注册会计师无须测试那些即使有缺陷也能合理预期不会导致财务报表重大错报的控制。

(三) 测试控制的有效性

内部控制的有效性包括内部控制设计的有效性和内部控制运行的有效性。

注册会计师应当测试控制设计的有效性。如果某项控制由拥有有效执行控制所需的授权和专业胜任能力的人员按规定的程序和要求执行,能够实现控制目标,从而有效地防止或发现并纠正可能导致财务报表发生重大错报的错误或舞弊,则表明该项控制的设计是有效的。

注册会计师应当测试控制运行的有效性。如果某项控制正在按照设计运行、执行人员拥有有效执行控制所需的授权和专业胜任能力,能够实现控制目标,则表明该项控制的运行是有效的。

1. 注册会计师获取的有关控制运行有效性的审计证据
(1) 控制在所审计期间的相关时点是如何运行的。
(2) 控制是否得到一贯执行。
(3) 控制由谁或以何种方式执行。

2. 测试控制有效性的审计程序

测试控制有效性的审计程序类型包括询问、观察、检查和重新执行。下面分别对四种审计程序类型予以说明:

(1) 询问

注册会计师通过与被审计单位有关人员进行讨论以取得与内部控制相关的信息。在讨论中注册会计师要注意保持职业怀疑态度。但是,仅实施询问程序不能为某一特定控制的有效性提供充分适当的证据。注册会计师通常需要获取其他信息以印证询问所取得的信息,这些其他信息包括被审计单位其他人员的佐证,控制执行时所使用的报告、手册或其他文件等。虽然询问是一种有效的手段,但它必须与其他测试手段结合使用才能发挥作用。

(2) 观察

观察是测试运行不留下书面记录的控制的有效方法。例如,对于与职责分离相关的控制,注册会计师需要获得第一手证据,不仅通过询问取得关于责任分工的信息,而且通过实地观察,证实责任分工控制是按规定执行的。

观察也可运用于测试对实物的控制。例如,查看仓库门是否锁好,空白支票是否妥善保管。通常情况下,注册会计师通过观察直接获取的证据比间接获取的证据更可靠。

观察可以提供执行有关过程或程序的审计证据,但观察所提供的审计证据仅限于观察发生的时点,而且被观察人员的行为可能因被观察而受到影响,这也会使观察提供的审计证据受到限制。例如,注册会计师可以通过观察处理现金收款的过程以对现金收款的控制进行测试,但是由于观察只针对某一时点,因此注册会计师需要结合运用询问以及检查相关的文件,以获得更多对于某一段时期内控制运行有效性的证据。

（3）检查

检查通常用于确认控制是否得以执行。例如,对偏差报告进行调查与跟进这一控制,负责调查和跟进的人员在偏差报告中添加的书面说明、管理人员审核时留下的记号、或其他标记都可以作为控制得到执行的证据。注册会计师需要检查显示控制得以执行的、可以合理预期其存在的证据。缺乏证据可能表示控制没有按规定运行,注册会计师需要执行进一步程序以确定事实上是否存在有效控制。

检查记录和文件可以提供可靠程度不同的审计证据,审计证据的可靠性取决于记录或文件的性质和来源,而在检查内部记录和文件时,其可靠性则取决于生成该记录或文件的内部控制的有效性。

例如,被审计单位通过定期复核账龄分析表来应对应收账款计价认定错报,如果账龄分析表不准确或不完整,就会影响控制的有效性。

在有些情况下,存在书面证据不一定表明控制一定有效。例如,凭证审核是一种常见的控制,但是看到签名不一定能证明审核人员认真审核了凭证,审核人员可能只粗略浏览凭证,甚至有可能未审核而直接签名。因此,通过检查凭证签名获得的审计证据的质量可能不具备说服力。

（4）重新执行

重新执行的目的是评价控制的有效性而不是测试特定交易或余额的存在或准确性,即定性而非定量,因此一般不必选取大量的项目,也不必特意选取金额重大的项目进行测试。

例如,测试管理层审核银行余额调节表这一控制时,根据测试目的,注册会计师可以检查银行余额调节表是否存在,浏览调节事项是否得到适当处理,以及检查调节表上是否有编制者和审批者的签字。如果需要更多的审计证据,例如,发现调节表上有非正常项目时,可以考虑重新执行调节过程以确定控制是否有效。重新执行通常包括重新执行审核者实施的步骤,如将调节表上的金额与相关支持性文件进行核对；查看与非正常调节项目相关的支持性文件及对有关调节事项作进一步调查等。如果注册会计师认为银行调节表编制不当但审核者仍然签了名,就需要跟进了解为什么在这种情况下审核者仍然认可调节表,以决定这种审核是否有效。

（四）内部控制缺陷评价

1. 按性质分类

内部控制存在的缺陷包括设计缺陷和运行缺陷。

设计缺陷是指缺少为实现控制目标所需的控制,或现有控制设计不适当,即使正常运行也难以实现预期的控制目标。运行缺陷是指现存设计适当的控制没有按设计意图运行,或执行人员没有获得必要授权或缺乏胜任能力,无法有效地实施内部控制。

2. 按严重程度分类

内部控制存在的缺陷,按其严重程度可分为重大缺陷、重要缺陷和一般缺陷。

（1）重大缺陷是内部控制中存在的、可能导致不能及时防止或发现并纠正财务报表出现重大错报的一项控制缺陷或多项控制缺陷的组合。

（2）重要缺陷是内部控制中存在的、其严重程度不如重大缺陷但足以引起负责监督被审计单位财务报告的人员（如审计委员会或类似机构）关注的一项控制缺陷或多项控制缺陷的组合。

（3）一般缺陷是内部控制中存在的、除重大缺陷和重要缺陷之外的控制缺陷。

控制缺陷的严重程度取决于控制不能防止或发现并纠正账户、列报发生错报的可能性的大小，因一项或多项控制缺陷导致的潜在错报的金额大小。

控制缺陷的严重程度与错报是否发生无关，而取决于控制不能防止或发现并纠正错报的可能性的大小。

（五）出具审计报告

注册会计师在完成内部控制审计工作后，应当出具内部控制审计报告。注册会计师需要在审计报告中清楚地表达对内部控制有效性的意见，并对出具的审计报告负责。在整合审计中，注册会计师在完成内部控制审计和财务报表审计后，应当分别对内部控制和财务报表出具审计报告，并签署相同的日期。

1. 无保留意见内部控制审计报告

如果符合下列所有条件，注册会计师应当对内部控制出具无保留意见的内部控制审计报告：

（1）在基准日，被审计单位按照适用的内部控制标准的要求，在所有重大方面保持了有效的内部控制。

（2）注册会计师已经按照《企业内部控制审计指引》的要求计划和实施审计工作，在审计过程中未受到限制。

2. 非无保留意见的内部控制审计报告

（1）内部控制存在重大缺陷时的处理。如果认为内部控制存在一项或多项重大缺陷，除非审计范围受到限制，注册会计师应当对内部控制发表否定意见。否定意见的内部控制审计报告还应当包括重大缺陷的定义、重大缺陷的性质及其对内部控制的影响程度。

（2）审计范围受到限制时的处理。注册会计师只有实施了必要的审计程序，才能对内部控制的有效性发表意见。如果审计范围受到限制，注册会计师应当解除业务约定或出具无法表示意见的内部控制审计报告。

3. 带强调事项段、非财务报告内部控制重大缺陷

如果认为内部控制虽然不存在重大缺陷，但仍有一项或多项重大事项需要提请内部控制审计报告使用者注意，注册会计师应当在内部控制审计报告中增加强调事项段予以着重说明。注册会计师应当在强调事项段中指明，该段内容仅用于提醒内部控制审计报告使用者关注，并不影响对内部控制发表的审计意见。

对于审计过程中注意到的非财务报告内部控制缺陷，如果发现某项或某些控制对企业发展战略、法规遵循、经营的效率效果等控制目标的实现有重大不利影响，确定该项非财务报告内部控制缺陷为重大缺陷的，注册会计师应当以书面形式与企业董事会和经理层沟通，提醒企业加以改进；同时在内部控制审计报告中增加非财务报告内部控制重大缺陷描述段，对重大缺陷的性质及其对实现相关控制目标的影响程度进行披露，提示内部控制审计报告使用者注意相关风险，但无须对其发表审计意见。

内部控制审计报告的参考格式举例：

1. **无保留意见内部控制审计报告**

> **内部控制审计报告**
>
> ××股份有限公司全体股东:
>
> 按照《企业内部控制审计指引》及中国注册会计师执业准则的相关要求,我们审计了××股份有限公司(以下简称××公司)××年×月×日的财务报告内部控制的有效性。
>
> 一、企业对内部控制的责任
>
> 按照《企业内部控制基本规范》《企业内部控制应用指引》《企业内部控制评价指引》的规定,建立健全和有效实施内部控制,并评价其有效性是××公司董事会的责任。
>
> 二、注册会计师的责任
>
> 我们的责任是在实施审计工作的基础上,对财务报告内部控制的有效性发表审计意见,并对注意到的非财务报告内部控制的重大缺陷进行披露。
>
> 三、内部控制的固有局限性
>
> 内部控制具有固有局限性,存在不能防止和发现错报的可能性。此外,由于情况的变化可能导致内部控制变得不恰当,或对控制政策和程序遵循的程度降低,根据内部控制审计结果推测未来内部控制的有效性具有一定风险。
>
> 四、财务报告内部控制审计意见
>
> 我们认为,××公司于××年×月×日按照《企业内部控制基本规范》和相关规定在所有重大方面保持了有效的财务报告内部控制。
>
> ××会计师事务所　　　　　　　　　　　　中国注册会计师:×××
> 　(盖章)　　　　　　　　　　　　　　　　　(签名并盖章)
> 　　　　　　　　　　　　　　　　　　　　中国注册会计师:×××
> 　　　　　　　　　　　　　　　　　　　　　(签名并盖章)
>
> 中国××市　　　　　　　　　　　　　　　　××年×月×日

2. **否定意见内部控制审计报告**

> **内部控制审计报告**
>
> ××股份有限公司全体股东:
>
> 按照《企业内部控制审计指引》及中国注册会计师执业准则的相关要求,我们审计了××股份有限公司(以下简称××公司)××年×月×日的财务报告内部控制的有效性。
>
> ["一、企业对内部控制的责任"至"三、内部控制的固有局限性"参见标准内部控制审计报告相关段落表述。]
>
> 四、导致否定意见的事项
>
> 重大缺陷是内部控制中存在的、可能导致不能及时防止或发现并纠正财务报表出现重大错报的一项控制缺陷或多项控制缺陷的组合。
>
> [指出注册会计师已识别出的重大缺陷,并说明重大缺陷的性质及其对财务报表内部控制的影响程度。]

有效的内部控制能够为财务报告及相关信息的真实完整提供合理保证,而上述重大缺陷使××公司内部控制失去这一功能。

　　××公司管理层已识别出上述重大缺陷,并将其包含在企业内部控制评价报告中。上述缺陷在所有重大方面得到公允反映。

　　在××公司××年财务报表审计中,我们已经考虑了上述重大缺陷对审计程序的性质、时间安排和范围的影响。本报告并未对我们在××年×月×日对×公司××年财务报表出具的审计报告产生影响。

　　五、财务报告内部控制审计意见

　　我们认为,由于存在上述重大缺陷及其对实现控制目标的影响,××公司于××年×月×日未能按照《企业内部控制基本规范》和相关规定在所有重大方面保持有效的财务报告内部控制。

××会计师事务所　　　　　　　　　　　　　中国注册会计师:×××
（盖章）　　　　　　　　　　　　　　　　　　（签名并盖章）
　　　　　　　　　　　　　　　　　　　　　中国注册会计师:×××
　　　　　　　　　　　　　　　　　　　　　　（签名并盖章）

中国××市　　　　　　　　　　　　　　　　　　××年×月×日

3. 无法表示意见内部控制审计报告

内部控制审计报告

××股份有限公司全体股东：

　　我们接受委托,对××股份有限公司（以下简称××公司）××年×月×日的财务报告内部控制进行审计。

　　[删除注册会计师的责任段,"一、企业对内部控制的责任"和"二、内部控制的固有局限性"参见标准内部控制审计报告相关段落表述。]

　　三、导致无法表示意见的事项

　　[描述审计范围受到限制的具体情况。]

　　四、财务报告内部控制审计意见

　　由于审计范围受到上述限制,我们未能实施必要的审计程序以获取发表意见所需的充分、适当证据。因此,我们无法对××公司财务报告内部控制的有效性发表意见。

　　五、识别的财务报告内部控制重大缺陷

　　[如在审计范围受到限制前,执行有限程序未能识别出重大缺陷,则应删除本段。]

　　重大缺陷是内部控制中存在的、可能导致不能及时防止或发现并纠正财务报表出现重大错报的一项控制缺陷或多项控制缺陷的组合。

　　尽管我们无法对××公司财务报告内部控制的有效性发表意见,但在我们实施有限程序的过程中,发现了以下重大缺陷：

　　[指出注册会计师已识别出的重大缺陷,并说明重大缺陷的性质及其对财务报告内部控制的影响程度。]

> 有效的内部控制能够为财务报告及相关信息的真实完整提供合理保证,而上述重大缺陷使××公司内部控制失去这一功能。
>
> ××会计师事务所　　　　　　　　　　　　　　　　中国注册会计师:×××
> 　（盖章）　　　　　　　　　　　　　　　　　　　　　（签名并盖章）
> 　　　　　　　　　　　　　　　　　　　　　　　　中国注册会计师:×××
> 　　　　　　　　　　　　　　　　　　　　　　　　　（签名并盖章）
> 中国××市　　　　　　　　　　　　　　　　　　　　××年×月×日

复习训练题

一、单选题

1. 在注册会计师实施的下列程序中,属于控制测试的是: （　　）
   A. 取得银行存款余额调节表,检查未达账项的真实性
   B. 检查银行存款收支的正确截止
   C. 检查是否定期取得银行对账单并编制银行存款余额调节表
   D. 函证银行存款余额

2. 审计人员在对内部控制进行初评后,认为应该实施内部控制测试情况的是: （　　）
   A. 内部控制的设置极为有限
   B. 进行内部控制测试不够经济
   C. 难以对内部控制的健全性有效性作出评价
   D. 内部控制风险较低

3. 下列不属于确定实质性测试重点领域考虑的问题是: （　　）
   A. 缺少内部控制的重要业务领域
   B. 内部控制能够防止重大错报
   C. 内部控制没有发挥作用的领域
   D. 内部控制设置不合理、控制目标不能实现的领域

4. 对内部控制的初步评价如果认为控制系统健全,相关的内部控制能够防止或发现并纠正重大错报或漏报,审计人员应 （　　）
   A. 转入符合性测试阶段　　　　　B. 提高控制风险评估水平
   C. 提高固有风险评估水平　　　　D. 直接转入实质性测试阶段

5. 在以下对于采购与付款业务流程相关控制活动与认定的对应关系中,不正确的是: （　　）
   A. 连续编号的验收单与应付账款的"存在"认定最相关
   B. 支票预先顺序编号能够确保支出支票存根的完整性和作废支票恰当的处理
   C. 订购单的连续编号控制能够有效降低应付账款"完整性"认定错报风险

D. 确定供应商发票计算的正确性能够降低应付账款的计价和分摊认定、相关费用的准确性认定的错报风险

6. 被审计单位采用计算机处理采购业务,订货单、验收单均没有纸质凭证。审计人员准备对付款的正确性进行测试,最佳审计程序是: ( )

A. 以供应商为抽样总体,抽查付款正确性
B. 抽查大额应付账款,追踪相应的原始凭证
C. 以付款业务为抽样总体,抽取样本并与储存在计算机中的订货单、验收单及发票核对
D. 以月末验收单为重点,追踪相应的付款环节

7. 在下列有关固定资产业务的内部控制措施中,有效的预防性控制措施是: ( )

A. 固定资产使用报废审批部门相互独立
B. 固定资产购置预算经使用部门批准后实施
C. 定期盘点固定资产
D. 内部审计人员对固定资产定期检查

8. 在以下控制测试中,属于测试"发生"认定的是: ( )

A. 检查验收单是否连续编号
B. 检查有无未入账的供应商发票
C. 检查付款凭单是否附有购货发票
D. 审核批准采购价格和折扣的授权签字

9. 在以下控制测试中,应付账款存在认定的审计程序是: ( )

A. 以应付账款明细账为起点,追查至采购原始凭证
B. 检查采购订单文件以确定是否连续编号
C. 从采购订单、发票追查至应付账款明细账
D. 向供应商函零余额的应付账款

10. 在以下内部控制审计遇到的情况中,可以出具无法表示意见的是: ( )

A. 在基准日,被审计单位按照适用的内部控制标准的要求,在所有重大方面保持了有效的内部控制
B. 注册会计师已经按照《企业内部控制审计指引》的要求计划和实施审计工作,在审计过程中未受到限制
C. 内部控制存在一项或多项重大缺陷
D. 审计范围受到限制

二、多选题

1. 审计人员在了解内部控制时,采取的方法包括: ( )

A. 分析
B. 检查管理制度
C. 询问有关人员
D. 观察业务活动

2. 审计人员在实施控制测试时,经常采用以下哪些方法: ( )

A. 检查文件和资料
B. 询问相关人员
C. 实地观察
D. 分析

3. 相比自动化系统,人工控制可能存在以下哪些特定风险: ( )

A. 人工控制可能更容易被规避、忽视或凌驾

B. 人工控制可能不具有一贯性
C. 人工控制可能更容易产生简单错误或失误
D. 无法处理大额、异常或偶发的交易

4. A注册会计师在审计甲公司财务报表时,遇到下列事项:
(1) 在测试内部控制运行有效性时,应当获取的审计证据有:（　　）
A. 控制是否存在
B. 控制由谁执行
C. 控制在审计期间不同时点是如何运行的
D. 控制是否得到一贯执行

(2) 确定控制测试性质时,注册会计师应当:（　　）
A. 当拟实施的进一步审计程序以控制测试为主时,应当获取有关控制运行有效性更高的保证水平
B. 根据特定控制的性质来选择所需实施审计程序类型
C. 询问本身不足以测试控制运行的有效性,应当与其他审计程序结合使用
D. 考虑测试与认定直接相关和间接相关的控制

5. 以下控制活动中能够确保应付账款"完整性"认定错报风险的有:（　　）
A. 应付凭单均经事先连续编号并确保已付款的交易登记入账
B. 订购单均经事先连续编号并确保已付款的交易登记入账
C. 验收单、供应商发票上的日期与采购明细账上的日期核对一致
D. 验收单均经事先连续编号并确保已付款的交易登记入账

6. 以下对销售与收款业务流程相关控制活动与相关认定的对应关系中,恰当的是:（　　）
A. 销售发票连续编号控制能够有效降低营业收入"完整性"认定错报风险
B. 确保每张入账的销售发票都有与之对应的发运凭证和销售单能够有效控制营业收入"发生"认定的错报风险
C. 将发运凭证的商品总数与销售发票上的商品总数核对能够控制营业收入"准确性"错报风险
D. 注销坏账授权控制与应收账款"计价与分摊"认定相关

7. 财务报告内部控制包括:（　　）
A. 企业层面的内部控制　　　　　B. 业务流程
C. 应用系统　　　　　　　　　　D. 交易层面的内部控制

8. 以下关于控制目标的说法正确的是:（　　）
A. 完整性是指所有的有效交易都已记录
B. 存在和发生是可以被解释为必须有程序确保会计记录中没有虚构的或重复入账的项目
C. 适当计量交易可以被解释为必须有程序确保交易以适当的金额入账
D. 恰当确定交易生成的会计期间被解释为必须有程序确保交易在适当的会计期间内入账

9. 以下应当归属于预防性控制的有:（　　）
A. 计算机程序自动生成收货报告,同时也更新采购档案

B. 在更新采购档案之前要有收货报告
C. 销货发票上的价格根据价格清单上的信息确定
D. 定期编制银行存款余额调节表,跟踪调查挂账的项目

三、判断题

1. 注册会计师在了解内部控制时,应当评价控制的设计,并确定执行是否有效。
（　　）

2. 询问本身并不足以评价控制的设计以及确定其是否得到执行,注册会计师应当将询问与其他风险评估程序结合使用。（　　）

3. 整体层面的控制较差甚至可能使最好的业务流程层面控制失效。（　　）

4. 控制测试采用审计程序有询问、观察、检查和穿行测试。（　　）

5. 注册会计师执行的内部控制审计严格限定在财务报告内部控制审计。（　　）

6. 存在书面证据一定表明控制有效。（　　）

7. 如果认为内部控制存在一项或多项重大缺陷,除非审计范围受到限制,注册会计师应当对内部控制发表保留意见。（　　）

四、案例分析

1. 资料:张明本年度担任明光公司董事长,但不懂内部控制的实际操作。李晓在公司工作多年,负责登记账簿和编制会计报表,现被任命为公司主管会计兼出纳,管理公司的现金收付账务处理和编制报表等事宜。李晓手下有两名会计人员,具体负责登记银行存款日记账、签发支票。从李晓每月提供的利润表看,公司收益令张明满意,但从资产负债表上看,货币资金却逐月减少以致到了影响资金周转的地步。为了满足生产经营需要,公司举债100万元。但几个月后,公司拥有的货币资金又不能满足需要了,不得不再次举债。张明任职两年后的5月30日,李晓突然几天未来上班,一连几天经多方联系仍不见踪影。李晓失踪了,而公司也陷入了困境,因为债务多已到期,甚至很多债权人声称他们的贷款几个月前就到期了,李晓答应5月30日前一次性还清。为了筹钱还债,张明只好亲自打电话给两个最近采购大量商品的大客户,问他们能否立即支付货款,而两家客户都给予同样的回复:"货款都已付清了。"他们解释说,李晓答应只要发货时付款就可以给予他们相当可观的现金折扣。

至此,公司陷入了不能偿还到期债务的困境,有的债权人甚至提出了破产清算。为了使公司不至于破产,经董事会研究决定转让公司40%的股权且价格极低,买主是华为财务公司,而且附加一个条件,即由华为财务公司派王军担任主管会计。王军到任后,立即清查明光公司财务,发现问题如下:

（1）大量正常的商品销售业务在账务上列为债权,且债权人多为虚假的。当真正的客户付款时,李晓抽走支票或现金,账上不作任何处理。这样虚假客户的应收账款始终挂在账上。

（2）对真实债权人的应收款项,在收到债务人付款的支票时,李晓把这笔业务记录为借记某一项费用、贷记应收账款,然后再从现金收入中抽走同样多的现金,而以收到的支票来代替现金,使得银行存款账户的记录与现金收入的记录相一致。

（3）对许多现销业务,少记或不记现金收入。

（4）为了使报表盈余,李晓编造了许多虚假的销货记录。

（5）编制银行对账单时,李晓漏掉了许多未支付的支票,从而使银行存款日记账与银行存款总账保持一致。

要求:根据上述案例,分析明光公司内部控制存在哪些问题,并提出改进意见。

2. 某审计项目组正在执行内部控制审计业务,项目组成员对以下观点持有争议,请逐项指出以下内容是否恰当,并说明理由。

(1) 内部控制审计意见范围应当包括针对财务报告和非财务报告的内部控制。

(2) 由于审计是对特定基准日内部控制的有效性发表意见,注册会计师只测试基准日这一天的内部控制即可。

(3) 书面审计证据的可靠性取决于记录或文件的性质和来源,而在检查内部记录和文件时,其可靠性则取决于生成该记录或文件的内部控制的有效性。

(4) 在整合审计中,注册会计师在完成内部控制审计和财务报表审计后,可以合并出具一份审计报告。

参 考 文 献

[1] 企业内部控制编审委员会.企业内部控制:主要风险点、关键控制点与案例解析[M].上海:立信会计出版社,2019.

[2] 中国注册会计师协会.公司战略与风险管理[M].北京:中国财政经济出版社,2019.

[3] 中国注册会计师协会.审计[M].北京:中国财政经济出版社,2019.

[4] 张远录.企业内部控制与制度设计[M].北京:中国人民大学出版社,2013.

[5] 李凤鸣.内部控制设计与评价[M].上海:复旦大学出版社,2015.

[6] 《审计专业技术资格考试辅导教材》编写组.审计理论与实务[M].北京:中国时代经济出版社,2018.

[7] 财政部,证监会,审计署,银监会,保监会.关于印发企业内部控制配套指引的通知:财会[2010]11 号[A/OL].(2010-05-26)[2020-01-27].http://www.gov.cn/zwgk/2010-05/05/content.1599512.htm.

[8] 规范内控审计行为,促进内控有效实施:财政部会计司、中注协解读《企业内部控制审计指引》[J].财务与会计,2010(10):6-13.

[9] 财政部会计司.强化资金风险管控,不断提升企业效益:财政部会计司解读《企业内部控制应用指引第 6 号——资金活动》[EB/OL].(2010-05-28)[2020-01-27].http://kjs.mof.gov.cn/zhengwuxinxi/zhengcejiedu/201005/t20100528_320204.htm.

[10] 财政部会计司.严控担保风险,促进稳健发展:财政部会计司解读《企业内部控制应用指引第 12 号——担保业务》[EB/OL].(2010-06-24)[2020-01-27].http://kjs.mof.gov.cn/zhengwuxinxi/zhengcejiedu/201006/t20100624_323998.htm.

[11] 财政部会计司编写组.企业会计准则讲解:2010[M].北京:人民出版社,2010.

[12] 曹亚克,王博,白晓鸽.最新人力资源规划、招聘及测评实务[M].北京:中国纺织出版社,2004.

[13] 常茂松.我国出口合同内部控制案例研究[J].商业会计,2011(3):29-30.

[14] 陈维政,余凯成,程文文.人力资源管理[M].北京:高等教育出版社,2009.

[15] 陈志斌,何忠莲.内部控制执行机制分析框架构建[J].会计研究,2007(10):46-52.

[16] 范晓东.业务外包管理在钢铁企业的创新与实践[J].冶金经济与管理,2011(1):42-43.

[17] 傅胜,池国华.企业内部控制规范指引操作案例点评[M].北京:北京大学出版社,2011.

[18] 甘仞初.信息系统分析与设计[M].北京:高等教育出版社,2003.

[19] 国家质量监督检验检疫总局,国家标准化管理委员会.信息系统安全等级保护基本要求:GB/T 22239—2008[S].北京:中国标准出版社,2008.

[20] 韩宝新.JW 公司资金的集中管理剖析[J].财经界(学术版),2010(9):72,74.

[21] 何永福,杨国安. 人力资源策略管理[M]. 台北:三民书局股份有限公司,1995.
[22] 侯云洪,冯雪. 企业内部控制在对外投资中的作用:基于中国铁建沙特轻轨项目的案例研究[J]. 中国审计,2011(7):51-52.
[23] 胡月星,梁康. 现代领导人才测评[M]. 北京:国家行政学院出版社,2004.
[24] 李敏. 如何监控销售环节与发票管理:内控案例分析与警示之九[J]. 上海注册会计师,2010(6):25.
[25] 李三喜,徐荣才. 全面解析企业内部控制:基本规范·配套指引·案例分析[M]. 北京:中国市场出版社,2010.
[26] 刘永泽,池国华. 企业内部控制制度设计操作指南[M]. 大连:大连出版社,2011.
[27] 刘国. 反思八菱科技之殇[J]. 首席财务官,2011(7):70-72.
[28] 刘华. 担保困境与股权定价之惑:沧州化工案例分析[J]. 财务与会计,2007(10):39-43.
[29] 卢加元. 信息系统风险管理[M]. 北京:清华大学出版社,2011.
[30] 美国COSO. 企业风险管理:整合框架[M]. 方红星,王宏,译. 大连:东北财经大学出版社,2005.
[31] 美国COSO. 企业风险管理:应用技术[M]. 张宜霞,译. 大连:东北财经大学出版社,2006.
[32] 门明,张秋莉. 金融衍生工具与金融危机:基于风险偏好的案例分析[J]. 石河子大学学报(哲学社会科学版),2009(5):38-52.
[33] 潘琰,郑仙萍. 论内部控制理论之构建:关于内部控制基本假设的探讨[J]. 会计研究,2008(2):63-67.
[34] 米尔科维奇,纽曼. 薪酬管理[M]. 董克用,等译. 6版. 北京:中国人民大学出版社,2002.
[35] 冉斌,李雪松. 人是最重要的:员工招聘六步法[M]. 北京:中国经济出版社,2004.
[36] 覃正,郝晓玲,方一丹. IT操作风险管理理论与实务[M]. 北京:清华大学出版社,2009.
[37] 王保平. 企业内部控制操作实务与案例分析[M]. 北京:中国财政经济出版社,2010.
[38] 王少华,姚望春. 员工培训实务[M]. 北京:机械工业出版社,2011.